当代美国学者看杜威

王成兵 主编

彭国祥 彭锋 陈磊 等译

中国社会科学出版社

图书在版编目（CIP）数据

当代美国学者看杜威／王成兵主编．—北京：中国社会科学出版社，
2015.10

ISBN 978-7-5161-4827-3

Ⅰ.①当… Ⅱ.①王… Ⅲ.①杜威，J.（1859～1952）—教育
思想—思想评论 Ⅳ.①G40-097.125

中国版本图书馆 CIP 数据核字（2015）第 215833 号

出 版 人	赵剑英	
责任编辑	冯春凤	
责任校对	胡新芳	
责任印制	张雪娇	
出　　版	中国社会科学出版社	
社　　址	北京鼓楼西大街甲 158 号	
邮　　编	100720	
网　　址	http://www.csspw.cn	
发 行 部	010-84083685	
门 市 部	010-84029450	
经　　销	新华书店及其他书店	
印　　刷	北京君升印刷有限公司	
装　　订	廊坊市广阳区广增装订厂	
版　　次	2015 年 10 月第 1 版	
印　　次	2015 年 10 月第 1 次印刷	
开　　本	710×1000　1/16	
印　　张	17.5	
插　　页	2	
字　　数	287 千字	
定　　价	65.00 元	

凡购买中国社会科学出版社图书，如有质量问题请与本社营销中心联系调换
电话:010-84083683

目　录

编者的话 ……………………………………… 王成兵（ 1 ）

序 ………………………………………………… 刘放桐（ 1 ）

1. 分析的哲学与叙事的哲学 …………………… 理查德·罗蒂（ 1 ）

2. 儒学与杜威的实用主义：一种对话 ………… 安乐哲（ 9 ）

3. 杜威留给 21 世纪的遗产 ………………………… 拉里·希克曼（39）

4. 杜威与罗蒂之间的实用主义与自由主义 …… 理查德·舒斯特曼（51）

5. 新老实用主义：杜威还是罗蒂? ……………… 拉里·希克曼（74）

6. 杜威的哲学的改造 ……………… 雷蒙德·D. 伯依斯沃特（88）

7. 杜威的共同体理念 …………………………… 詹姆士·坎贝尔（99）

8. 杜威与民主 ………………………………… 詹姆士·坎贝尔（118）

9. 模仿在杜威定性思维理论中的角色 ………… 吉姆·加里森（132）

10. 杜威的探究理论 ……………………………… 拉里·希克曼（152）

11. 代议制民主、参与式民主和社会变革的轨道 …… 拉里·希克曼（171）

12. 古典实用主义、后现代主义与新实用主义 …… 拉里·希克曼（182）

13. 介于哈贝马斯与罗蒂之间的伯恩斯坦：

　　一种杜威式的重建 ……………………… 拉里·希克曼（195）

14. 杜威教育学中"真实的"概念 ……………… 拉里·希克曼（205）

附录：1. 杜威哲学的复兴及其主要原因探讨 ……………… 王成兵（217）

　　　2. 在当代学术语境中深化对美国实用主义哲学的

　　　　研究——近年来国外学术界实用主义

研究动态 ……………………………… 王成兵　季雨（229）

3. 扎实的回归和持续的复兴——近年来国外学术界

美国实用主义哲学研究动态 ……………………… 王成兵（246）

编后记 ………………………………………………………（256）

编者的话

王成兵

　　杜威哲学的当代意义是学术界很关注的一个重要论题，也是我很有兴趣并愿意继续下工夫研究的课题。

　　杜威在 21 世纪的价值何在？在 19 世纪和 20 世纪产生过重大影响，但是已经去世半个多世纪的杜威，在 21 世纪将会以怎样的方式发挥自己的影响力？在大量的第一手材料和第二手材料面前，我们将如何把握杜威的经典文本并重新提炼出杜威哲学研究的重要论题？所有这些问题都是关心杜威思想的人们不能不考虑的。《当代美国学者看杜威》就是试图以一种特殊的视角来处理这些问题。

　　生于 1859 年的杜威在 19 世纪和 20 世纪 30 年代之前都曾产生过巨大的影响。20 世纪 70 年代之后，经过一段时期的消沉，杜威的哲学思想随着美国实用主义的复兴而重新受到了重视。自 20 世纪 90 年代以来，杜威哲学的影响力似乎受到了人们越来越多的关注。然而，值得注意的是，杜威哲学的复兴是发生在新的语境中。在 21 世纪，重新理解杜威哲学的意义，再次把握杜威思想的当代价值，肯定无法离开杜威思想起作用的新语境。可以说，只有在当代语境中，我们才能够更清楚地看清杜威思想的当代价值；也只有在当代语境中，我们才能够发现杜威思想的内在逻辑和张力。在这个方面，拉里·希克曼教授的《杜威留给 21 世纪的遗产》试图在当代学术语境中呈现杜威哲学的当代价值，在跨学科的宽阔视野中展现杜威哲学的意义。

　　实用主义经历了不同的发展阶段。杜威在古典实用主义和新实用主义中都扮演着至关重要的角色。如何在当代学术语境中看待杜威思想的历史地位和当代走向，自然是学术界无法回避的问题。本书中的《杜威与罗蒂之间的实用主义与自由主义》《新老实用主义：杜威还是罗蒂》《古典实用主义、后现代主义与新实用主义》《介于哈贝马斯和罗蒂之间的伯恩斯坦：一种杜威式的重建》等有助于我们思考、理解和把握这些问题。以新实用主义哲学家罗蒂（1931—2007）于 2004 年 7 月在北京师范大学演讲编稿译成的《分析的哲学与叙事的哲学》一文，则在一定意义上反映了罗蒂心目中对于杜威哲学的定位。

全球化是当代语境最为重要的部分。全球化语境培养了多样性的视野，同样，全球化时代也鼓励多角度和多层次讨论问题的方式。即便来自同一种文化和哲学传统，即便对一件事物具有相近的立场和态度，人们在具体讨论问题的时候，思维方式、话语方式和视角等依然有着很大的差异。对杜威丰富和多样性的思想自身进行讨论，是本文集的一个重要目的。为此，我们在选择文章时不但不回避，反而在可能的情况下，尽可能把这些差异性反映出来。本文集为此选择了《杜威的共同体理论》《杜威与民主》《杜威的探究理论》《杜威教育学中"真实的"概念》等风格和观点不尽相同的论文。作为编者，在某种程度上，我更希望这些文献展现给大家的是一个丰富的而不是贫乏的、多样的而不是单一的、有生命力的而不是死气沉沉的杜威。

全球化不是各种文化一脸灿烂的握手言欢，也不是各种价值观的和气一团，伴随全球化而来的是文化及文化背后的价值取向的激烈碰撞。正因为有碰撞和冲突，也就产生了对话的必要。这一点同样反映在杜威思想的当代意义的研究中，安乐哲教授就杜威和儒学对话的可能性与对话方式的思考（见《儒学与杜威的实用主义》），至少为我们在比较哲学的视野中研究杜威哲学提供了一种可行的路径和可供进一步研究的个案。也许，我们的一些读者不十分同意文章中的一些具体观点，但是，作为一位在西方的中国哲学和文化研究中很有影响力的学者，安乐哲提出的观点，很有代表性，值得我们重视和思考。

对杜威哲学的研究肯定离不开文本。当 37 卷的《杜威全集》（包括其中文译本）摆在我们面前的时候，我们一方面为杜威如此高产而赞叹，与此同时，我们也会为如何从几十卷第一手文献中发掘出新的论点和方法而感到头疼，甚至对于那些想做很细致的研究，想通过严谨的文献梳理和阅读工作而得出更具说服力论点的人们来说，往往会望而却步。另一方面，对文献的新解读又是对杜威思想的当代意义研究工作中无法绕过的环节。为此，我在本文集中选用了两篇风格略有差异的论文，即雷蒙德·伯依斯沃特教授撰写的《杜威的哲学的改造》和吉姆·加里森教授撰写的《模仿在杜威定性思维理论中的角色》。前者是一个典型意义上的文献分析论文，主要对《杜威文集》中的前五卷文本的评阅。通过西方学者对杜威哲学文本的阅读和点评，我们力图让大家感受到美国当代杜威哲学的研究者们是如何去解读杜威的思想的。比如，雷蒙德·伯依斯沃特教授在评阅中提出，杜威的思想具有反对知识论上的旁观者的见解，杜威思想中具有我们现在讲的"后现代"的特质，等等，这种解读方法以及结论肯定不同于对杜威哲学的传统理解。相对于雷蒙德·伯依斯沃特教授的文章，吉姆·加里森教授的《模仿在杜威定性思维理论中的角色》则是另一种风格的文本解读。他以模仿和定性思维对杜威的思想进行了阐释，这至少给读者描画了一幅如何解读其《定性思维》的方式，而且，文章就模仿与实体之间的关系的讨论，对我们理解杜威的客体学说很有启发作用。总之，我认为，这两篇论文在某种意义上表现出当代美国学者对杜威文本的解读方法，以及如何在遵守文本和发掘文本意义之间的张力关系中寻找到平衡的问题。

在文集的附录部分，我将本人写作的《杜威哲学的复兴及其主要原因探讨》《扎实的回归和持续的复兴——近年来国外学术界美国实用主义哲学研究动态》和《在当代学术语境中深化对美国实用主义哲学的研究》（与季雨老师合作）提供给大家。这三篇文章是我们平常对美国实用主义哲学研究动态的把握和分析，很不全面，我只是希望，即便是一孔之见，它们也能够对大家的进一步研究有所帮助。

序

刘放桐

北京师范大学王成兵教授告诉我，他选编的关于杜威哲学的当代意义研究的文集即将由中国社会科学出版社出版，约请我给这个文集写一个序。

如何理解杜威哲学的现当代意义问题，尤其是在西方哲学的现代变革以及马克思的哲学变革这个大背景下重新理解杜威等人的实用主义哲学理论的根本意义以及与马克思主义哲学的关系，是我多年来总在思考的问题。就这个机会，我把个人的几点初步想法提出来，供大家参考。

第一，杜威哲学的根本意义是对现实生活和实践的强调。

杜威的实用主义学说是对皮尔士和詹姆士的实用主义的继承和发展。如何看待杜威哲学的根本意义，实际上要涉及整个美国实用主义的一般意义，即知道回答什么叫做实用主义？这是一个看似简单，实则相当复杂的问题。

说其简单，是因为与胡塞尔、海德格尔等众多德国哲学家那种刻意追求严密完整的体系，以致使其理论显得深奥莫测、晦涩难懂不同，皮尔士、詹姆士和杜威等人在表述自己的理论时避免抽象思辨，其含义相对简单明了。他们对什么是实用主义都作过清晰明确的阐释。许多哲学辞书和教科书对实用主义的释义也大都一目了然，有一般哲学常识的人理解起来都不会感到困难。由于五四以来实用主义在中国思想文化的各个领域都有较大流传，近半个世纪以来在中国进行的政治和思想批判运动几乎都把实用主义当作重要批判对象，因此许多没有研究过西方哲学、对其他西方哲学流派了解不多的人，对什么叫实用主义往往都会有一定印象，能给出某种回答。这些回答虽不见得严密、准确，但往往能涉及实用主义的某一种意义。

　　说其复杂，是因为实用主义哲学家们对实用主义的意义的具体说法彼此并不完全一致，所强调的意义更是各不相同。这不仅是后期的实用主义（新实用主义）对早期的实用主义（古典实用主义）有重要的改造和发挥，早期的主要代表人物皮尔士、詹姆士和杜威等人在对实用主义的理论的表述形式、重点等方面也往往不同。例如，在皮尔士实用主义中意义理论具有相当突出的作用，詹姆士往往强调实用主义作为真理论的意义，杜威因强调实验和探索而把实用主义称为实验主义（Experimentalism）。同一哲学家在不同角度和语境下对实用主义的含义往往也有不同表述。杜威在谈到思想、观念的真理性在它们能充当人们的行为工具时，称自己的理论为工具主义（Instrumentalism）；当他谈到作为有机体的人与环境、或者说经验与自然的关系是一种相互作用的关系时，他称自己的理论为经验自然主义（Empirical Naturalism）。我们当然可以用实用主义的这些特定的理论形态来表述实用主义，为了使对实用主义的理解有更多的具体性，也应当具体地研究和阐释这些特定的理论形态。但是实用主义的这些特殊的表达都有不同程度的局限性和片面性，它们往往在突出了实用主义的某一特殊意义时而忽视了其他意义、有时甚至是更为重要的意义。如果我们把某一个实用主义哲学家的某一种特定的理论当作实用主义的一般理论，甚至当作是整个实用主义的核心理论，那就可能以偏概全、或者说只见树木不见森林。这样势必对实用主义的根本意义产生某种曲解。实用主义在中国过去长期被简单否定，从社会背景说是由于左的政治和意识形态的干预，从理论根源说是由于人们往往只注意到了实用主义的某一或某些的确存在的特殊的意义，而忽视或者没有去追问实用主义作为一种相当广泛的哲学思潮的根本意义。如此说来，准确地回答什么叫实用主义就不是那么简单了。

　　因此，为了把握实用主义的根本意义，我们不能只着眼于某一位实用主义哲学家的理论，更不能只着眼于他们某一方面的理论，而要揭示贯彻于实用主义的各个代表人物以及他们的学说的各个方面的理论意义。这就要求我们透过实用主义的各个方面、或者说它的各种特殊理论去揭示它们的共同的理论取向。在实用主义的各种意义中，我觉得只有对行动、行为、活动、过程的强调，也就是对现实生活和实践的强调才是它们的共同理论取向，因而也只有这种意义才是实用主义的根本意义。

　　中国哲学界过去在谈论实用主义时往往把它归结为一种真理论，似乎皮尔士、詹姆士、杜威等人把真理与有用相提并论的观点就是实用主义的根本观点。英国哲学家罗素和布拉德雷以及美国哲学家洛夫乔伊等人在批评詹姆士和杜威时也是抓住这一点。其实这些哲学家对詹姆士和杜威的真理论的理解都有片面性。这点暂时撇开不论，单就皮尔士、詹姆士和杜威的真理论本身来说，也不能说就是他们的根本性理论。他们把真理当作行为的工具，已经表明他们认为行为具有比真理更高的意义。真理的目标是适应行为、行动、实践的要求，只能由行为、行动、实践来检验和证实。真理作为一种观念的存在不是静止的存在，而是一个由此及彼的发生过程；真理不是处于人的行动之外，而是处于行动之中，是在人的行动和实践中获得的。总之，一切真理都以人的行为、实践为转移。离开实践来谈论真理，那真理就失去了任何现实意义。例如，在皮尔士看来，任何认识和真理如果不能引起行为和习惯，就没有任何意义。"思维的整个机能在于引起行为习惯，而与思维相关、但与它们的目的无关的一切，则是思维的累赘，而不是它们的部分。"（5.400）①　杜威也一再强调真理之所以成为真理完全在于其引起行动的功能。"其实，作为效用的真理，指的是把观念和理论可能用来为经验的改造作出贡献。"②

　　随着语言分析哲学在美国的流行，用语言分析理论、特别是意义理论来解读实用主义的风气在一部分美国哲学家中相当流行，皮尔士关于观念、真理的意义应当由实践来证实的观点被当作是一种意义理论。因而皮尔士哲学、甚至整个实用主义哲学的核心就是意义理论。中国哲学家中也有人赞成并援引这种观点。应当承认，这些哲学家的观点有一定理论根据，他们对实用主义的某些阐释也很有价值。然而，意义毕竟是一个极为宽泛的概念，可以运用于一切领域。如果因为一种理论具有意义就说它是意义理论，那任何理论都将是意义理论。这就等于什么也没有说。所以谈论某种意义理论时，首先应当限定意义所指，也就是意义的意义是什么。当语义学家谈论意义的意义时，他们同样不能不赋予语义以某种所指的意义（不管是作为对象语言的意义还是作为情感语言的意义）。皮尔士曾被

---

① 5.400，即《皮尔士文集》第5卷第400段，全文同。

② The Middle Works of John Dewey, Volume 12, p.170。

语义学家引为权威。他有时用符号来表示意义，但符号的意义归根到底还是要超越符号本身而于符号之外。总的说来，从皮尔士起，实用主义哲学家所谈论的意义仍然是相对于人的行为习惯、实践而言的。皮尔士明确地说："对一个概念的最完备的说明在于对这个概念所必然引起的习惯的描述。"（5.491）"一个事物的意义简单说来就是它所涉及的习惯。"（5.400）离开了行为、习惯或者说实践，所谓意义就变成了无意义。因此后来詹姆士、特别是杜威并不强调意义理论。杜威后期甚至批评了分析哲学家们的意义理论。在和 Arthur F. Bentley 合著的《认知与所知》（Knowing and The Known）一书中，明确地提出"意义"这个词含混，建议根本就不要使用①。如果把杜威的实用主义也归结为意义理论，恐怕他不会同意。

　　杜威等实用主义哲学家虽然都批判作为存在论的传统形而上学，但他们又都企图建立一种摆脱传统形而上学的弊端的新的形而上学。杜威的经验自然主义就是这样一种形而上学。而这种形而上学同样通向人的行动、行为、实践。杜威的经验和自然概念当然都具有形而上学的意义。但它们与传统哲学的形而上学有着原则区别。它指的既不是物质的存在，也不是观念的存在，而是人作为生物有机体与环境之间的一种相互作用、或者说贯通作用。在此，有机体（经验）是处于一定环境（自然）下的有机体，环境是受到有机体作用的环境。二者不是分离开来的独立的存在，而是处于相互作用、贯通的过程之中，而这正是人的现实生活和实践的过程。因此，从存在论上说，杜威等人的哲学的根本之点同样在于对行动、生活、实践、过程的强调。一些西方哲学家把杜威哲学归入所谓过程哲学之例，这是有一定道理的。

　　杜威等实用主义哲学家其他方面的理论同样以生活和实践为中心。例如，杜威的探索方法既不同于传统的经验派和理性派哲学家的方法（例如传统逻辑的经验归纳法和理性演绎法），也不同于现代分析哲学家的现代逻辑或语言分析方法和现象学家的现象学方法，其根本之点就在杜威把探索过程当作是知和行、认识和实践统一的过程，而这正是行动、生活和实践的过程。

---

①　参见 *The Later Works of John Dewey*，Volume 16，p. 266。

　　总的说来，杜威等实用主义哲学家最关注的是处于现实社会生活中，或者说处于一定自然环境和社会环境中的人的生存和命运。如何通过人本身的行为、行动、实践来妥善处理人与人之间以及人与其所面对的世界（自然和社会环境）之间的关系，排除人所面对的种种困惑、疑难和障碍，由此使人不仅得以继续生存下去、而且还能求得发展，这些就是他们的哲学最关注的根本问题。实用主义正是由此被称为是关于人的实践和行为的哲学。当代美国实用主义哲学家莫利斯说："对于实用主义者来说，人类行为肯定是他们所关注的核心问题。"①

　　如果说皮尔士和詹姆士以及其他一些实用主义哲学家对现实生活和实践的强调大体上只是当作哲学的一般原则的话，杜威哲学的突出特色就是把这一原则贯彻于人类现实生活和实践的各个重要领域。与胡塞尔、海德格尔等人通过曲折的道路才返回生活世界不同，与只关注逻辑和语言的意义分析的分析哲学家更不同，杜威的哲学直接面向现实生活。杜威一生在哲学上所关注的不是去建构庞大的体系，也不是去从事语言和逻辑的意义分析，而是满腔热情地从哲学上去探究人类在现实生活和实践各个领域所面临的各种问题及其解决办法。在杜威的全部论著中，关于政治、社会、文化、教育道德、科学技术、审美和宗教等各个领域的具体问题的论述占了绝大部分。他的哲学的精粹和生命力大都是在这些论述中表现出来。正因为如此，杜威哲学对美国现实生活的一些重要领域都产生了深刻的现实影响。也正因为杜威哲学直接面向现实生活这种特色，当它传入中国后，它对中国的现实影响也远远超出任何其他西方哲学。

　　第二，杜威的哲学改造适应了西方哲学现代变革的潮流。

　　杜威把对现实生活和实践的关注放在哲学的核心地位，这不仅是继承和发展了皮尔士和詹姆士等人强调行动和实践的哲学的基本倾向，也适应了包括美国哲学在内的整个西方哲学由近代向现代转化的潮流。这一转折是具有划时代意义的哲学思维方式的转型，用库恩的话说是范式的转换。关于这一点，我在近些年来发表的一些论著，特别是《马克思主义与西方哲学的现当代走向》一书已反复作了说明，为避免重复，此处只简单提及。

---

　　① 莫利斯：《美国哲学中的实用主义运动》，1970 年英文版第 10 页。

　　我这里所谓近代西方哲学，指的是从笛卡儿到黑格尔时代的哲学。这个时代通常被称为理性主义的时代，用罗蒂、德里达等人的话说，就是体系哲学、基础主义和本质主义、主体性形而上学、在场的形而上学的时代。现代哲学泛指黑格尔以后至今的整个时代（包括汉语中的当代）的哲学，这个时代就是对以形而上学等为特征的近代哲学采取批判态度的时代。这两个时代具体如何划分似乎不是哲学家们争论的焦点。意见分歧较大的是如何从总体上对它们加以评价。西方哲学家由于哲学立场不同对近现代西方哲学也会有不同看法，无论对近代哲学或现代哲学都可能采取批判态度。但他们一般不会全盘否定，对现代哲学更是如此。

　　马克思主义哲学家对待西方近现代哲学的态度情况较为复杂。由于马克思和恩格斯承认他们批判地继承了近代哲学、特别是德国古典哲学的优秀遗产，因此马克思主义者对西方近代哲学大都既有批判又有所肯定。但是对于西方现代哲学，从马克思和恩格斯时代起大体上就只是否定了。马克思和恩格斯认为他们所处时代的资本主义已经腐朽，因而必须进行反对资本主义的革命，这使他们对于同时代的西方哲学家的理论基本上采取否定态度。他们在晚年已意识到资本主义并未腐朽，甚至还有较大生命力，因而对同一时期西方哲学家的哲学不应简单否定，他们对此表现过更正的意向，但未来得及充分发挥。他们逝世后，他们晚年的这种转变没有引起注意。随着左的思潮在马克思主义运动中越来越得势，对马克思主义产生以后的西方哲学越来越采取全盘否定的态度。西方哲学由近代到现代的转化被认为是由唯物主义向唯心主义、由进步向反动的转化。这种观点在近一个世纪内被认为是理所当然的。中国几十年来对实用主义等现代西方哲学采取全盘否定态度与这种左的思潮的传入直接相关。

　　因此，为了在中国对实用主义等现代西方哲学作出符合实际的评价，必须排除左的政治和意识形态的干扰所造成的扭曲，对西方哲学由近代到现代的现实的历史进程重新进行研究，揭示其本来面目，并由之重新作出评价。我在最近十多年来一直在努力从事这方面的工作。在经过了多年的探索后，我提出了两个与以往受到左的扭曲的马克思主义观点正好相反的观点。第一，西方哲学由近代到现代的转折不是由唯物主义转向唯心主义、由进步转向反动，而是哲学思维方式上一次具有划时代意义的转型，它标志着西方哲学发展到了一个新的、更高的阶段。主要表现为多数哲学流派各以特有的方式力图使哲学研究在不同程度上从抽象化的自在的自然界或绝对化的观念世界返回到人的现实生活世界，企图以此摆脱以构建无所不包的体系等为特征的近代哲学所陷入的种种困境，为哲学的发展开辟新道路。第二，马克思的哲学变革与西方哲学由近代到现代的转型虽然存在着重要区别，但二者在超越西方近代哲学的种种局限性、体现时代精神的发展方向上殊途同归。

我已在其他地方反复论证了西方哲学由近代到现代的转向或者说转型。这里需要说明的是：以杜威为代表的实用主义思潮不仅适应了而且在一定意义上引领了这一转型的潮流。杜威一再强调他对西方哲学的变更是一种具有根本性意义的哲学的改造。由于杜威的哲学的改造直接继承了皮尔士对近代哲学的超越，我们在此先简单提一下皮尔士。

皮尔士哲学带有明显的由近代到现代过渡的特色。他既企图以符号学来改造康德的先验论，并由此构建一种新的形而上学，但又明确地反对笛卡儿的形而上学，并把对笛卡儿的批判当作是对以基础主义、绝对理性主义、体系哲学等为特征的近代哲学思维方式的批判。他反对近代哲学认识论的直观性和绝对性，特别是反对把知识看作是作为主体的个人的自我确定，而强调应当将其看作是"共同体"中充满活力的不断商讨的过程，也就是具有现实性和社会性的实践和探索过程。知识并非确定的、绝对化的和终极的东西，而只能存在于这样的探索过程之中，不断受到否定和批判。皮尔士企图由此实现其对传统哲学的改造，将其从有关确定性的知识论转向有关现实性的实践论，也就是将以认识论为中心的传统形而上学改造为一种强调探索和实践过程的实践哲学。他所要论证的正是人类探索的现实过程，也就是从科学和理性出发具体探索展开这一过程所需要的各种现实要求。换言之，不是去探究这一过程的具有确定性的标准，而是探究这一过程是如何现实地展开的。而这正是他的实用主义实践观的基本含义。他对西方近代哲学的态度以及他自己的全部哲学理论都在不同程度上体现了这种基本思想倾向。这种倾向正是欧洲哲学家在 19 世纪中期即已表现出的现代哲学的倾向，皮尔士则是在美国体现这种倾向的最早的代表。

关于杜威如何发挥皮尔士的实践哲学，超越西方近代哲学的种种局限性，并引领西方哲学由近代到现代的转型的潮流，从他的哲学的各个方面都可以得到证明。他对探索理论的阐释就是对皮尔士最早提出的探索理论的全面和充分的发挥。在杜威哲学中，探索过程是主体和环境相互作用的过程，它既是认识过程，又是实践过程。探索不仅使主客、心物等统一起来，也使认识和实践统一起来，从而不仅克服了传统哲学的各种形式的二元论，也克服了传统哲学的各种形式的形而上学，使哲学发展走上了一条全新的道路。

杜威的经验自然主义、实验主义、工具主义也都从不同角度体现了对近代哲学的超越，特别是对经验和自然、精神和物质、经验和理性、思想和行动、认识和实践、知识和价值等的二元对立的超越，对主体性形而上学、思辨形而上学的超越。而所有这些超越都是通过作为有机体的人与其所面对的环境的交互作用实现的。杜威把人和自然、经验和理性等的相互作用看作是一个不断发生和发展的无尽的过程，这一过程也正是人的生活和实践的过程。

我们不妨以杜威的经验自然主义为例来进一步说明。经验自然主义的主旨正是克服各种形式的二元论。它不把经验当作知识或主观对客体的反映（认识），也不把经验当作独立的精神（意识）存在，而当作主体和对象，即有机体和环境之间的相互作用。杜威接受了达尔文进化论的影响，认为作为有机体的人在生存中总要遭遇到某种自然和社会环境，必须对之作出反应，以适应环境。人与环境的这种相互作用就是经验。生活和行动着的人与他的环境（自然或社会等）之间的这种相互作用是一种将彼此联系在一起的"贯通作用"（transaction），表现为一个主动和被动的过程。经验正是这样一种"贯通作用"和过程。上述一切二元对立都在这一贯通作用中得到了消解。而这种贯通作用、能动和被动的过程正是人的现实生活和实践的过程。总之，一切对立只有在交互作用（interaction，相互作用）、或者说贯通作用之下才真正存在，也只有在这种交互作用和贯通作用之下才能得到解决。杜威的交互作用或者说贯通作用观实际上就是人的现实生活观、人的实践和行动观。杜威正是通过这种生活和实践观完成了对传统哲学的改造。

杜威的上述观点体现于他的理论的几乎一切方面。作为一个例证，我再提一下他所谓的哲学上的"哥白尼革命"（Copernican revolutions）。在西方哲学家中，有两个重要哲学家提到要进行哲学上的哥白尼革命。一个是康德，另一个就是杜威。

康德的"哥白尼革命"的主要观点是：以往哲学的根本特点是认为主体必然围绕着客体（对象）转，突出了自我、主体性原则的笛卡儿哲学也不例外。因为他仍然把回答主体如何与客体相符合当作必须回答的认识论的首要问题，而康德则认为客体应当围绕着主体转，因为他肯定对象由先验自我本身所创造。康德的"哥白尼革命"标志着近代主体性形而上学的完成。杜威则认为康德的革命不是按照哥白尼的方式。因为生活于地球之上的主体（人）只能以地球为中心来看世界。康德以主体中心论代替了客体中心论实际上倒退到了托勒密的以地球为中心的方式。杜威肯定康德对人类理智的能动性的强调，但认为康德强调过分，以致使人类理智脱离了作为其存在背景的自然。而在他看来，人只有在其与自然的相互作用中才能有能动作用。哲学上的真正的"哥白尼革命"正在于肯定这种交互作用。如果说康德的中心是心灵，那么杜威的新的中心指的是自然进程中所发生的交互作用。正如地球或太阳并不是绝对的中心一样，自我或世界、心灵或自然远不是这样的中心。一切中心都存在于交互作用之中，都只具有相对的意义。在《确定性的寻求》一书中，杜威有一段著名的话："旧的中心是心灵，它是用一套本身完善的力量去进行认知的，而且它也只是作用于一种本身同样完善的事先存在的外在材料上的。新的中心是自然进程中所发生的变化否定的交互作用，而这个自然进程并不是固定的和完善的，而是可以通过有意操作的中介导致各种不同的新的结果的。正如地球或太阳并不是一个普遍而必然的参考系的绝对中心一样，自我或世界，灵魂或自然……都不是这个中心。在交互作用着的许多部分之间有一个运动着的整体；每当努力向着某一个特殊的方向改变着这些交互作用着的各个部分时，就会有一个中心浮现出来。"① 由此可见，杜威所谓哲学中的"哥白尼革命"，就是以他所主张的心物、主客、经验、自然等的交互作用，或者说人的现实生活和实践既取代客体中心论，也取代主体中心论。

不是把先验的主体或自在的客体而是把主客的相互作用、把人的行为和实践当作哲学的出发点，不是站在唯物主义一方或唯心主义一方，而是

---

① 杜威：《确定性的寻求》，上海人民出版社 2004 年版，第 293 页。

通过行动、实践来超越唯物主义和唯心主义的对立，不是转向纯粹的意识世界或脱离了人的纯粹的自然界，而是转向与人和自然界、精神和物质、理性和非理性等都有着无限牵涉的生活世界，这大体上就是取代了近代哲学思维方式的现代哲学思维方式的根本特征。黑格尔以后许多西方哲学家和哲学思潮从各自不同角度对传统形而上学、各种形式的二元论、绝对理性主义和纯粹非理性主义、绝对主义和独断论、客体中心论或人类中心论等近代哲学固有的特征进行批判，这种批判的道路大体上也正是使哲学返回到现实生活世界的道路。而杜威的哲学则最为突出而明确地体现了这种特征。

第三，杜威的哲学的改造与马克思的哲学变革殊途同归。

谈论杜威在哲学上的"哥白尼革命"不能不将其与马克思在哲学上实现的革命变革相比较。传统的马克思主义由于受到左的干扰，对实用主义必然全盘否定，杜威的哥白尼革命被简单地归结为主观主义和相对主义；由于不能超越近代哲学思维方式的眼界，现实生活和实践的观点这一整个马克思哲学的根本观点被降低到认识论的一个环节，马克思的哲学变革的意义由此被曲解。为了对这两种变革作出符合实际的评价并揭示它们之间的真实关系，首先需要对这两种哲学的实际所指有适当的了解。由于马克思主义在中国被当作指导思想，如果不克服以往那种对它的扭曲，自然谈不到客观地来评价这两种哲学的关系的问题。因此我们首先需要简单揭示马克思的哲学变革的真实意义。

关于马克思在哲学上实现革命变革的理论含义，最流行的说法是：马克思和恩格斯批判地继承了黑格尔的辩证法，摈弃了其唯心主义；批判地继承了以费尔巴哈为代表的近代唯物主义，摈弃了其形而上学，由此建立了将唯物主义和辩证法统一成为一个整体的唯物辩证法或者说辩证唯物主义。这种表述当然有理论根据，但仅这样说还没有充分揭示这一变革的深层意义。我们还应当进一步追问：他们是怎样实现上述批判继承并将辩证法和唯物主义统一起来的。历史和理论的考察使我们明白，这个变革的决定性环节在于他们通过批判地总结近代哲学陷入困境和危机的教训、特别是在于他们作为无产阶级的革命导师对无产阶级的现实生活和实践的意义的深刻分析和总结，他们由此摆脱了抽象思维和感性直观、绝对理性主义和经验主义等的界限，强调了现实生活和实践在哲学中的决定性作用。他们对以物质资料生产的劳动为基础的无产阶级的现实生活和实践意义的深刻分析，使他们对唯物主义和辩证法有了与以往哲学家根本不同的认识。这突出地表现在马克思把唯物主义和辩证法都与人的"感性活动"、实践联系起来。

马克思的唯物主义不同于旧唯物主义的根本之点，在于他不是从纯粹的、抽象的物出发而是从人的现实生活和实践（人的感性活动）出发。相对于旧唯物主义之为自然主义的唯物主义而言，马克思的新唯物主义是一种实践的唯物主义。马克思的辩证法不同于黑格尔等以往辩证法的根本之点同样在于马克思是通过人的现实的感性活动，即客观的实践来理解辩证法的，因而既能揭示主观的辩证法，又能揭示客观的辩证法，并在实践的基础上达到主客观辩证法的统一。正是这种统一使马克思的辩证法具有充分的现实性和具体性。在马克思哲学中，通过感性活动、实践对辩证法的揭示与通过感性活动、实践对物质的客观性和先在性的揭示是统一的。因此马克思的辩证法是唯物主义的辩证法，而他的唯物主义则是辩证法的唯物主义。总之，现实生活和实践的观点是整个经典马克思主义哲学的根本观点。它不仅因强调人的实践在认识中的决定作用而具有认识论意义，而且还因强调人的实践使物质、自然的存在成为具有现实意义的存在而具有存在论（生存论）意义。马克思通过把实践的观点当作其哲学的根本观点标志着他在哲学上实现了一次全面的深刻的变革。

如果按照传统的观点来看待马克思主义哲学和杜威的实用主义，那必然会认为二者是根本对立的。从传统的马克思主义哲学的眼光看，杜威的哥白尼革命没有肯定物质第一性，也没有肯定主客体（有机体与环境）之间的关系是对立统一关系，因而必然是唯心主义和反辩证法的。以往马克思主义者之所以对杜威等人的实用主义全盘否定，除了政治和意识形态的原因外，还有停留于用近代哲学思维方式来看待马克思主义和实用主义这个认识论的原因。其实，包括杜威在内的许多西方哲学家之批判和否定马克思主义也存在类似情况。由于他们往往忽视了教条主义的马克思主义与马克思哲学本来意义之间的区别，把后者归结为前者，才使他们把马克思主义哲学看成是一种过了时的形而上学，当作是一种教条主义、甚至极权主义的哲学。近一个世纪以来，马克思主义哲学家和实用主义哲学家经常处于一种敌对状态，相互批判，这固然有其客观原因，因为二者之间的确存在重要区别，但在一些情况下是由于没有超越近代哲学的眼界，彼此既误解了对方、甚至也误解了自己。

然而，如果人们能够超越近代哲学思维方式的眼光，能够按照马克思主义哲学和实用主义哲学的本来面貌去理解它们，就会发现这两种哲学之间尽管存在着重要区别，但在把生活、行动和实践的观点当作全部哲学的根本观点，并以此来批判和超越近代哲学的种种局限性和片面性上，二者有着重要的共同之处。也正是由于这种共同之处，使这两种哲学能够产生任何其他哲学都无法比拟的实际影响。尽管它们的这些实际影响有时也会由于种种误解而被遮蔽、甚至被扭曲，但这些实际影响终将摆脱遮蔽和扭曲而获得进一步发展。

关于马克思主义产生了比任何其他现代哲学学派更大的实际影响，这并非出于马克思主义者和共产党人的宣传，而是见证于马克思主义产生以来一百多年的历史事实。马克思主义在发展中当然会遇到失败和挫折，但这往往不是马克思主义本身的失败和挫折，而是一些人背离了马克思主义的本来意义所必然受到的惩罚。其中最突出的例证莫过于苏联的解体。因为解体的真正原因是苏联当局对外实行霸权主义和大国沙文主义，对内实行极权主义的政策，这些都背离了当代世界和苏联社会发展的基本趋势，尽管打着马克思主义的旗号，却背离了把现实生活和实践当作核心思想的马克思主义的根本原则。一些原来由共产党执政的国家之陆续遭到挫折原因同样在此。马克思主义发展中尽管有些失败和挫折，但并不证明马克思主义已失去生命力。马克思在西方被评为世纪伟人，萨特、德里达等西方最著名的学者高度评价马克思主义，主要原因也正在此。

至于实用主义产生的影响，可以从美国人民在不长的历史时期内几乎从空地上把美国建设成为世界唯一的超级大国来说明。实用主义虽然不是唯一的美国哲学，却是美国最有代表性的哲学。欧洲各国的哲学大都曾传入美国，并在美国占有一席之地，有的（例如分析哲学）在特定时期甚至可能在哲学讲坛占有支配地位，但它们几乎都毫无例外地被实用主义所同化，成为实用主义的组成部分。就实际影响来说，实用主义在美国哲学中始终占有优势地位。一些美国哲学家也承认，美国人不管其口头上拥护的是什么样的哲学，但骨子里相信的仍然是实用主义。只有实用主义才是美国建国以来长期形成的一种民族精神的体现。而实用主义的最大特色就是使哲学从玄虚的抽象王国转向人所面对的现实生活世界。实用主义的主旨就在指引人们如何去面对现实生活世界，解决他们所面临的各种疑虑和困扰。实用主义当然具有各种局限性，人们也可以从各种角度去批判它，但正是实用主义使美国能在许多方面取得成功，这大概是一个不争的事实。

在美国以外，实用主义也能产生广泛而长远的影响。这在中国可以说是最突出的了。自从实用主义传入中国以来，它的关注现实生活和实践的根本特征使它产生的影响远远超出马克思主义以外的任何其他哲学流派。五四时期输入中国的西方哲学流派除了实用主义以外，还有实证主义、生命哲学、马赫主义、新康德主义、逻辑分析哲学等众多流派。当时访问中国的西方著名哲学家，除了杜威以外，还有罗素等人。但他们的影响主要只是在相关学科的少数知识分子中。而杜威及其实用主义的影响则遍及思想文化的众多领域。值得注意的是，无论是当时访问中国的杜威本人还是杜威的中国学生胡适等人，其对实用主义的宣传远远超越所谓纯哲学的领域。他们所做的主要不是教人去研究实用主义的哲学理论体系（事实上实用主义不同于其他哲学，它没有这样的体系），而是引导人们去研究如何解决中国所面临的各种现实问题。胡适当时所提倡的"多谈些问题，少谈些主义"是符合实用主义的真谛的。这倒不是说实用主义拒绝任何主义。事实上美国实用主义凝聚了美国建国以来的资产阶级民主主义的一整套原理原则。杜威在谈论各种现实问题时都紧紧依据其实用主义的根本原则。因此我们说杜威的实用主义与马克思主义有着原则的区别。但杜威不同于其他许多哲学家、特别是近代哲学家，他从不把原则、主义绝对化，而竭力使它们与现实生活和实践联系起来。杜威当时在中国的讲演最吸引人的是关于科学、民主、教育等现实问题的论述，而这些论述都很有现实生活和实践的针对性，正好适应了五四时期中国先进分子对科学和民主等的诉求，所以对推动当时的新文化运动起了重要的作用。

实用主义超越纯思辨领域而关注中国的现实问题的特征，使它卷入了现代中国社会的政治和文化冲突，与马克思主义长期处于对立的位置；它也必然受到在中国占意识形态主导地位的马克思主义者的批判。然而这种涉及政治和文化等领域的现实问题的批判反过来又使这些领域受到实用主义的影响。实用主义所主张的解决现实问题的方法与马克思主义所主张的方法往往发生重叠，以致人们有时难以明察它们之间的区别。毕竟人们在面对现实问题时，除了应当关注一般原则外，还应当关注、甚至首先应当关注解决问题的方法，探究如何使问题的解决既能符合社会和公众发展的利益，又能保障个人的合理要求。例如，在向市场经济体制转向时，应当首先关注的是如何发展市场经济，至于"姓社""姓资"的问题可以暂时搁置，放在市场经济建设的过程中去解决。而在探究解决问题的方法（例如建设市场经济的方法）方面，实用主义和马克思主义之间仿佛存在着一种张力。因为，二者都把现实生活和实践放在首位，都主张一切从实际出发，都反对各种形式的教条主义和主观主义，因而二者之间在解决现实问题上可谓殊途同归。其实，即使就原则而言二者并非在一切方面都是针锋相对的。例如，马克思主义的发展观是保障社会和个人的共同利益，而就杜威而论，他的实用主义从来不主张在损害社会、公众利益的条件下去维护个人私利。相反，他一直提倡私利要服从公益，个人和社会应当相得益彰。其实，杜威的社会理想也并不是维护现存资本主义，而是建立一种能保障社会成员的具有民主和自由的权利、使他们受到平等和公正的对待、获得全面发展的机会的"伟大共同体"（Great Community）①。尽管杜威的这种理想社会在现存资本主义制度下并不能实现，但它仍能获得社会上许多阶层的人的同情，杜威也由此被认为是资本主义制度下的社会改革家。正因为如此，在中国，在不同程度上接受和利用实用主义的人，并不都是资产阶级庸人和鸡鸣狗盗之徒，也包括许多忧国忧民和务实求真之士。这也就是为什么实用主义在中国会有挥之不去的影响。

中国的马克思主义者当然应当克服从左和右的方面对马克思主义的扭曲，在当代世界和当代中国发展的新形势下丰富和发展马克思主义，并坚持用它来当作一切事业的指导思想。因为这无疑是使中国的各项事业取得更为辉煌的胜利的基本保障。但与此同时，对杜威的实用主义不仅不要简单拒斥，反而应当在防止其消极作用的条件下充分研究其可能发生的积极作用。

关于杜威的实用主义与马克思主义的关系问题是一个值得从各种不同角度和层面上来研究的重要问题。从把生活和实践的观点当作哲学的根本

---

① 参见 *The Later Works of John Dewey*，Volume 2, pp. 315—350。

观点来说，二者至少在一定程度上可以说殊途同归。它们在一般哲学理论上是否也有共同之处呢？这是中外学者已在开始探讨的问题。一谈到将马克思的哲学与杜威的实用主义作比较，人们总是想到杜威对马克思的态度以及杜威的实用主义理论与马克思的唯物辩证法是否有共同之处。但从事这种比较往往会遇到较大困难。生活在19世纪的马克思不可能预见到20世纪才进入盛期的杜威，而杜威也由于种种原因没有原本地研读过马克思本人的著作。因此，很难从他们的论著中找到直接相互印证的材料。但是，如果将马克思的学说与杜威的学说都体现了西方哲学从近代到现代发展的趋势，都是对近代哲学思维方式的扬弃和超越来说，仍然可以找到他们之间的重要的共同之处。例如，杜威的经验自然主义所谈论的自然界实际上就是马克思所强调的那个人化的世界。杜威在肯定自然界不以人的存在为转移而自在地存在关系前提下提出的关于主客（有机体和环境）相互制约、主体的创造性和能动性的理论与马克思所阐释的辩证法至少是不直接抵触的。杜威的"伟大共同体"虽然不同于马克思的共产主义，但至少他自己把它当作是超越现存资本主义的一种努力。这里的关键仍然是我们应当怎样看待马克思的哲学和杜威的实用主义哲学的根本意义。如果按照传统的马克思主义哲学教科书的结构来理解马克思的哲学、按照近代哲学的眼光去看待杜威的哲学，则二者除了对立以外很难还有其他。但如果按照马克思的哲学的根本意义去理解马克思的哲学，按照实用主义的根本意义去理解实用主义，那这两种哲学作为体现现代哲学发展趋势的哲学，在一些重要方面可以说殊途同归。

据我的了解，国内学术界近年来对杜威思想的兴趣日益浓厚，有的专家在承担各级相关科研课题，有的专家在指导研究生以杜威思想为选题从事专门研究，《杜威全集》的翻译工作也已经基本完成。王成兵教授一直对实用主义哲学有着很浓厚的学术兴趣，很多年来一直没有中断对杜威哲学的关注。他这次所选编的文集也是研究工作的重要组成部分。本文集所收集和整理的文章涵盖了比较丰富的内容，既讨论了杜威哲学的文本解读问题，也讨论了在全球化的语境中如何把握杜威思想自身的当代意义问题，还讨论了杜威哲学与当代哲学派别和思潮的关系问题，同时也从中西哲学比较的角度展示了杜威哲学的当代价值。我与其中的部分作者都已有过学术上的交往，对于他们的研究工作我也有所了解。我认为，不管读者最终是否认同这些作者的观点，但是，我们应当感受到，这些作者确实是以自己的研究方式做认真的研究工作，在对杜威进行严肃的哲学思考。希望他们的研究工作对我们的杜威哲学研究产生积极的推动作用。

分析的哲学与叙事的哲学

理查德·罗蒂 (Richard Rorty) 著　李小科编译

哲学已经在很大程度上游离出许多知识分子所能触及的范围。当今哲学家们在争论的问题，与柏拉图—尼采的对立联系在一起。这种争论的结果将决定哲学作为一门学科的发展前景。其中之一就是，对哲学的研究在将来是否会独立于思想史去进行。这一争论通常发生在"分析"与"非分析"哲学分裂的讨论过程之中。

当今哲学争论的两个主要议题

第一，分析哲学与非分析哲学之争；第二，分析哲学（心灵与语言哲学）内部的争论，即原子论与整体论之争。原子论者认为，哲学与认知科学的结盟对自身会大有好处；整体论者则不这样认为。

当代哲学系里将哲学划分为两方：伦理、社会和政治哲学为一方；心灵和语言哲学为另外一方。从事前者的哲学家很少读后者写的书，他们更多地阅读政治学教授和法理学教授所写的书，而不是读那些在研究身心关系、语言与实在关系的同事们所写的书。人们可以这样说，这两类人同处一个系，不是由于有什么共同的兴趣，而是由于机构划分的原因。

"分析的"哲学与"非分析哲学"的分野与道德和政治学作品的关系不是很大。他们也与罗尔斯、哈贝马斯、詹托尔·默菲（Chantal Mouffe）、伊赛亚·柏林以及加斯托等没有多大的牵连。所有这些哲学家与非哲学家（如麦克尔·瓦尔策、波斯纳、伊格纳提夫（Michael Igna-tieff）、贝克等）讨论着同样的问题——我们何以能改变我们的社会政治制度，以便更好地将秩序与正义结合在一起。

人们一旦将道德政治哲学框起来存而不论，便发现分析哲学与大陆哲学的分裂就凸现出来了。这种分裂就如同人们对罗素哲学的评价一样。有的哲学家将罗素的幕状词理论视为哲学的一种范式；而另外一些哲学家则认为，罗素所做的工作没有哪一点能与黑格尔的《精神现象学》或海德格尔的《人道主义书信》相比。

自认为是心灵和语言分析哲学的人，肯定对罗素的幕状词理论极其熟悉。但她有可能从来就没有读过黑格尔和海德格尔的东西。如果一个人在非英语国家教哲学，她肯定读过《精神现象学》和《书信》，或要装出读过的样子；但她完全可以理直气壮地跳过幕状词理论。巴西、土耳其、波兰的哲学家们不太理解，英语国家的同行们为什么将罗素看成一个重要人物。

崇拜罗素的人可精确地讲清楚他们在回答一些什么样的问题。黑格尔和海德格尔则不大关注常识或日常语言。他们告诉你有关精神实质或存在意义的内容，而且通常是在非常特殊或不为人所熟悉的意义上使用"精神"与"存在"（being）。弗雷格和罗素希望使事物变得清晰明白；而黑格尔和海德格尔则希望事情出现差异。

在读黑格尔和海德格尔的书的时候，读者有收益，也有思考；但在放下书以后，读者会感觉什么事都没有发生。读者可能会得出结论，认为他们二人的思想有毛病。实际上，分析哲学家就是这么看待他们两人的。

哲学家之间的相互攻伐：分析哲学家有时认为黑格尔和海德格尔描述"不是在真正意义上搞哲学"。非分析哲学则认为，这些分析哲学的同行们是知识懦夫（intellectual cowards），因为后者对他们自己所熟悉的职业以外的环境没有安全感。这种相互攻伐已经持续了近50年。

在我看来，弗雷格、罗素、黑格尔、海德格尔四人可以被有效地归于一类。原因在于，他们都在以自己的方式回答着最先由柏拉图明确提出的问题：何以使得人类独特？其他动物为何缺少人类之特性？我们所独有的为什么如此重要？人以什么样的自我形象出现时相对于这一独特性来说不失为正义？

柏拉图的回答是，我们不像动物，我们可以认识事物（包括我们自己）是什么样的。在柏拉图看来，实在—现象的区分对智慧的获得极为重要，人之为人在于把握真理。弗雷格与罗素认为，柏拉图的回答在总体上没有什么错。他们的工作就是帮助人们回答柏拉图的问题：我们的信念之间有一种什么样的关系？

弗雷格与罗素认为，以前对这些问题的回答不充分，原因在于从柏拉图到康德的哲学家们没有关注作为中介的语言，在这些中介中，人类将实在展现给自己。从这个意义上讲，以前的答案没有能充分反映语言与实在之间的关系。

尼采对以上问题的回答不同于柏拉图的回答。尼采嘲讽柏拉图对现象—实在的二分。而这一划分至今被许多分析哲学家看成是理所当然的东西。他要求人们"从艺术的视角看科学，从生活的角度看艺术"。

当今认真对待黑格尔和海德格尔的哲学家们，同意尼采对现象—实在二分所做的怀疑，从而代之以对世界精神发展所做的过去与现在、早期与晚期的划分。在这些哲学家眼里，黑格尔和浪漫派诗人被看作尼采反叛柏拉图主义的先驱。黑格尔强调我们在历史进程中发展和改变着我们自身。黑格尔的这一观点，为尼采"人类的指向就是通过对自我重新描述来进行自我创造"这一论断铺平了道路。

海德格尔是第一个试图调停柏拉图—尼采冲突（关于什么东西使得人类如此特殊）的思想家。海德格尔的晚期著作告诉人们，西方知识分子始于对获得自我知识的渴望，终于对实现自我创造的期盼。因此，黑格尔和海德格尔的成熟之作，均力图去解释我们现代人怎样变成了我们现在这个样子这一问题。所有这些讨论与对知识的范围与界限、事物如何使得句子为真等问题的回答没有任何关系。

分析哲学的任务：探寻心智与语言是如何起作用的

在这个题目下有原子论者与整体论者（atomists and the holists）之争。原子论旨在解释心灵与语言是如何发挥作用的。这也是原子论者的一贯追求。整体论者则认为：（1）原子论者所做的工作不会有成果；（2）原子论将语言与心灵看成实体，这种做法是一种错误；（3）意义与信念不是一种事物。但二者都同意，（1）人之特殊性体现在人拥有心灵和语言；（2）当代哲学面临的一个大问题就是用与现代科学相一致的方法去解释心灵和语言的存在，而不用求助于柏拉图、奥古斯汀、笛卡儿等提出的非物理的实体；因此，（3）他们都是物理主义者。但原子论与整体论的相似到此为止。

原子论者把心灵与语言分解成许多部分，将其与大脑紧密地联系在一起；他们认为，心灵即大脑。他们花大量时间分析类似"信念"和"意义"这样的概念，以此企图说明信念与意义如何居于人类的中枢神经之内。

在整体论者看来，将心灵与大脑视为同一这种做法明显是一种误导。即使是理想的神经生理学也不可能告诉我们有关心灵与语言的东西。整体论者虽然同意在探索大脑何以运作方面有许多事情要做，但同时又怀疑，即便是理想的神经生理学也可能不会告诉我们更多有关心灵和语言的东西。他们坚持，心灵不是电脑硬件意义上的大脑；心灵与大脑、文化与生物学，其相互之间的自由度如同硬件之于软件。

整体论认为，认识心灵与语言实际上是对我们所身处其中的社会行为（实践）变迁的认识；当然，我们不能缺少神经学方面的手段与工具。但从神经学或进行生物学方面解释人的行为，并不能将人与猩猩区分开来。猩猩是不会绘制出洞穴里的壁画，更不会建造出驶往特洛伊城的巨船的。

整体论者认为，提出批判性的意见这一社会行为与智力和语言不可分。原子论者认为，我们在没有语言之前就已经有心灵；人以外的动物也有心灵。要想解释人类为何能够获得有关存在于物理世界之中的那些事物的事实，我们就必须联系到语言表现。这就将我们的科学理论引向原始语言表现，最终至知觉性的表现。

希望认知科学帮助我们理解人类的特殊性，这是洛克留给后人的做法。他将心灵看成是简单观念和观念的仓库，最后引出休谟的"动物理性"、19 世纪的联想心理学、被艾耶尔语言学化了的休谟版，以及被麦克道尔语言学化了的康德版。整体论者遗憾洛克将我们引向此途，也因此谴责笛卡儿对洛克的误导。

在整体论者看来，在神经元与社会行为（实践）之间并不存在认知科学要去研究的中介。要研究人何以具有不同于大猩猩的特殊属性，就要去研究那些实践，去研究文化。在神经元与实践之间，没有（也不需要有）什么桥梁，这就像软件与硬件之间的关系一样。正如软件只是一种让硬件运行的方法，文化只是一种使我们的神经装置投入使用的方法。原子论者同意并引用了斯蒂芬·平克尔（Steven Pinker）的话，"计算心灵理论是知识史上的伟大思想之一，因为它解决了构成身心问题的谜团之一"。

当今语言哲学中的整体论者有戴维森（随蒯因）、布兰德姆（随塞拉斯），以及追随赖尔和维特根斯坦的其他哲学家。原子论者有乔姆斯基、平克尔（Pinker）、杰瑞·夫德（Jerry Fodor），以及那些试图创立一种心智表现的语义理论。

分析的明晰性与对话的明晰性

以上论述能帮助读者理解以下三方面的问题，因为：（1）许多原子论者怀疑，整体论将分析哲学的核心思想置于危险的境地；（2）诸如内格尔这样的哲学家认为维特根斯坦、戴维森等向黑格尔、海德格尔所从事的那类坏哲学敞开了大门；（3）布兰顿将自己称为一个新黑格尔主义者。

原子论与整体论之争最后似乎落到了对两个问题的争论上：（1）哲学家们应该做的事情类型；（2）哲学的自我形象。

这体现在罗素与维特根斯坦两人对概念的不同看法上。罗素主张，概念或意义可以被分离开来并当作信念的元素来对待，应该承认他们的存在。然而在维特根斯坦看来，概念只是对一个词的使用。

大多数分析哲学家同意，罗素及其追随者将我们的哲学学科引入可靠的科学途径。分析哲学家认为，分析哲学的训练可以锻炼和提高心灵的明晰性。他们之所以抵制整体主义是出于一种担心：如果他们偏离自然科学，他们将为蒙昧主义敞开大门。哲学将回归到罗素以前的岁月，即乔伊特和 T. H. 格林的时代，或 20 世纪的法国。正是因为这个原因，分析哲学非常厌恶"哲学是一种人文学科"这一观点，而坚持哲学是一种科学。

整体论者认为，要想研究心灵和语言是如何运作这一问题，最好是讲故事，那种由塞拉斯、布兰顿所讲的故事：元语言学的词汇与心灵主义的词汇同时产生；文化如何超越生物的进化。

确定的存在和非确定的存在

很显然，我赞同整体者，赞同那些讲述故事的哲学家，而非那些提供分析的哲学家。"在物理世界中，心灵表现、意义、价值处于什么位置？"我认为，人们应该放弃这样的问题。他们应该把对物体（粒子）、信念、理应被做的事情等所做讨论描述成文化活动。这些活动所实现的目的都很明确……哲学家们遵循卡斯托里阿迪的建议，即放弃他所说的"只有确定的存在才是真实可信的存在这一假说"。

确定的存在是那种可以断然确定为真的存在。数学所研究的对象之间的关系就是这样。同样的还有诺曼征服以来英国国王的名称、伊拉克战争中死亡的大体人数、20世纪牛津的年平均降雨量。不确定的存在事例有《哈姆莱特》的意义、丘吉尔的性格特征、人类存在的时间点等。

我对确定存在与不确定的存在之间的划分是从社会学意义上做出的。确定性只是一种程度。只将确定的存在视为真实可信的，这种做法是用一种无用的形而上学的区分代替一种有用的社会学意义上的程度区分。接受前一种区分，就是承认有关于某些话题的"事实"的存在，就是在认真地对待有关实在论与反实在论之间的争论。只有在分析哲学家们眼里，这种争论有实际的意义。只有你相信所有的存在都像拼图玩具的每一个碎片一样可以拼贴到一块，认为那些不能被拼到一块的存在就不真实可靠，就不是拼图的碎片，这个时候你就将加入到这种争论之中。

拼图的类比从整体上看适合于许多领域的研究，如古生物学、粒子物理学和文献学等。在有些文化领域中，可以说我们能够最终得到正确的东西。通过引入可靠的科学方法使得哲学成为上述文化领域之一的思想，以及曾经催动罗素和其他分析哲学家的观点，他们只有在概念和意义被看成能够孤立于社会实践、孤立于历史的情况下，才有可能站得住脚。

一旦放弃原子论，人们就不再使用获得确切事实的比喻和追寻核心骨架的比喻了，并像维特根斯坦一样怀疑以往被视为神圣的逻辑。这将导致以下三种结果：（1）人们认真地对待发生于社会准则方面的变化；（2）用水平的知识发展比喻去替代垂直的知识发展比喻；（3）放弃心灵和语言可以像其他许多事物一样被彻底搞清楚这一观念。

那些善待黑格尔的哲学家们大都用我们如何与我们的祖先不同，如何可能与我们后代不同等这样一些问题，代替人类何以在普遍意义上具有特殊性这一问题。换言之，历史主义使得我们认为，非确定的存在比确定的存在更有魅力。它使得我们把对过去（历史）的解释和重新语境化（recontextualize）视为最为重要的人类活动，而不是把最为重要的人类活动视为对拼图的组合。

对什么东西最值得思考这一问题，存在着不同的回答。这种分歧也说明了为什么被我一直称之为"叙事的哲学"（narrative philosophy）的东西常常被叫作"解释哲学"。"解释"这一术语标志着研究兴趣的转移：从讨论什么东西绝对可靠（正确）转向没有止境的解释与语境再造。

人何以具有其人之为人所具有的特殊性？如果人们接受柏拉图（而非尼采）对此问题的回答，那么对心灵本质或语言本质的研究就似乎显得格外必要和紧迫。分析哲学家所从事的工作显然值得受过教育的公众的注意。人们也就更有理由指出洛克和康德在西方文化史上的重要地位，指出当代分析哲学家正在追问洛克和康德曾问过的问题。

然而黑格尔指出，尽管洛克和康德两人为人类自由的原因作出了不可估量的贡献，但他们所问的问题并不怎么好，因为他们没有认识到，历史是具有自然意识的人类的历史，而非自然的历史。布兰顿将心灵主义的词汇看作使得某种社会规范变得清楚明白的一种方式，而不是像洛克那样将其看作对位于两耳间的实体的描述。就像萨特和海德格尔一样，对于黑格尔和布莱顿来说，人类是非确定的存在。就像那些使我们成为现在这个样子的法律和诗歌一样，我们需要的是永无止境的解释。我们永远也不会得到绝对正确的东西。

结　论

上面讨论的是叙事哲学的一个例证。哲学在当代西方文化中的位置开始于 17 世纪对身心问题、知识的范围、意志的自由等问题所做的清楚明白的说明。这些问题的产生要追溯很远。在西方，人们已经习惯了德谟克利特和卢克莱修对事物所做的论述。这样，我们在对自身进行描述的时候总想达到和实现按其二人标准为正确的层次。在寻求对这些方法进行折中的过程中，上面的三个问题产生了。洛克、斯宾诺莎、休谟、康德等对这些问题的讨论，对文化的世俗化发挥过重要的作用。

随着时间的流逝，这些问题已经被研究得很透，几乎再也挤不出什么新东西了。法国大革命和浪漫运动彻底转移了世俗知识分子的视线。黑格尔第一个洞察出这些事件的意义,并试图使哲学跟上时代的步伐。到尼采和杜威的时代,大多数知识分子,甚至许多哲学教授已经深信,确定文化纲领的不是什么上帝(或自然),而是历史。

　　然而,在有些国家,有些哲学教授们如今仍然死守着黑格尔以前的那些问题不放。他们试图通过将其语言化的方式来复活或拯救它。这种运动造成的结果就是比以往为严重的专业主义与边缘化现象。语言的转向最终导致维特根斯坦对 17 世纪式哲学问题的摒弃,这也同样体现在塞拉斯和布兰顿的历史主义观点当中。所有这些发展有可能使得分析哲学家们去认真对待黑格尔的论断——哲学是以思想的形式反映一个时代。他们是否将利用这一机会,还有待观察。

儒学与杜威的实用主义：一种对话

安乐哲（Roger T. Ames）著　彭国翔译

作为对话的一个很有前景的开始，我们或许受到这样一个事实的鼓舞：怀特海，这位自称是"美国"哲学家的人物，向他同父异母的兄弟说起过杜威，他说："如果你想了解孔子，去读杜威；如果你想了解杜威，去读孔子。"① 在《过程与实在》中，怀特海进一步指出，他的"有机主义哲学看起来更接近中国思想的某些流派"。可是，同样是这个怀特海，在其他地方也曾经宣称：在哲学活动中，有趣比真实更好。总结这两点来看，通过假定怀特海这种地位的哲学家会推荐我们将杜威和孔子加以串读（tandem reading），即便不是作为真理的资源，而是作为一种令人感兴趣的练习，我们或许都会受到鼓舞。然而，任何东西都不会比真理更为遥远。对于他与杜威和孔子所共享的那种过程性的感受（process sensibilities），怀特海似乎多有忽略，并且，怀特海在事实上也显然没有考虑作为"实用主义者"的杜威和孔子。在怀特海看来，杜威和孔子都服膺于那种他所认为的天真的经验主义（naive empiricism），而除了最枯燥乏味的哲学探险之外，那种经验主义什么也没有排除。诚然，如果我们试图诉诸怀特海的权威，将他作为我们在此所进行的孔子与杜威之间对话的基础的话，我们便立足于最不可靠的根基之上。

事实上，在怀特海自身所处的时代，对怀特海的哲学同行以及对怀特海本人来说，在杜威与孔子之间进行比较的任何提示都似乎令人感到迷惑。但是，从我们目前的高度而言，我将论证，我们能够界定一套看起来毫无关系但实际上彼此相关的历史境况，多年之后，这种境况或许会得到

---

① 参见吕西安·普莱斯（Lucien Price）所编的《怀特海对话录》（纽约：门特书局 1954 年版，第 145 页）（*Dialogues of Alfred North Whitehead*，New York：Mentor Books）。

权衡与考虑，并且，作为事后之见，或许还会被诠释为那样一种情况，即我们所期待的正是这样一种对话。在我们目前的世界中，是否正在发生显著的改变，这个世界能够将杜威的实用主义和儒家哲学富有成果地联系到一起呢？协力促成杜威的第二次中国之旅需要什么样的条件？在这一次，正如杜维明的"三期儒学"最终抵达了我们美国的海岸一样，杜威是否会赶上落潮，而不是遭遇到五四中国破坏性的旋涡呢？

当今之世，在宏观的国际层面，美中两国具有可以争辩的最为重要的政治、经济关系。尽管为明显的互利关系所驱动，由于缺乏深入的文化理解，这种日益复杂的关系仍然不仅是脆弱、不稳定的，而且在很大程度上是发展不够的。

如今，在我们高等学术的坐席中，西方哲学——几乎全部是欧洲哲学——构成世界范围内课程的主流。正如在波士顿、牛津、法兰克福和巴黎那样，这种情形在北京、东京、首尔和德里同样真实。如果土生土长的亚洲哲学和美国哲学在海外受到忽略，那么，在他们自己国家的文化中，他们也显然被边缘化了。[①] 詹姆士在他吉福德讲座（Gifford lectures）的前言

---

① 诚如 Raymond Boisvert 在其《杜威：重新思考我们的时代》（奥尔巴尼：桑尼出版社1998 年版）（John Dewey: Rethinking Our Time, Albany: SUNY Press）一书中所论：在 20 世纪初，美国哲学家不论在欧洲还是亚洲都享有荣誉，但不论是何种影响，都显然在二战之前烟消云散了。在美国本土，哈威·汤森德（Harvey Townsend）在其《美国的哲学观念》（纽约：美国图书公司1934 年版）（Philosophical Ideas in the United States, New York: The American Book Company）一书的第 1 页中指出了在他那一个时代美国哲学的状况：

美国哲学在美洲是一个受到忽略的研究领域。之所以如此，至少在部分上归于对欧洲各种事物的歉意的敬重。爱默生（Emerson）和惠特曼（Whitman）呼吁美国人思考他们自己的思想，歌唱自己的歌曲，他们的呼吁仍然常常受到忽视。无法完全说服美国人，让他们知道他们有自己的灵魂。

在随后超过两代人中，这种偏见仍旧是显而易见的。在《剑桥西方哲学史》（1994）的前言中，当提到该书不同部分的作者时，主编安东尼·肯尼（Anthony Kenny）指出："所有作者都在受到英美传统的训练或从教于英美传统，在这个意义上，所有作者都属于英美的哲学风格。"但是，在该书的主体中却并没有提到美洲的思想，没有爱德华斯（Edwards）、爱默生、皮尔斯、詹姆士，也没有杜威。有关美洲所提到的东西，只有在索引中出现的"美国革命与柏克""托马斯·潘恩""杰弗逊"，并且，杰弗逊在正文中是作为"潘恩的朋友"出现的。明显的结论是：美国哲学，即使是接近英美传统的思想家们，在塑造西方思想特征的过程中并无实际的影响。委实，在美国，很少有本科生和研究生的研究项目能够使学生直接受到有关美国哲学的认真而持久的训练。就像日俄战争是在日俄两国之外的中国的领土上进行的一样，美国的大学当前也基本上是各种外国势力角逐的领地。

中曾经承认："对我们美国人来说，聆听欧洲人谈话的哨音，似乎是正常的事情。"① 当他这样说时，他几乎是正确的。除非他可以邀请亚洲人士成为阿伯丁的听众。

从太平洋的美国一边开始，在诠释学、后现代主义、新实用主义、新马克思主义、解构主义、女性主义哲学等旗帜下，专业西方哲学内部的一场内在批判正在进行。这场批判有一个共同的目标，用索罗门（Robert Solomon）的话来说就是"超越的伪装"（the transcendental pretense），包括观念论、客观主义、总体叙事（the master narrative）和"所与的神秘"（the myth of the given）。当然，在杜威本人最终称之为"哲学的谬误"（the philosophical fallacy）这一幌子下，批判的正是同一个目标。"哲学的谬误"促成了杜威对观念论和实在论两方面的批判，杜威批评的是这样一种假定：一个过程的结果就是这一过程的开端。②

以往 10 到 15 年来，尤其在美国国内（不仅仅在美国），我们见证了对古典实用主义兴趣的复活，这是以对美国哲学演变的深入复杂的各种研究的激增为标志的。在对这段历史的讲述中，一个重要的主题就是试图阐发杜威作为一个哲学家的维特根斯坦式的转向。这些数量众多的哲学传记的一个共同特征，似乎是努力把杜威的特点归为这样一种情形：将常见的语汇以一种极不寻常的方式加以运用。在一定程度上，这些当代的学者们正在讲述一个重要的新的故事，如今常见的这样一种宣称，即杜威的中国学生没有真正地理解他，或许可以扩展到将他如今的美国学生也包括在内。

直至晚近，专业的西方哲学仍然忽略亚洲哲学而恰然自若（更不用说非洲和伊斯兰传统了），对于这些传统是怎么回事，这些哲学依旧只不过有一些匆匆而过的印象，并不为其所动。这些哲学乞灵于这样的理由：

---

　① 詹姆士：《宗教经验种种》（哈佛大学出版社 1985 年版，第 1 页）（*The Varieties of Religious Experience*, Cambridge, Mass：Harvard University Press）。

　② 杜威一早就看到，作为"哲学思维最为流行的谬误"，就是忽略经验的历史的、发展的和情境化的方面。正如他所见到的，其中方法论的问题在于"从赋予个别因素以意义的有机整体中抽象出某一个因素，并将这一因素设定为绝对"，然后将这一个因素奉为"所有实在和知识的原因和根据"（EW 1：162）。有关历史、发展以及"哲学谬误"的脉络，参见 J. E. 泰尔斯：《杜威：哲学家系列的论证》（伦敦：罗德里奇出版社 1988 年版，第 19—24 页）（J. E. Tiles, *Dewey：The Arguments of the Philosophers* series, London：Routledge）。

那些思想流派并非真正的"哲学"。如此一来，职业产生了"比较哲学"这样一个术语。这是一个奇怪的范畴，它与其说是在哲学上得到论证，不如说在地域上得到说明。

但是，在"经典与多元文化主义争论"的脉络中，由一种在美国大学教育中推行"国际化"的明智需要所驱动，非西方的各种哲学传统已经不以人的意志为转移地对哲学系的课程构成一种显而易见的入侵。从来去匆匆的世界大会到檀香山比较哲学的小圈子再到波士顿儒家，比较哲学运动已经肩负重荷，并且在目前似乎是巨大的西西弗斯式的劳作（Sisyphean labor）中也已经取得了某些契机。对比较哲学运动来说，胜利仍旧是一个遥远的希望，但是，假如当胜利到来时，那将会是一场仁慈宽大的凯旋之舞，也就是说，在这场斗争中，成功也就是将"比较哲学"这一极不自然的范畴从哲学词典中废除。

在中国一方，如今的中国不再满足于做世界的唐人街，而是正在经历着一场在其漫长历史上最大和最彻底的变革。一亿到两亿的流动人口——约占整个人口的 20%——离开了乡村、正居住在城市中心，在新的中国寻求改善他们的生活。这种人口的不断迁移带来了离心的紧张以及社会失序的真实潜态。在这种条件下，中央政府的基本指令是维持社会秩序。这是一条常常阻碍（如果不是反对的话）朝向自由改革运动的原则。就像中国的所有事物一样，这种国家结构与社会问题的巨大是一个庞然大物。诚然，正是这些顽固问题的幅度，为我们西方的大众传媒提供了现成的胚芽，看起来，西方的大众传媒几乎总是在病理学的意义上致力于妖魔化中国以及中国所做的一切。

我们需要超越这种有关中国的负面宣传，要实地考察中国的家庭、工厂、街道和教室。当我们这样做时，我们发现，这只步履蹒跚的中国囊虫正在稳固地纺织着它的丝茧，尽管在民主化痛苦的过程中存在着盲目性，在纺织者中，却也存在着对最终会出现何种类型的民主这一问题的大量反思。至少，中国正在梦想着她是一只蝴蝶。

回到中国学术界，我们可以公平地说，虽然当代西方哲学忽略了中国，但自从严复将西方自由主义引至晚清以来，在将所有能够增强其竞争力的东西吸收到自身之中这个意义上来说，中国哲学一方面忠于自己的传统并具有活力，一方面又是具有吸收力并绝对是"比较性的"。那种情况就是：在 20 世纪，对于几代人来说，马列主义的不断汉化，窒息了刚刚开始的杜威实用主义，淹没了儒学的残余，成为一种新的文化正统。同时，现代新儒学运动中许多杰出人物像张君劢、方东美、唐君毅、牟宗三等，则从欧洲哲学主要是德国哲学中寻找标准，将中国第二序的思考（Chinese second order thinking）论证为一种值得尊重的哲学传统。对于我们所期待的对话来说，重要的在于：在五四时代儒学与杜威最初的相遇中，儒学被新文化运动的知识分子们斥为阻塞中国动脉的血栓（plaque clotting the arteries of China），妨碍了对中国进入现代世界构成必要条件的那些新观念的鲜活的流通。而杜威则被当成了一副解毒药。①

在当代中国哲学中，虽然马克思主义、毛泽东思想仍然具有广大的基础，但从早先的康德、黑格尔到当今的现象学、维特根斯坦尤其是海德格尔，西方哲学的成分具有显著的增长。在重要的程度上，从康德到海德格尔的兴趣转向，是由于被理解为与本土的思维方式有关而激发的，这表明儒学与杜威之间一种可能的对话是恰当的。事实上，20 世纪中叶中国主权的重建，以及过去 10 年到 15 年来中国作为一只世界力量的稳步增长，正在给中国注入一种新生然而却十分重要的自觉，那就是自身的文化传统是自我理解的一种重要资源，也是参与迟缓但如今却不可避免的全球化过程的一个平台。

虽然欧洲哲学对于哲学的活力来说一直是一种标准，但直至晚近，西方对中国哲学和文化的学术研究一直在很大程度上受到中国学者的忽略，

---

① 1919 年，杜威曾在其哥伦比亚大学的学生胡适和蒋梦麟处作客，胡适和蒋梦麟回国后都成为学界和新文化运动中的著名人物。大约有超过两年的时间，杜威在中国各地演讲，并受到当地出版界的格外报道。但是，在《约翰·杜威 1919—1920 年间在中国的演讲》（火奴鲁鲁：夏威夷大学出版社 1973 年版）（John Dewey: Lectures in China 1919—1920, Honolulu: University Press of Hawaii）一书第 13 页中，罗伯特·克普顿（Robert Clopton）和钱存训（Tsuin-chen Ou）指出："在中国大学教师队伍的专业哲学家中，杜威并没有得到追随者，大多数中国哲学家们仍旧继续追随着他们从中得到训练的那些德国和法国的哲学流派。"鉴于艰难时世，杜威的观念显然被积极的听众更多地以对当前社会与政治的需要而非专业哲学的方式"误读"了。这样一种"误读"，人们只能假定杜威可以原谅，如果不是鼓励的话。参见顾红亮：《实用主义的误读：杜威哲学对中国现代哲学的影响》（上海：华东师范大学出版社 2000 年版）。也参见张宝贵的《杜威与中国》（河北人民出版社 2001 年版）。

中国学者觉得从外国学者对中国自己传统的反思中所获甚少。然而，以往10至15年来，负责传播和诠释中国传统的科班学者已经将他们最初的关注，从流落海外的中国学者对于文化讨论所必须做出的贡献，扩展到对于中国文化的西方诠释兴趣日增。在当今中国，翻译和探讨西方汉学具有繁荣的市场。

这一组互补和互渗的条件，为重新修正了的杜威实用主义与随着对传统的自尊自信而回复其卓越性的儒学之间的对话设定了场所。既然杜威的"实用主义"和"儒学"这两个术语都极富争议，因为其内涵具有丰富和多样的资源，而这些资源在相当程度上又界定了其本土主导和持久的文化感受力，① 那么，在尝试于二者之间进行比较之前，我们首先应当考虑如何理解他们。

什么是儒学？在其他一些地方，我曾经论证说，对于儒学应持一种叙事性（narrative）而非分析性（analytical）的理解。② 简言之，以分析性的术语将问题构架为"儒学是什么"，易于将儒学本质化为一种特殊的意识形态，一种技术哲学，这种意识形态或技术哲学可以在细节和准确性的各种程度上被制定。"是什么"的问题可能更成功地导向一种系统哲学的尝试，在这种哲学中，我们可以追求在各种原则、理论和观念的语言中抽象出形式化与认知性的结构。但是，在评价一种根本就是审美性传统的内容与价值时，"是什么"的问题顶多是第一步。那种审美性的传统将每一种境遇的独特性作为前提，并且，在那种传统中，礼仪化生活的目标是将注意力重新导向具体情感的层面。除了"是什么"的问题之外，我们需要在方法之后追问更为重要的问题，那就是在不断演化的中国文化的各种特定条件下，儒学如何历史性地发挥作用，以力图最大限度地利用既有的外部环境。

---

① 这一论断在文字上多取于保罗·汤姆森（Paul Thompson）和托马斯·希尔德（Thomas Hilde）在他们所编《实用主义的乡土根源》（纳什维尔：范德比大学出版社 2000 年版）（*The Agrarian Roots of Pragmatism*，Nashville：Vanderbilt University Press）以及费孝通《乡土中国》（Gary G. Hamiliton and Wang Zheng，Berkeley：University of California Press，1992）中的论证。

② 《现代新儒学：对西方哲学的本土回应》（载华诗平（音译）所编的《中国政治文化》，纽约：M. E. 夏普出版社 2001 年版）（New Confucianism：A Native Response to Western Philosophy，*Chinese Political Culture*，Armok，New York：M. E. Sharpe）。

　　尽管我们可以选择去刻画"儒学"的特征，儒学却不只是任何一套特定的戒律或者在中国文化叙事不同历史阶段内部分别界定的罐装意识形态。儒学是一个社群的连续的叙事，是一种进行着的思想与生活之道的中心，不是一套可以抽离的学说或者对于一种特定信仰结构的信守。切近作为一种连续文化叙事的儒学，呈现给我们的是一种周而复始、连续不断并且始终随机应变的传统，从这一传统中，形成了她自身的价值和理路。对于我们来说，通过在特定的人物和事件之中引出相干的关联，使对于儒学的叙事性理解成为可能。儒学在相当程度上是传记性（biographical）和谱系性（genealogical）的，她是对一种构成性典范（formative models）的叙述。并且，在对中国哲学生命的反思中，我们直接意识到：对于这一传统存在性、实践性以及绝对是历史性的任何说明，都使她非常不同于当代西方脉络中"哲学家"研究"哲学"的那种形态。——那些作为"士子"这一传统继承人的常常热情并且有时是勇敢的知识分子，提出他们自己有关人类价值和社会秩序的计划，对这种情形的概观，就是中国哲学。

　　如果我们以其自己的用语来看待杜威，叙事和分析——方法与意识形态——之间同样的区分可能会被引向这样一个问题，即"什么是杜威的实用主义"。Robert Westbrook 详细叙述了实用主义的早期批判是如何居高临下地将其攻击为一种明显带有美国特色的"将成未成的哲学系统"（would - be philosophical system），以及杜威是如何轻而易举地通过允许哲学观念与其所在的文化感受之间的关系来加以回应的。① 在对于诸如"根本原则""价值系统""支配理论"或"核心信仰"这些观念的评估中，是无法找到美国人的感受的。"感受"这个用语最好在性情气质上被理解为参与、回应并塑造一个世界的微妙细腻的方式。感受是各种积习（habits）的复合体，这一复合体既产生积习又是积习的产物，也促进了寓居于世界之中的那些特定的、个人的方式。文化的感受不易通过对各种社会、经济或政治体制的分析来表达。这种感受蕴藏在界定文化的那些杰出的情

---

　　① 罗伯特·韦斯布尔克：《杜威与美国的民主》（康奈尔大学出版社 1991 年版，第147—149 页）（Robert Westbrook, *John Dewey and American Democracy*, Ithaca：Cornell University Press）。

感、理念和信念之中。① 当然，罗蒂（Richard Rorty）提醒我们，尽管我们美国的感受或许部分是以对理念的描述和分析为特征的，但它也许是最容易通过与诗学和文学相关的迂回（indirection）与兴发（evocation）的方式而达成的。

在个人的层面上，哲学家杜威一生提倡民主。在对民主的提倡中，杜威有关民主的理解以及他在促进社会理智（social intelligence）中所扮演的角色，恰恰是提倡那种他力图身体力行的圆满的、精神性的生活方式。当民主通过其特定成员的"平等性"与"个体性"具体而逐渐地形成时，民主就是繁荣社群（flourishing community）。这样来理解的话，哲学的恰当工作必须"放弃特别与终极实在相关的、或与作为整合的实在相关的所有意图"。② 在这一方面，从芝加哥的脆弱地区到中国处于酝酿之中的革命，再到土耳其的教育改革，作为一个社会活动家的杜威，其漫长的生涯正是对他一生信守的完整阐释。杜威的信守，就是他事实上称为"哲学的再发现"的那种东西。

当哲学不再是处理哲学家们的问题的工具时，哲学就发现了自身，并且成为哲学家所培养的一种方法，为的是处理人的问题。

同样，在儒学传统中，哲学的"知"远不是对于处在日常世界之后的实在的某种优先接近，而是在调节现存条件以便"使一个可欲的世界变得真实"这种意义上试图"实现"的一个世界。用更广义的用语来说，儒学是一种向善的唯美主义（meliorative aestheti-

---

① 在其生前撰写的一部有关美国哲学史的手稿中，郝大维（David Hall）有意识地将爱德华斯（Jonathan Edwards）诠释为美国感受的主要建筑师之一。在列举爱德华斯哲学反省的各个方面时，郝大维是这样开始的：他认为爱德华斯通过提出一种个性的模式，这种个性模式不依赖于以主体为中心的认知、行为，从而囊括了有关主体性和自我意识的现代问题性（modern problematic）的各种形式。事实上，作为实体性思维模式的替代物，在爱德华斯有关世界的过程性的视野中，主体的消解是一种发展的作用。此外，这种过程哲学是由一种倾向性的本体论（dispositional ontology）造就的，那种倾向性的本体论根据反应的倾向或积习来理解自然与超自然的过程，而反应的倾向或积习则在规范的意义上被认为是对于美的亲近或者回应。在爱德华斯看来，不论是神圣的领域还是人类的领域，美的沟通都是他们定义性的特征（defining feature）。对郝大维来说，由边缘到中心，通过诉诸一种过程性、倾向性的本体论以及美的活动和审美感受，对于个体的去主体化（de-subjectification），使得爱德华斯有资格作为一位原创性的美国思想家。

② MW 10：46.

cism），通过培养一种富有意义、互相沟通的人类社群，儒学关注对世界的鉴赏，换言之，儒学赋予世界以价值。并且，作为这一过程中彼此沟通的基本层面，礼仪的卓越性向我们提示：实现这个世界的场所就是礼仪化的、具体的情感。通常而言，我们可以看到，许多中国哲学家的自我理解接近杜威这样的一种看法，即作为审慎与明智的承担者，哲学家致力于调整各种局面并改善人类的经验。

　　杜威有关圆满经验（consummatory experience）有一些特定的语汇，诸如"个性""平等""积习""人性""宗教性"等，在以下我们对这些观念的探讨中，我们会发现，直到我们恢复那给个人成长和表达提供具体例证的显著的历史特性之前，杜威就仍然和儒家学者一样是含糊不清的。以孔子为例，他当然是圣人。但是，孔子最为历史所记住的，不仅是通过《论语》中所描绘的他的生活片段，而且还是由于同样在《论语》中所描述的他在性情气质上一些特定的积习。对杜威来说也是这样，他自己的人生经验和心灵积习的修养，或许是其哲学深度的最佳尺度。①

在杜威的实用主义和儒学之间进行一场有利的对话所产生的共鸣是什么？在我早先与郝大维所合作的著作中，当然也包括这篇文章，最佳的尝试是进入某些有发展前途的领地去勘察并发动具有启发性的攻击，而不是力图"掩护阵地"。这就是说，我们会从儒家关系性和彻底脉络化的人的观念开始，那种关系性和彻底的脉络化，就是我们用"焦点和场域"（focus and field）这种语言所试图表达的一种被镶嵌性（embeddedness）。在《先贤的民主》第 8～10 章——"儒家民主：用语的矛盾""中国式的个体"和"沟通社群中礼仪的角色"——之中，我们将我们所要提示的东西总结为某种不可化约的社会性的儒家个人的感受。尽管一些高水平的学者未必同意，但关于我们对如下这些观念的理解，却极少争议。这些观念

---

　　① 代表性的人物"关注同样的问题"，对于基于这样一种未经批判的假定之上的"个体的理论和概念"所进行的"零零碎碎"的跨文化比较，G. E. R. Lloyd 的担忧是很恰当的。当我们往来于各种科学传统之间时，这种担忧是十分重要的，并且，当我们处理文化性的叙事和传记时，这种担忧依然是一种警觉性的考虑。参见劳伊德：《对手与权威》（剑桥大学出版社 1996 年版，第 3—6 页）（Lloyd, *Adversaries and Authorities*, Cambridge：Cambridge University Press）。

包括:"在个人、社群、政治和宇宙的修养的放射状范围内所获得的共生关系","通过礼仪化生活的修身过程","语言沟通与协调的中心性","经验的认知向度与情感向度的不可分割性","将心理解为一种行为意向而非理念与信仰的架构","作为一种关注信任而非真理的认识论","关联互渗(而非二元)的思维方式的普遍流行","对于实践中真实化的自我实现的追求","所有关系的亲和属性","家庭与孝顺的中心性","无所不包的和谐的高度价值","礼仪相对于法则的优先性","典范的作用","圣人作为高超沟通者的教导作用","注重人伦日用所表现的明智","肯定人性与神圣性之间的连续性",等等。

在这种将人的"生成"(becoming)作为一种公共"行为和事业"的模式之中,有许多东西听起来像是杜威。在杜威和儒学之间寻求比较的一个长处,就是可以尽量减少用西方哲学来格义儒学所产生的问题。直到现在,有关中国哲学的许多讨论都倾向于在西方哲学传统的框架和范畴之中来进行。而杜威重建哲学的尝试,则在很大程度上抛弃了专业哲学的技术性语汇,而偏爱使用日常语言,尽管有时是以非常特别的方式来使用的。

有一个例子是杜威"个性"的观念。"个性"不是现成给定的,而是在性质上来自于日常的人类经验。当杜威使用"经验"这一用语时,它不会被卷入到像"主观""客观"这一类我们所熟悉的二元对立的范畴。诚然,主客的不可分割性是杜威所理解为个体关系内在与构成性属性的一种功能。对杜威来说,情境化的经验优先于任何有关作用的抽象观念。像"生活""历史"和"文化"这些用语一样,经验既是人类机能与社会、自然以及文化环境之间互动的过程,也是那种互动的产物。

> 经验包括人们所做和所承受的东西,人们追求、热爱、相信和忍受的东西;也包括人们如何行为并承受他人的行为,以及人们行为、承受、愿望、享受、看到、相信、想象的方式。总之,包括所有那些处在经验之中的过程。①

对杜威来说,"个性"不是量的意义:它既不是一种先于社会的潜质

---

① LW 1: 18.

（pre - social potential），也不是一种彼此孤立的离散性（isolating discrete-ness）。毋宁说，它是一个质的概念，来自于一个人对其所属社群的与众不同的贡献。个性是"我们在特殊性上有别于他人的那种东西的现实化"，①是那种只能发生于一个繁荣的公共生活脉络之中的东西的现实化。杜威指出："个性不能反对交往（association）"，"正是通过交往，人们获得其个性；也正是通过交往，人们锻炼了其个性。"②如此解释的个体不是一个"东西"（thing），而是一个"事件"（event），在有关特性、统一性、社会活动、关联性以及质的成就（qualitative achievement）的语言中，它是可以描述的。

在有关个人的这种社会性建构（social construction）中，杜威是如何的彻底呢？当然，杜威拒绝这样一种理念，即人完全外在于与他人的交往。但是，在这样一种主张上，即"除了那种维系一个人与他人关系的纽带之外，一个人是否就一无所有"？③杜威是否走得太远了呢？正如James Campbell 所观察到的，这一段话很容易并常常被误解为一种对个性的否定。④不过，正如我们通过杜威自发的个性（emergent individuality）这一观念所看到的，对杜威而言，说人具有不可化约的社会性，并不是要否定人的统一性、独特性和多样性。正相反，而恰恰是要肯定这些因素。

在对杜威以及人得以创造的社会过程这两者的解释中，Campbell 坚持了亚里士多德潜能与现实的语汇。他说：

杜威的论点并不仅仅是这样：当适当的条件具备时，作为潜能的东西就变成了现实，就像理解一粒种子长成一株植物那样。毋宁说，杜威的观点是这样的：缺乏社会的成分，一个人是不完整的，只有处在社会环境内部不断进行的生活历程之中，人才能够发展成为其所是

---

① 杜威：《一种批判的伦理学理论纲要》（EW 3：304）（John Dewey, *Outlines of a Critical Theory of Ethics* (1891), *Early Works*）。

② 《演讲稿：政治哲学（1892年）》（《杜威文集》第38页）（"Lecture Notes：Political Philosophy, 1892," p. 38, *Dewey Papers*）。

③ LW 7：323.

④ 詹姆士·坎贝尔：《理解杜威》（拉舍尔：公庭出版社1995年版，第53—55页）（James Campbell, *Understanding John Dewey*, La Salle, IL：Open Court）。

的那种人，即群体中的个体成员、具有社会基础的自我。①

社群是如何使其中的人们获得成长的呢？杜威将关注的重心极大地放在了语言和其他一些沟通话语的模式上（包括符号、象征、姿势和一些社会建制）。他说：

通过语言，一个人以潜在的行为界定了他自身。他扮演了许多角色，不是在生活连续不同的阶段，而是在同时代所制定的剧目之中。心灵正是这样形成的。②

对杜威来说，"心灵是一种为情感生命所接受的附加资产，是语言和沟通使其达到与其他生命存在有组织的互动。"③在对杜威自发心灵（emergent mind）观念所进行的反省之中，Westbrook发现，"对生命存在来说，不是由于拥有心灵才拥有了语言，而是因为拥有语言才拥有了心灵。"④

这样看来，对杜威来说，心（heart－and－mind）是在世界的实现过程中被创造的。就像世界一样，心是动态的"生成"（becoming）而非静态的"存有"（being），并且，问题是我们如何使这一创造过程富有成果并充满乐趣。心和世界得以改变的方式不只是根据人的态度，而是在于真实的成长和生产及其所达至的高效和幸福。

杜威"平等"的观念同样是发人深省的。如我们所料，鉴于其质的"个性"观念，平等就是积极地参与各种形式的公共生活，这些公共生活容许人的所有独特能力都能有所贡献。Westbrook评论说这有违于这一用语的通常意义，他认为杜威所提倡的平等"既非一种结果的平等，在那种结果中，每个人都可以和其他人一样，也不是社会资源的绝对平等的分配"⑤。而杜威则坚持认为：

由于现实有效的权利和要求是互动的产物，无法在人性最初和孤立的形成中找到，无论人性是道义意义还是心理学意义的，那么，仅

---

① 詹姆士·坎贝尔：《理解杜威》（拉舍尔：公庭出版社1995年版，第40页）（James Campbell, *Understanding John Dewey*, La Salle, IL: Open Court）。

② LW 1：135.

③ 杜威：《经验与自然》，第133页。

④ 罗伯特·韦斯布尔克：《杜威与美国的民主》，第336页。

⑤ 同上，第165页。

仅消除障碍并不足够。①

如此理解的平等不是一种原初的所有，并且，杜威将一种非同寻常的诠释赋予了平等这个耳熟能详的用语。他坚持说：

平等并不意味着某种数学或物理学意义上的相等，根据那种相等，每一个因素都可以为其他另一种因素所替代。它意味着有效地注重每一个体的独特性，而不考虑物理和心理上的不平等。它不是一种自然的拥有，而是社群的结果，是当社群的行为受到其作为一个社群的特征而指导时所产生的结果。②

在诠释这一段时，Raymond Boisvert 强调了这样一个事实：对杜威来说，"平等是一种结果、一种成果，而不是一种原先就拥有的东西。"它是在奉献中成长起来的东西。此外，和自由一样，如果指的是离散而不相依赖的个人，平等就是没有意义的。并且，只有当"适当的社会互动发生时"，才能设想平等的重要性。的确，平等是对等（parity）而非同一性（identity）。用杜威自己的话来说，只有"建立一些基本的条件，通过并由于这些条件，每一个人能够成为他所能成为者"，③ 平等才能够产生。

此外，对于目的论的经典形式，杜威还提出了一种新颖的替代物。那种目的论需要一种手段/目的的不得已的专门语言。杜威关于理型（ideals）的观念取代了某些预定的设置，那些观念是一些抱负远大的理念，这些理念体现了为了社会行为的向善目标。当这些目标在重新形成各种条件的过程中发生作用时，他们便塑造并获得了自身的内容。④ 正如 Campbell 所见：

对杜威来说，像正义、美或平等这样的理型，拥有人类生活中这些理型在"抽象""确定"或"间接"等意义上所要求的全部力量。通过诠释，杜威看到的问题是：提出某种有关完成、不变的存在的理

---

① LW 3：99.

② MW 12：329—330.

③ LW 11：168。关于本克劳夫特（Boisvert）的讨论，见（1998）：68—69。

④ 杜威：《政治学作品》（印第安纳波里：哈科特出版社 1993 年版，第 87 页）（John Dewey，*The Political Writings*，Indianapolis：Hackett）。

型，这些理型不是处在有关饥饿与死亡的自然世界，避免了日常存在的问题和混乱……我们的理型与生活的不断进行的过程相关，他们植根于各种特定的难题，并带来预期的解决。①

没有确定的理型，在杜威的世界中，意向如何引出行为呢？对杜威来说，不是理型本身作为目的来指导行为，而是方向来自于圆满经验（consummatory experiences），在圆满经验之中，理型方才获得展示。并且，圆满经验自身是一种社会才智的共享表达（shared expression），这种社会才智应对着那些来自于沟通社群内部的各种独特境遇。

在过程哲学中，变化是不会被否定的。无情的暂时性（temporality）使任何完美或完成的观念失去了效力。经验的世界需要种种真实的偶然（contingency）和自发的可能（possibilities），这些偶然性和可能性始终使环境发生着改变。正是对于可能性的追求，使得目的内在于那获得目的的手段之中。

即使人性也不能脱离过程。在表达对于人性的理解时，杜威使用了穆勒（John Stuart Mil）的个人主义（individualism）作为陪衬。杜威大段地引用穆勒的话，而穆勒主张"社会的全部现象都是人性的现象"，那也就是说，"除了来自于并可能溶解于个体人性法则的那些东西之外，社会中的人并没有其他的特征。"尽管杜威对于穆勒将常人从权力专制中解放出来的动机表示欣赏，但杜威不愿意全然接受穆勒关于人的观念。对杜威来说，穆勒人的观念是所谓"哲学的谬误"的又一个例子。② 事实上，杜威希望扭转穆勒有关人与社会关系的假设。对杜威而言，讨论独立于特定社会条件的人性的固定结构不应当是一个开端，因为那种人性的固定结构"至少无法解释不同部

---

① 詹姆士·坎贝尔：《理解杜威》，第152—153页。

② 引自杜威如下的论述："人格、自我和主体性是与各种复杂组织化的互动相共生的最终功能，那些复杂的互动是机体性和社会性的。个人的个性则在更为简单的事件中具有其基础和条件。"（LW 1：162）并且，我们从中可以推知：作为一种有意识的理性存在优先或独立于进入各种社会关系，个体的人是这样构成的。对于那些持这种观点的人，杜威是将要指控他们犯有"哲学的谬误"的。

落、家庭、人群之间的差别，换言之，它无法解释任何社会的状态"①。于是，杜威认为：

那种所断言的人性的不变性是不能够被承认的。因为尽管人性中某些特定的需求是经常的，但他们所产生的结果（由于文化包括科学、道德、宗教、艺术、工业、法律准则等的现存状态）却反馈到人性最初的组成部分之中，将其塑造成了新的形式。这样一来，人性全部的模式就要得到修正。仅仅诉诸心理学的因素，以便既解释发生了什么，又制定有关应当发生什么的政策，这种做法的无效，对每一个人来说都是显而易见的。②

对杜威来说，人性是一种社会的成果，是一种运用社会性才智所可能取得的适应性的成功（adaptive success）。鉴于变化的现实，这种成功始终是暂时的，使我们作为一种不完全的生命存在，要始终面临着充满偶然性环境的全新挑战。并且，那种成功也是过程性和实用性的，"我们运用过去的经验去建构将来崭新与更好的自我"③。

在对专制与民主的区分中，关于诸如"个性"和"平等"观念所表达的个人的向度（personal dimension）对于界定一种繁荣的民主的那种和谐是如何的重要，以及关于社会的各种生活形式（life‑forms）如何是一种刺激和媒介，通过这种刺激和媒介，人格方才得以成就，杜威同样有着明确的认识。杜威指出：

一句话，民主意味着人格是最初与最终的实在。民主承认，只有当个体的人格在社会的客观形式中得以表现时，个体才能够通过学习而获得人格的完整意义。民主也承认，实现人格的主要动因和鼓励来自于社会。但同时，民主还或多或少坚持这样一种事实：无论如何的退化和脆弱，人格不能为了其他任何人而获得；无论如何的明智与有力，人格也不能通过其他任何人而获得。④

正如 Westbrook 所见："对杜威来说，关键的一点在于，个人能力与环境之间的关系是某种双向的调节，而不是个人需要与力量对于

---

① 杜威（1993）：223。
② 杜威（1993）：223—224。
③ MW 12：134.
④ EW 1：244.

固定环境的单方面适应。"①

　　为了在杜威有关人的观念和孔子之间寻求一种对比，我们需要一些儒家的语汇。并且，如果我们考虑到维特根斯坦所谓"我们语言的界限就是我们世界的界限"，我们就需要更多的语言。② 我们可以从"仁"开始，我们选择将"仁"翻译为"authoritative conduct""to act authoritatively""authoritative person"。"仁"是孔子所从事的最重要的工程，"仁"字在《论语》中出现了一百多次。"仁"字的写法很简单，根据《说文》，"仁"从"人"从"二"。这种语源学的分析强调了儒家这样的预设：一个人单单自己无法成就一个人。换言之，从我们出生开始，我们就具有不可化约的社会性。对此，芬格莱特（Herbert Fingarette）简明扼要地指出："对孔子来说，除非至少有两个人，否则就没有人。"③

　　我们可以从甲骨文上获得的另一种对"仁"的解释是："仁"字右边看起来似乎是"二"的偏旁，在早先其实是"上"，而"上"也写作"二"。④ 这样一种解读将会表明一个人在成长为"仁者"的过程中不断增长的与众不同，因此，也就为一个人所在的社群与所要到来的世界之间设定了关联，所谓"仁者乐山"、"仁者寿"。

　　"仁"字最常见的翻译是"benevolence"、"goodness"和"humanity"，有时译作"humanheartedness"，个别情况下也会被笨拙的性别主义者译成"manhoodatitsbest"，对于将"仁"译成英文来说，虽然"benevolence"和"humanity"是更令人感到舒服的选择，但我们决定选择不那么

---

① 罗伯特·韦斯布尔克：《杜威与美国的民主》，第 43 页。

② 这种儒家词汇的解释，是对安乐哲和罗斯文：《论语：一种哲学性的诠释》（纽约：贝兰亭出版社 1998 年版）（Henry Rosemont, Jr., *The Analects of Confucius: A Philosophical Translation*, New York: Ballantine）以及安乐哲和郝大维：《切中伦常：〈中庸〉的翻译与哲学诠释》（火奴鲁鲁：夏威夷大学出版社 2001 年版）（*Focusing the Familiar: A Translation and Philosophical Interpretation of the Zhongyong*, Honolulu: University of Hawai' Press）二书词汇表中相关词汇的修订。

③ 芬格莱特：《〈论语〉中人性的音乐》（载《中国哲学杂志》第 10 期，第 217 页）（The Music of Humanity in the Conversations of Confucius, *Journal of Chinese Philosophy*）。

④ 高本汉：《修订汉文典》（斯德哥尔摩：古远东博物馆出版社 1950 年版，第 191 页）（Bernhard Karlgren, *Grammata Serica Recensa*, Stockholm: Museum of Far Eastern Antiquities）。

优雅的"authoritative person"，却是经过审慎考虑的一种。首先，"仁"是一个人完整的人格体现，当一个人经过修养的、认知的、审美的、道德的以及宗教的感受在其礼仪化的角色和各种关系中得以表达时，这个人便达到了"仁"的境界。"仁"是一个人"多种自我的场域"（field of selves），是那些将一个人构成为一个坚决的社会人格各种有意义的关系的总和。"仁"不仅仅表现在"心"上，也表现在"身"上，即表现在一个人的姿态、行为举止和肢体语言上。因此，将"仁"翻译为"benevolence"，是在一种不依赖于以"心理"（psyche）观念来界定人类经验的传统中将其心理学化（psychologize）。以成人过程的复杂精微为代价，将一种道德的性情气质从许多种道德的性情气质中孤立出来，那将使"仁"陷入枯竭的境地。

此外，"humanity"一词暗示着所有人都具备的一种共享的、本质的状态。然而，"仁"却来之不易。它是一项审美的工程，一种成就，某种完成的东西。（《论语》12：1）人的存有（being）不是某种我们如今所是的东西；它是某种我们正在从事和成为的东西。对于把握成为一个人所意味的过程性和自发性，或许"人成"的观念是一个更为恰当的用语。它不是一种本质性的天赋潜能，而是一个人鉴于其原初条件与其自然、社会以及文化环境的相交而能够了解自身的产物。当然，作为各种构成性关系的中心，人具有最初的性情气质。（《论语》17：2）但是，"仁"最重要的是使这些关系"生成"（growing）为对人类社群的活泼、强壮和健康的参与。

当孔子提到"仁"时，他常常被追问"仁"的涵义为何，这一事实表明：孔子是为了自己的目的而重新创造了这一用语，并且，在孔子的对话中出现的那些"仁"字，其理解都不是那么的轻松自在。可以证实，孔子所赋予"仁"的创造性的意义，在更早的古代文献中是不太常用和不太重要的用法。由于"仁"包含了一个特定人的质的变化的涵义，并且，只有关联于这个人生活的特殊、具体的状态，其涵义才能够得以理解，因而"仁"字就变得更加意义不清。对"仁"来说，没有固定的程式、理型。"仁"是一种艺术的工作，是一个揭示的过程，而不是封闭、凝固的定义和复制。

因此，我们用"authoritative person"来翻译"仁"，就是某种新的表达，并且，还可能激发以澄清为目标的类似的意愿。"Authoritative"意味着一个人通过在社群中成为仁者所表现的"权威"，这种"权威"是通过践行礼仪而在其身上体现出他自己的传统的价值与习俗。"authoritative person"的卓越性与可见性，在孔子有关山的比喻中可以得到理解。（《论语》6：23）山的沉静、庄严、灵性和连绵不断，使它成为地方文化与社群的象征，对于那些迷失了道路的人来说，山是一种意义的象征。

同时，成人之道也不是一种既成给定的东西（a given）。仁者（authoritative person）必须是"筑路者"（road－builder），是使自己所处时空条件下的文化"权威化"的参与者。（《论语》15：29）就定义而言，遵守礼仪是一个内化的过程，即使传统真正成为他自己的东西，这一过程需要使一个人在社群中得以定位的各种角色和关系的人格化。正是"仁"的这种创造性的方面，蕴涵在使其自己的社群变得具有权威的过程之中。另外，在自上而下组织严密和控制性的权威秩序以及自下而上的（bottom－up）和尊敬意义上权威秩序之间进行对照也是有益的。对那些在其自己的人格建构中遵从并追求仁道的人来说，仁者是其仿效的典范，那些人很高兴承认仁者的成就，没有任何强迫。

在同杜威的比较中，第二个相关的儒家术语是"心"，它被翻译为"heart－and－mind"。汉字的"心"字是主动脉（心脏）被模仿的象形文字，与英文中的"heart"及其所具有的情感含义直接相关。我们翻译成"emotions"或"feelings"的汉字"情"是"心"的字形与"青"的发音的复合这一事实，证实了这种理解。事实上，有许多汉字（如果不是大部分的话）要求"情"以"心"为其构成要素。

但是，鉴于"心"常常被理解为"mind"，我们也应当警觉到仅仅将"心"翻译为"heart"的不充分性。有许多（如果不是大部分的话）指称不同思考模式的汉字在其字形构成上也有"心"。的确，在古代中国的文献中有很多段落在英文中是没有意义的，除非在"心"既有思考又有感受的意义上来理解。当然，关键在于：在古代中国人的世界观中，认知意义的"心"（mind）和情感意义的"心"（heart）是不可分离的。为了避免这种两分（dichotomy），我们宁可不太优雅地将"心"译作"heart - and - mind"，意在提醒我们自己：没有脱离情感的理性思考，任何粗糙的情感也都不乏认知的内容。

在古代中国人的世界观中，相对于实体和永恒，过程和变化具有优先性。因而，与人的身体有关，我们经常可以看到，生理学优先于解剖学，功能优先于处所。就此而言，我们或许有理由说：心意味着思维与情感，并且，在引申和比喻的意义上，心是将这些思维与情感的种种经验联系在一切的器官。

由于"情"规定着人们互动的质量，在早期儒家有关人的观念中，这种情感的恰当表达就是独一无二的重要价值。相对未经调节的经验本身居于情感事物之中，而那种情感事物当被化约为语言的认知结构时变得具有选择性和抽象性，在这个意义上，"情"就是"情实"之情，即"事物本身所是的那个样子"。正是对于情感经验的具体性（concreteness），当怀特海发现"母亲能够在她们的心中斟酌许多语言无法表达的事情"时，他表示赞同。"情"之所以在《中庸》中呈现出特别的重要性，是由于其引人注目的角色，即适当的凝定的（focused）人的情感被认为包含有宇宙的秩序。正如《中庸》第一章在讨论人的情绪状态最后所作的结论："致中和，天地位焉，万物育焉。"

此外，对于理解人的共同创造性（co - creativity）本身那种非常情境化和远景化的属性，"情"是很重要的。因为人们是由他们的种种关系所构成的，并且，由于在经验由场域化的状态转变成聚焦化的状态的过程中，这些关系是被价值化的（valorized），这些人们彼此之间创造性的互动便将他们的情感互相敞开。"情"的情感色彩和主体形式始终需要创造过程的那种独特的远景化轨迹。

最后一个我们打算简要探讨的儒家用语是"和"，习惯上常常翻译为"harmony"。就词源学来说，这个用语的意义与烹饪有关。"和"是将两种或更多的事物整合或掺和在一起的烹饪艺术，以至于这些不同的东西可以互相支持，同时又不丧失他们各自独特的风味。通观早期的文集，食物的准备就是在这个意义上诉诸优雅的"和"的光彩。如此理解的"和"
既需要特定组成部分各自的统一性，也需要将这些组成部分有机地整合为
一个更大的整体，在这个整体之中，统一性应当被理解为"在关系中动
态地生成为（becoming）整体"，而不是静态地"作为（being）整体"。
这种"和"的缔结（Signatory）是以特定成分的持久以及"和"的审美
属性为标志的。"和"是一种优雅的秩序，它来自于各个内在相关的细目
之间的互相协作，这种相互协作细化了每一细目对于整体统一性的贡献。

在《论语》中，"和"的这种意义被赞美为一种最高的文化成就。在
此，根据每一个体对于所在的整个脉络的恰当贡献来界定"和"的意义，
就将"和"与单纯的一致（agreement）区别开来。家庭的比喻渗透了这
一论题。有这样一种直觉：家庭是这样一种建制，其中，家庭成员在由
"礼"和"义"所主导的互动中通常充分而毫无保留地对家庭这一团体有
所奉献。家庭的比喻也受到了这种直觉的鼓舞。对家庭的这种信守要求人
格完整的充分表达，既而成为最为有效地追求个人实现的存在脉络。《论
语》中如下的两章文字最佳地表达了在各种礼仪化的生活形式以及公共
和谐的个人贡献之间的不可分割。

> 礼之用，和为贵。先王之道，斯为美；小大由之。有所不行，知
> 和而和，不以礼节之，亦不可行也。（《论语》1：12）
> 颜渊问仁。子曰："克己复礼为仁。一日克己复礼，天下归仁
> 焉。为仁由己，而由人乎哉？"
> 颜渊曰："请问其目。"子曰："非礼勿视，非礼勿听，非礼勿
> 言，非礼勿动。"（《论语》12：1）

在《中庸》中，"和"的这种儒家意义在有关"中"的介绍中得到
了进一步的说明。而"中"即是"聚焦于（'中'）日常生活中切近与熟
悉的事物（'庸'）"。

我想要简要探讨的最后论题，是杜威有关宗教性的不乏争论的意
义。在其生涯中很早的阶段，在有关"真理"的主张中，杜威拒绝
作为建制化教条的传统"宗教"，那种宗教观是与同样使人误入歧途

的现代科学观相并行的。然而，杜威坚持既保留"宗教"也保留
"上帝"的名称，以便意味着："人以既依赖又支持的方式与想象力
感知的世界所形成的关联，其意义便是宇宙。"①

在最近有关杜威的学术研究中，根据 Michael Eldridge《转化之中的
经验》一书所作的总结和诠释，关于杜威的宗教感受，我们有着一系列
互相分离甚至彼此冲突的解读。在整个解读范围的一端，有像 Jerome
Soneson 和 Richard Bernstein 这样的学者，前者视杜威"在根本上是一个
宗教思想家"，后者认为杜威有关"宗教态度和质量的论述"是其"整个
哲学的顶点"。有这样一种立场，即试图解释并称赞杜威的独特之处却常
常是误解了杜威"精神性的民主形式"，这种立场最为微妙的展示，大概
要算是 Steven Rockefeller 从哲学性和宗教性角度所写的有关杜威的传
记了。②

在整个解读范围的另一端，是令人感到失望的 Michael Eldridge 和 Al-
an Ryan，他们希望证明的是杜威根本取消了宗教的意义。用 Ryan 的话来
说："事实上，我们可以怀疑，在缺乏杜威所希望抛弃的超自然信仰的情
况下，是否可能具有宗教语汇的使用（use）。"③ 在乞灵于"世俗性"
（secularity）和"人文主义"（humanism）的语言以挑战使用"宗教的"
这一用语来描绘杜威思想的正当性时，Eldridge 坚持认为："对杜威来说，

---

① LW 9：36.

② 使洛克菲勒的描述如此引人注目的东西，正是他自己对于过程性与创造性的宗教感受的
保留，这种宗教感受显然是提出而非取消了有关终极意义的问题，该问题是一种宗教性的断言，
对至少某些人（我们立刻会想到陀思妥耶夫斯基）来说，在应对个人存在的挑战以及我们作为
现代人类所见证的失去心灵的恐惧（the mindless horrors）时，这种断言是必要的。参见斯蒂芬·
洛克菲勒：《杜威：宗教信仰与民主的人文主义》（纽约：哥伦比亚大学出版社 1991 年版）（Ste-
ven Rockefeller, *Religious Faith and Democratic Humanism*, New York：Columbia University Press）。

③ 见阿兰·瑞恩的《杜威与美国自由主义高潮》，第 274 页。除了自己强烈的确信之外，
埃尔德里奇（Eldridge）也非常善于复述所有的证据。例如，在胡克有关杜威使用"上帝"这一
用语的理由的诸多回忆中，他征引了一种杜威式的反驳："有关神圣、深刻和终极的情感联系，
并没有理由应当向超自然主义者投降。"见米歇尔·埃尔德里奇：《转化中的经验：杜威的文化
工具主义》（纳什维尔：范德比大学出版社 1998 年版，第 155—156 页）（Michael Eldridge,
Transforming Experience：John Dewey's Cultural Instrumentalism, Nashville：Vanderbilt University
Press）。

'理想目标与现实条件相统一这种明晰与热切的观念'所唤起的'坚韧不拔的激情'（steady emotion）不必非要跨越一个很高的门槛而被算作宗教性。"①

　　就像对"个性""平等"的使用那样，鉴于杜威对"宗教性"（religious）的使用再次扭转了流行的智慧，这场争论并不令人感到惊奇。不是从那种给社会形式注入了宗教意义的神的观念开始，那种神性是作为真、善、美的终极仲裁者和保证者而存在的，杜威是从日常的社会实践开始的。当在意义上取得了一定程度的深度和广度，那些日常的社会实践便展示出一种宗教的感受。这种宗教感受来自于一个人对其所在的文明化了的人类社群的全部贡献，来自于一个人对自然界的敬畏。在晚年，对于作为经验的艺术，杜威会做出同样的论断，那就是作为适当充满并提升所有人类活动的一种抱负，艺术远不止是人类经验排他性、专业化和建制化的部分。

　　看起来，使杜威远离世俗人文主义（secular humanism）的是这样两种东西：一是杜威不愿意将人性本身的一种不合格和通泛的观念作为崇拜的对象；二是杜威情境主义（contextualism）的彻底性（radicalness）。宗教性是圆满经验的一种质的可能性，在那种圆满经验中，"所运用的手段与所追求的目标同时内在于经验之中"。② 虽然杜威特别拒绝"无神论"（atheism），因为无神论在人类的知性方面过于自命不凡，但是杜威的宗教感或许可以公平地被称之为"非神论的"（a‑theistic）。之所以如此，在于无须设定一种超自然的最高存有（supernatural supreme being）的存在。杜威指出：

　　① 见阿兰·瑞恩的《杜威与美国自由主义高潮》，第162页。如果以其通常的方式来理解，用"世俗"（secular）来描述杜威是对杜威的一种指控，我们可以设想杜威本人会拒绝这种指控。在其最弱的形式中，"世俗"一词也暗示着对于现世和人类自足性的一种强调，以及对于精神性和宗教性的一种漠视。作为神圣的对立面，在其较强的意义上，"世俗"甚至可能包含着一种宗教怀疑主义，这种怀疑主义试图将宗教性从市民与公共事物中排除出去。但是，埃尔德里奇所用的"世俗"一词，却意味着与"超自然主义"或"外自然主义"相对的"一种彻底的自然主义"，它是用来诠释杜威的思想包含着这样一种看法：人类经验及其整个历史都是内在于自然之中的，杜威显然会同意这样一种特征的刻画。
　　② 米歇尔·埃尔德里奇：《转化中的经验：杜威的文化工具主义》，第170页。

作为知识的对象，自然可以作为永恒之善和生活准则的根源，因此，自然拥有犹太——基督教传统归之于上帝的所有特性和功能。①

事实上，尽管杜威很少在连续性的意义上指称上帝，但任何有关一种在时间上先在的、超越的根源的观念以及人类经验缔造者的观念，对于杜威式的实用主义来说都是一种诅咒。对于传统的宗教性，杜威的确想保留的是那种自然的虔敬（natural piety），即那种敬畏、惊叹和谦退之感。这种虔敬感排除了任何追求控制的企图，而是鼓励一种与环绕在我们周围的自然的复杂性相合作的态度。杜威对于"宗教性"观念的调整，在于他以创造性的角色（creative role）取代了建制化的崇拜（institutionalized worship）。那种创造性的角色是深思熟虑的人类活动在对繁荣社群的欣赏和喜悦的经验中所具有的。在Rockefeller对杜威"宗教人文主义"（religious humanism）的描述中，他从杜威《个人主义，新与旧》一书中征引了如下一段话，来证明世俗与神圣、个体与社群、社会之根与宗教之花之间的不可分割性。

宗教不是统一性的根源，其自身就是统一性的开花和结果……只有通过成为那种达到统一性一定程度的社会成员，那种被认为是宗教之本质的整全感（sense of wholeness）才能够建立和保持。②

无论我们申斥论辩的哪一方，换言之，尽管杜威拒绝了许多那些在传统的意义上被认为是宗教的东西，我们可以说杜威仍然具有深刻的宗教感；或者，我们也可以坚持认为杜威的确将孩子和洗澡水一起泼掉了。我要提出的却是这样一个问题，即一种儒家的视角在此是否能够有所贡献？有趣的是，在上一代人中，芬格莱特选择了《孔子：即凡俗而神圣》作为他那本小书的题目，那本书在儒学研究方面产生了重大的影响。芬格莱特非常深入地论证说正是人类经验的礼仪化，成为儒家世界中那种神圣的东西的源泉。③

此外，我们需要理解的是，在儒家哲学中作为一种艺术术语的"礼"

---

① LW 4：45.

② 斯蒂芬·洛克菲勒：《杜威：宗教信仰与民主的人文主义》，第449页。

③ 芬格莱特：《孔子：即凡俗而神圣》（纽约：哈伯和罗出版公司1972年版）（*Confucius: The Secular as Sacred*, New York：Harper and Row）。

要求哪些东西。"礼"在习惯上被翻译为"ritual""rites""customs""et-iquette""propriety""morals""rules of proper behavior"以及"worship"。如果赋予恰当的脉络的话，这里的每一种翻译都可以间或表达"礼"的涵义。但是，在古代的中文里，"礼"这个字带有以上这些翻译每一种用法的所有涵义。这个复合字是一个表意文字，其涵义是在祭坛上向先祖的神灵献上祭祀。这就向我们提示了这个用语所承担的深远的宗教意义。在《说文》中，"礼"被定义为"履"，意思是"踏于道上"，因而也意味着"品行""行为"。换言之，就其最狭隘的意义而言，"礼"就是"如何服侍神灵以带来好运"。对于"礼"的这种理解，是古代儒家感受的一个标志。

我们选择将"礼"采取较为广义的理解，因而把"礼"翻译为"ritual propriety"。另外，这种翻译是一种审慎的选择。在形式方面，"礼"是那些被注入了意义的角色、关系以及那些促进沟通并培养社群感的建制。所有形式上的行为构成了"礼"——包括饮食方式、祝贺和取予的方式、毕业典礼、婚丧嫁娶、恭敬的举止、祖先祭祀等。"礼"是一种社会的语法，这种语法给每一个成员在家庭、社群和政治内部提供一个确定的定位。作为意义的存储，"礼"是代代相传的各种生活形式，这些生活形式使得个体能够分享恒久的价值，并使这些价值成为他们自己处境的财富。没有"礼"，一个人可能会忽略一位失去了亲人的朋友，有了"礼"，一个人便会受到敦促而走到那位朋友身边去安慰他。

在非形式尤其是个人的方面，充分参与一个由"礼"所组成的社群，需要通行的各种习俗、建制和价值的个人化。使得"礼"深深地不同于法律或规矩的东西，就是使传统成为自己所有之物的这样一种过程。拉丁文 *proprius*，意即"使某物成为自己所有的东西"，给了我们一系列认知的表达，在翻译一些关键的哲学用语以掌握这种参与感时，这一系列认知的表达就很有帮助。"义"不是"righteousness"而是"appropriateness"或"a sense of what is fitting"，"正"不是"rectification"或"correct conduct"，而是"proper conduct"，"政"不是"government"而是"governing properly"，"礼"也不只是"what is appropriate"，而是"*doing* what is appropriate"。

像其他大多数儒家的观念一样，"礼"是从家庭开始的。在《中庸》

第 20 章中，清楚地说明了"礼"的家庭根源：

> 亲亲之杀，尊贤之等，礼所生也。

如此所理解的"礼"是在人类社群内部聚集而成的，它规定着现在的人及其祖先之间恰当的关系（《中庸》第 19 章），规定着社会、政治权威以及主导社会政治权威和被社会政治权威所主导的人们之间的恰当关系（《中庸》第 20 章）。

或许，在孔子的世界中，理解"礼"的涵义的最大障碍是我们自己的世界的一个熟悉的向度，以及我们充分意识到它所要求的东西。在英文中，"Ritual"这个词常常是贬义的，暗示着屈从空洞而无意义的社会习俗。但是，对儒家文献的细致解读，却揭示了一种调节面部表情和体态的生活方式，揭示了一个世界，在这个世界中，生活是一种需要冷酷无情地关注细节的表演。尤为重要的是，这种由"礼"所构成的表演是从这样一种洞见开始的，即只有通过形式化的角色和行为所提供的规范，个人的净化（refinement）才是可能的。缺乏创造性的个人化（"仁"）的形式（"礼"）是强制性和非人化的；缺乏形式的个人表达则是随意甚至放肆的。只有通过形式（"礼"）与个人化（"仁"）的恰当结合，家庭与社群才能够得到自我调节和净化。

在阅读《论语》的过程中，我们往往易于忽略其中第 9 篇至第 11 篇的内容。在这几篇中，基本上都是描写作为历史人物的孔子的生活事件的写真。然而，恰恰是这几篇文字，通过最细微的体态、衣着的式样、步履的节拍、面部的表情、说话的声调甚至呼吸的节奏，最大程度展示了孔子这位士大夫是如何以其恰如其分的行为来参与朝廷的日常生活的。

> 入公门，鞠躬如也，如不容。
> 立不中门，行不履阈。
> 过位色勃如也，足躩如也，其言似不足者。
> 摄齐升堂，鞠躬如也，屏气似不息者。
> 出，降一等，逞颜色，怡怡如也。
> 没阶，趋进，翼如也。

　　复其位，踧踖如也。（《论语》10：4）

　　《论语》中的这段文字没有给我们提供那种规定的正式行为的教学问答，而是向我们展示了孔子这位具体历史人物奋力展现他对于礼仪生活的敏感这样一种形象，正是通过这样一种努力，孔子最终使自己成为整个文明的导师。

　　我们可以得出总结性的一点，这一点将"礼"与杜威"功能"和"调节"的观念更为直接地联系起来。那就是一个人自身的各种能力与其环境的各种条件之间相互适应的积极的关系。就其定义而言，礼是被个人化并且情境化的。进而言之，作为既是施行（performance）同时又是言出即行的（performative）那样一种东西，"礼"在其自身的脉络中是具有完整意义并且拒绝被理性化或被解释的，在这种意义上，"礼"既是手段也是目的。"礼"的施行就是"礼"的涵义所在。

　　最近，我为《儒家精神性》一书撰写了一篇论文，题目是"礼与古代儒家非神论的宗教性"。其中，我论证说：古代儒家一方面是非神论的（a-theistic）；一方面又具有深刻的宗教性。她是一种没有上帝（God）的宗教传统，是一种肯定精神性的宗教感受，那种精神性来自具有灵性的人类经验本身。没有教会（家庭除外），没有祭坛（家里的祭坛除外），也没有教士。儒家称道这样一种方式，在这种方式中，人类成长和绵延的过程既为总体的意义（the meaning of the totality）所塑造，同时也参与总体意义的形成。这种总体的意义，就是我们在翻译《中庸》一书时所谓的"创造性"（creativity），这种创造性与基督教"无中生有"（*creatio ex nihilo*）的传统形成鲜明的对照。①

　　在这种类型的宗教性与大体上由西方文化叙事中宗教所界定的亚伯拉罕传统之间，有几项深刻的差异。并且，对我来说，这些差异与杜威"宗教的"用法至少在表面上具有一种共鸣。我在论文中论证说，和那种诉诸先验与外在的某种力量的终极意义的"崇拜"型的模式不同，施莱

————————

　　①　杜维明发展了"无中生有"（*creatio ex nihilo*）与"天人合一观"（anthropocosmic vision）所主导的儒家世界连续性的创造之间的对照。这在其著：《儒家思想：创造性转化的自我》（奥尔巴尼：桑尼出版社 1985 年版）（*Confucian Thought：Self as Creative Transformation*，Albany：SU-NY Press）一书中随处可见。

尔马赫（Schleiermacher）将那种外在崇拜称为"绝对的依赖"（absolute dependence），儒家的宗教经验本身就是繁荣社群的一种产物（*product*），在繁荣社群中，宗教生活的质量是公共生活质量的直接结果。正是这种以人为中心而不是以上帝为中心的宗教性，通过由真诚关注到礼仪这种过程而得以产生。并且，儒家的宗教性不是繁荣社群的根本与基础，而是繁荣社群的内在属性和开花结果。

儒家宗教性明显不同于亚伯拉罕传统的第二个方面在于：儒家的宗教性既不是救赎性的（salvific），也不是末世论的（eschatological）。尽管儒家的宗教性也需要某种转化，但儒家宗教性所涉及的转化，首先或者说是人伦日用之中的人类生活质量的转化，这种转化不仅升华了我们的日用伦常，而且进一步扩展到使整个世界富有魅力。当人类的情感被升华到高超的境界，当用枝条记事变成优美的书法和令人惊叹的青铜器图案，当粗野的体态（coarse gestures）净化成为礼仪的庄重节拍和舞蹈的振奋，当咕哝的干涉声转变为壮丽而绕梁不绝的美妙乐曲，当随意的结合转变成家庭长久而安心的温暖，宇宙就会益发的深广。正是这样一种转化形式——使日常的人伦日用变得优雅，似乎至少部分地提供了在某些超越的、超自然的诉求中所能够发现的神秘宗教性的另一种表达。

现在，至少对我来说，在杜威的语汇中，存在着丰富的内容，这些内容与我所理解的那些定义古代儒家感受的术语相互共鸣。这些彼此共鸣的词汇包括"experience"和"道"、"consummatory experience"、"democracy"和"和"、"personality, individuality, and equality"和"仁"、"religiousness"和"礼"、"processual human nature"和"人性"。并且，在更广的意义上来看，双方似乎还有许多会通之处：像人类经验不可化约的社会性、情境对于作用的优先性、有效沟通的核心重要性、替代了目的论的向善的连续性。当然，双方也有许多更为有趣的差异，这些差异既有内容上的不同，也有侧重点的不同。

那么，我们应当到哪里去寻找那些意味深长和富有成果的差别呢？

20 世纪初，杜威聚焦儒学传统的方式之一是指出其缺乏"赛先生"

（Science）。Robert Westbrook 声称："杜威重建哲学家角色的努力的核心，是其对哲学与科学关系的看法。"① 在这一点上，Robert Westbrook 不乏同调。对于儒学传统，中国学者自己认为是弱点之一而杜威却认为可以成为西方传统一种补充的东西，是儒家某种"意志主义"（voluntarism）的倾向。这种"意志主义"夸大了人类意志转化世界的能力。李泽厚这位康德式的学者，是中国非常著名的社会批判理论家之一。当代有几位学者研究和诠释过李泽厚的著作，特别是莱顿的庄为莲（Woei Lien Chong）和顾昕以及宾州的刘康，他们都指出李泽厚拒绝毛泽东的"意志主义"———一种人的意志能够成就一切的思想。② 毛泽东的"意志主义"并不新鲜，它来自于传统儒家的某种立场并与这种立场保持一致，这种立场就是：人类的实现靠的是未经调节的道德意志的转化性力量。李泽厚认为，对于道德意志的放纵的自信，要对当代中国从全盘西化到大跃进再到"文化大革命"这几次危机负责，那种放纵的自信是一种信仰，这种信仰很容易被理解成一种在意识形态的意义上驱动民众动乱的形象。③

　　简言之，这种论证就是：古代以来的儒家哲人承认在人类及其自然与超自然的环境之间存在着连续性，所谓"天人合一"。然而，这种连续性的性质却常常被误解为对自然科学的损害。这种连续性不是主体与客体之间的连续性，而是既尊重集体的人类社群有效地转化其周遭环境的能力，同时也尊重自然界对于人化的抗拒，它为这样一种信念所支配，即道德主体相对于无限绵延的自然界拥有几乎绝对的转化力量。如此一来，这种态度就成为一种粗糙的主观主义。对于需要以科学技术中所包含的集体的人类努力来"人化"自然这种需要，对于在主体和客体之间建立一种富有成果的关系，李泽厚认为这种关系是人的自由的先决条件，而这种主观主义对此则抱持怀疑的态度。

---

　　① 罗伯特·韦斯布尔克：《杜威与美国的民主》，第 138 页。

　　② 在此，我得益于庄为莲的论文《中国思想中的人与人性：李泽厚论毛泽东意志主义的传统根源》（载《中国消息》1996 年秋/冬，第 XI Nos 2/3 号）。并且，也是针对李泽厚和简·卡福（Jane Cauvel）对张灏的回应。李泽厚和简·卡福的论文见于蒂姆·契克（Tim Cheek）所编的《东西方哲学》有关该问题的专号。关于最近李泽厚研究的书目，参见庄为莲（1996：142—143n12）。

　　③ 在对狄百瑞《儒学的困境》一书的回应中，张灏得出了类似的结论。参见张灏在《中国国际评论》（China Review International, Vol 1 No 1, Spring 1994）中的论文。

对于我们所理解的儒家传统的弱点来说，杜威式的探索所要求的科学性与经验性是一种纠正。儒学能够偿还这一帮助吗？另一方面，儒家坚持，作为达到醉人的人类经验的一种手段，礼仪化的生活能否为杜威宗教性的观念所借用，成为其充分的常规性补充，以便减轻 Ryan 和 Eldridge 的这样一种感觉，即杜威是否在使用一种非常贫乏的宗教性的意义呢？儒家哲学宗教方面的核心及其对于礼仪化生活的注重，是否会构成杜威有关宗教性的质的理解的充分扩展，以便说服 Ryan 和 Eldridge，告诉他们存在一种可见的非神论的宗教性，这种宗教性确保了一种宗教的词汇，虽然这种词汇非常地不同于有神论的话语呢？对于这样一种"非神论"的宗教感受，儒学能否提供一个足够强有力的例证，以便能够说服我们：虽然我们委实需要一种完全不同的语汇来表达这种经验，但我们通常认为具有宗教性的东西并没有穷尽那被合法地贴上"宗教的"标签的东西的各种可能的例证？

杜威指出，对于人类经验的沉浮兴衰，一种超越的诉求（transcendental appeal）并不能够提供太多的缓解和真正的宽慰：

即使有一千次的辨证阐释向我们说明：作为一个整体，生活是受到一种超越原则的规约，以便达到一种最终的无所不包的目标，然而，在具体情况下的正确和错误、健康与疾病、善与恶、希望与恐惧，将仍然不过是他们如今的所是和所在。①

可是，对于超越性来说，是否事实上需要付出代价呢？当自然的家庭和公共关系不被理解为与某种更高的超自然关系相竞争，与那种超自然的关系相分离、并依赖于那种超自然关系时，作为人类成长根本中心的家庭力量的作用，就可能会得到非常大的增强。换言之，当人们之间的关系从属于一种个人与崇拜的超越对象之间的关系时，无论这种从属关系会有怎样的利益，都是以家庭和社群的组织结构为代价的。在礼仪化的生活中，正是从家庭的向外扩展中，每一个人自身才成为深刻的公共敬重、文化敬重并最终是宗教敬重的对象。除了在他们的日常生活经验中感受到强烈宗教性质所获得的成就，这些典范

———————————

① MW 4：12.

性的人格就成为其家庭和社群的祖先以及作为"天"的他们祖先遗产的捐赠者，"天"在非常广泛的意义上规定着中国文化。正是祖先和文化英雄们长久以来不断累积的精神方向，使得"天"的价值得以明确并富有意义。

我们可以界定某些具体的方式，在这些方式中，儒学与杜威实用主义之间的对话能够彼此丰富、相互取益。在一个更为一般的层面上，我敢说，大部分从事比较哲学的西方学者会认同这样一种看法：从事中国哲学的研究能够增强西方哲学的生命力。对于中国传统的理解和扩充，具有西方哲学训练的学生也常常会带来新颖的分析工具和崭新的视角。但是，好处是相互的。我们在《先贤的民主》中指出，"东方化"虽然迄今为止还是一个未经明言和未经承认的过程，但它已经是并且将继续是中美关系的一项题中之义。

如果我们相信存在着对话的基础，并且这种对话是互利的，那么，受到杜威和孔子双方所提供的社会行动主义（social activism）的各种模式的启发，我们又如何从一种学院的对话转向深厚的社会实践呢？

随着中国不可避免地走向民主的某种中国版本，本文讨论的真正价值也许在于其直接的当代相关性。无论在儒学还是在杜威的思想中，都缺乏对于自由民主的许多先决条件。当然，像自律的个性（autonomous indi-viduality）、为在个体意义上理解的政治权利提供基础数量的平等（quanti-tative equality）这些观念，对于有关繁荣社群的儒家和杜威两方面的眼光来说，都是一种诅咒。另一方面，在儒学和植根于杜威过程哲学中更为社群主义式的民主模式之间，却存在着共鸣。在哪里有人类自由的最大保障，不是由谈论权利所保障的权利，而是一种繁荣社群，在哪里自由就不是一种漫无限制的东西，而是自治（self - governance）的充分参与。在《先贤的民主》一书中，我们试图提出的问题是：中国的民主能否通过鼓励诉诸在古典儒学中无处不在的某种特定的"社群主义"而承担最佳的责任，或者还是要中国抛弃其文化的中心，而输入自由民主的西方观念呢？

杜威留给 21 世纪的遗产

拉里·希克曼（Larry A. Hickman）著　陈磊译

　　人类已经进入了 21 世纪的第二个十年，为什么当今的人们依然认为，约翰·杜威的观念与当今的众多问题具有相关性？一方面，杜威离开人世之后的 60 多年中，人类遭遇到了技术、气候、经济和文化的巨大变化。另一方面，早在杜威去世之前十几年，他的观念似乎就已经过时了。而且，杜威的观念在 20 世纪下半叶也几乎没有得到应有的尊重。如果把对杜威的思念之情放在一边不论，我们还有什么充分的理由来着眼于现状继续研读杜威呢？[①]

一　追寻杜威思想影响的路径

　　关于杜威思想影响问题，哲学史家和理智史的研究者们可能给出如下的回答：我们还不完全了解杜威在哲学史上所扮演的角色，更不了解杜威对美国实用主义及教育哲学发展所做出的特殊贡献。对杜威的观念与皮尔士、詹姆士、米德、亚当斯及其他一些人的观念的关系所进行的考察，尤其是对杜威与很多女性教师和校长的观念的关系的考察，将会让我们有希望拓宽对过去、现在和将来的理解。正如杜威自己所言，那些人既是他的合作者，也是他灵感的来源。

　　在这些方面，比如，对杜威和威廉詹姆士之间相互影响的路径问题，

---

①　约翰·杜威的主要参考文献如下：*The Collected Works of John Dewey*，1882—1953，edited by Jo Ann Boydston（Carbondale and Edwardsville：Southern Illinois University Press，1967—1991），分为三大系列：*The Early Works*：1882—1898，*The Middle Works*：1898—1924，和 *The Later Works*，1925—1953。标注采用卷数加页码的方式，例如，"LW. 1. 14"表示 *The Later Works*，第 1 卷，14 页。

我们还根本谈不上清晰。由于杜威并不特别热衷于保存自己的来往信件，已知现存的詹姆士和杜威之间的通信一共只有 26 封。但我们确实知道，当詹姆士于 1890 年出版《心理学原理》时，杜威在一年间就吸纳了其中的一些内容。而且我们还知道，时年 31 岁的杜威毫不胆怯地写信给詹姆士，指出他著作中的某些特质。在一封值得注意的信件中，杜威写道："在第 369 页中，您实际上陷入了'心理学家谬误'的圈套。"① 尽管如此，杜威还是受到了詹姆士的很大影响，以至于他立刻在密歇根大学开设了两学期的课程来研究《心理学原理》。我认为，杜威和詹姆士之间的相互影响的路径值得我们进一步关注。

　　至于杜威与皮尔士的关系，如果我们对此有所留意，我们可能在杜威的工作中找到一些零散的"三"的组合，这些与皮尔士的观点极为相像。例如，杜威在《经验与自然》第九章中对艺术品的讨论就非常好。他认为当今所谓的艺术品已经不再是艺术品，因为它们最后已经沦为某些非审美目的的工具。第一，某些作品之所以失败，是因为它们的内容只不过是自我表现。第二，其他的艺术品之所以失败，是因为它们对艺术世界中现存的艺术品反应甚小。第三，还有一些艺术品之所以失败，是因为它们不过是商业或政治商业化的展品。这不正是将假定的艺术品的失败进一步阐释为（1）不考虑与其他艺术品关系的定性表达；（2）对另外艺术品的全盘反应；（3）一个不相关的第三个成分——艺术家与他（她）的材料和他（她）的受众之间的成分——的浸入吗？这一点不正像是杜威对皮尔士的范畴所做的回应吗？至于米德，更简要地说，实际上极有可能但仍存在争论的是：杜威借鉴了这位好朋友对自我的形成的处理。简·亚当斯也进入我们的视野了。杜威给夫人爱丽丝的信充分证明了他在关于伟大的社会意义问题上受益于亚当斯。我们迫切需要关注杜威与他的老师们的关系。"杜威的老师们"一词当然很含糊：与杜威共事过的老师有好几位，也有不少让他受益颇多。

　　对于那些更有兴趣通过哲学取向来研究杜威思想的预见性和影响的人

---

① 　1891.05.06（00458）：John Dewey to William James. *The Correspondence of John Dewey*, 1871—1952. Larry A. Hickman, General Editor. *Volume* 1：1871—1918, fourth edition. *Volume* 2：1919—1939, third edition. *Volume* 3：1940—1952, second edition. *Volume* 4：1953—2008, first edition（Charlottesville, VA：Intelex Corporation, 2008）.

们来说，他们应该通过考察杜威对其同时代的年轻人的某些见解的预见来讨论杜威思想的相关性问题。例如，这些年轻人包括海德格尔和维特根斯坦，他们都比杜威年轻 30 岁。正如我们所知，早在 1916 年，杜威已经在他的《实验逻辑论文集》和《民主与教育》中提出了关于技术和工具使用的想法，这比海德格尔提出的 "Vorhandenheit" （现成在手状态）和 "Zuhandenheit" （上手状态）至少早了十年。在他 1893 年的文章《必要性的迷信》中，杜威提出存在的必要性仅仅只是个 "迷信"，这早于维特根斯坦 1921 年在《逻辑哲学论》中提出的相关观点。维特根斯坦后来应当给这个见解本身写个德文的版本："Der Glaube an den Kausalnexus is der Aberglaube （对因果联系的信仰是迷信）。"① 当然，杜威同样也预言了《哲学研究》中的后期维特根斯坦，当时，维特根斯坦坚持认为语言是工具，他拒斥私人预言，抵制语言 "图式论"。

我几乎不用怀疑，对于听众来说，这些事实是众所周知的。我在这里强调它们，只是因为人们对实用主义奠基人所实际倡导的和所完成的事情仍然存在着相当的混乱。下面是安东尼·高特理勃 （Anthony Gottlieb） 给卡林·罗马诺 （Carlin Romano） 的著作《美国哲学》所写的书评，该书评刊登在 2012 年 7 月 1 日《纽约时报》书评栏目的头版中："在实用主义看来，理论的优劣要取决于它们的实用价值，而不是根据它们所描述的世界的准确性来加以判断。这种想法的最终命运被一个伟大的美国哲学家悉尼·摩根拜斯 （Sidney Morgenbesser） 表达出来了。摩根拜斯说，这个想法在理论上很完美，但在实践中无法起作用。他的意思是，实用主义听起来像是个好方法，但当你就究其实质，它要么是浅薄的，要么缺乏连续性。"他继续写道："哲学上的实用主义存在着薄弱的方面，它通过我们如何使用概念来研究概念的意义。但这个观念的所有权主要是维特根斯坦的……"②

---

① 路德维希·维特根斯坦：《逻辑哲学论》，C. K. 奥格登译，伦敦：劳特里奇 & 基根·保罗有限公司 1986 年版 （Ludwig Wittgensteain, Tractatus Logic – Philosophicus, C. K. Ogden, tans., London: Routledge & Kegan Paul Ltd., 1986）。

② 安德鲁·戈特洛布：《美国哲学评论》，卡琳·罗马诺：《纽约时报·图书评论》 （2012 年 7 月 1 日），第 1 页和第 14—15 页 （Andrew Gottleb, review of America the philosophical by Carlin Romano, The New York Times Book Review （July 1, 2012））。

　　我在这里不能列举出高特理勃书评中所有的错误，我只能建议，我们仍然有许多工作要做，只有这样，杜威对技术性哲学的贡献才能被更广泛地知晓（包括他至少预言了 20 年后维特根斯坦转向语言的工具观点这个事实，以及这个理论几乎不是维特根斯坦的"特质"这个事实），历史的精确性在评论和期刊中才能得到尊重。

二　文本的解释学完整性

　　在上一段中，我已经开始从关于哲学发展和研究的影响的相关性建议转向讨论杜威技术性哲学的持续的相关性问题。首先，也可能是最重要的，是对文本的忠实性问题。换句话说，当代哲学家在多大程度上真正了解了杜威（更不用提那些在专业上不那么消息灵通的记者们的随意的评论了）？说得复杂一点，我们可能都知道，至少有一位著名的哲学家说过：即使杜威没有说过他曾经说过他说过什么，他也应当已经说过他曾经说过他说过什么。

　　其他一些人从 20 世纪英美分析哲学的视角来看待杜威的工作，他们曾经发现过"错误"。其实，不带偏见地说，相关文本表明，应该不存在那样的错误。例如，罗伯特·布兰登（Robert Brandom）曾经提出，古典实用主义者（杜威也被假定包括在内）的错误之一在于，他们仅仅考察信念的结果的"下游"，因此忽视了当代语义理论的一个重要特点，即，由于恰当的应用环境与结果相关联，信念的前件遭遇到"上游"，并因而要得到考虑。但以此种方式进行争辩，就忽略了杜威在 1938 年的著作《逻辑》中提到的一个重要的我们大多数人都肯定很熟悉的区别：即适用于以一般性的交流为目的的语言（或者是洛克所谓的"市民语言"）与那种仅仅是由先验的探究所决定的语言之间的区别，"前者与探究的目的相关，后者只看重逻辑的意义"（LW.12.284）。显然，大多数人都懂这个区别。但是，很清楚的是，杜威认为，确定一个探究的后果的判断是真的。这个判断是在它既是确证的也是可断言的意义上是真的；而且，它是作为对先前有问题的情境的先验探究的后果而得到确证的。在这里，"先验"是"上游"的另外一种说法。因此，我认为仍然有必要做更多的研究，让一些所谓的"分析的"实用主义者们注意实用主义经典文本中的实际细节。

三 杜威的技术哲学的前溯：动态的系统理论

除了解释学的完整性这一重要问题，当我们讨论杜威哲学的当代相关性时，杜威的技术哲学的向前追溯也是个很重要的问题。在这方面，我们可以肯定地说，杜威的一些工作现在才刚刚得到学术界的赏识，并继续为前沿的研究工作提供学术刺激。杜威 1896 年的文章《心理学中的反射弧》就是一个典型的例子。洛克韦尔（W. Teed Rockwell）是动态系统领域的一位领军人物，他曾经再明显不过地谈论过杜威的贡献。"如果杜威是预言天才的话，他会用 1896 年的经典文章《心理学中的反射弧》来预测行为主义的垮台和认知心理学的兴起。而且，他还超越了行为主义和认知心理学，表达出了动态系统理论的基本原理。"① 简单地说，杜威 1896 年的文章拒绝将信息标注为被力图链接在一起的原子时刻，他的文章因此而超越了斯金纳（Skinner）、华生（Watson）、乔姆斯基（Chomsky）和富多（Fodor）。洛克韦尔将此恰当地解释为："我们用一系列行为模式来应对每种感知，这通常有助于实现某种目的。行为本身也存在于一个可能性空间的范围内，所获得的技能正在知觉空间和行为空间之间建立起一套一致、有用的联系。或者说得通俗一点，学会在正确的时间做正确的事。"哲学家和神经学家阿尔瓦·诺伊展示了一长段来自杜威 1884 年论文的文字。对杜威在 80 多年前写的话，诺伊问道："你在哪里停止？世界的其他部分又在哪里开始？我们没有理由假设这关键的边界存在于我们的大脑或我们的皮肤上。"下面可以看作是杜威自己在《经验与自然》中对诺伊的评论的"古怪"回应："必须记住的是，生命作为一个经验事物，它不是一个有机体皮肤表层下的东西，而是包含了有机体本身与外部时空以及更远的高级有机体之间的连接和相互作用的综合事物"（LW. 1. 215）。研究梯伯·斯雷墨斯（Tibor Solymosi）所称的"神经学实用主义"（neuro-pragmatism）似乎有宽广的前景。毋庸置疑，杜威的工作，包括这篇关于

---

① W. 提德·洛克威尔：《既非大脑亦非幽灵》，坎布里奇：麻省理工大学出版社 2005 年版，第 177 页（W. Teed Rockwell, Neither Brain nor Ghost, Cambridge：The MIT Press, 2005）。

反射弧的文章，都会继续与这个有前途的研究有关联。杜威的技术哲学的前溯，在这个领域的继续研究中是大有潜力的。

四　杜威的技术哲学的前溯：概念—命题理论

杜威的技术哲学的前溯在与认知的身体比喻的基础的相关研究领域中也很明显。例如，马克·约翰逊（Mark Johnson）在 2007 年的著作《身体的意义》（The Meaning of the Body）中证明了，当一些美学和逻辑方法在杜威的工作中相互交织时，会对一些语言上的英美分析哲学的基本假设产生重大影响。以杜威的《经验与自然》和《作为经验的艺术》为基础，约翰逊反对由哲学家蒯因（Quine）、塞尔（Searle）、戴维森（Davidson）、富多（Fodor）和罗蒂（Rorty）等人提出的所谓"意义的概念—命题理论"。正如我们所知，他们所持的共同观点是："句子或话语（以及我们用于造句的词语）各有各的意义。句子通过表达命题而获得意义，这些命题是意义和思想的基本单元。"而且，"根据这些客观的语义，既不是语法规则，也不是逻辑联系，甚至也不是命题本身，与人的身体有内在的关系"[①]。

约翰逊当然不持这种观点。他用于替换这个被广泛接受的观点的候选观点具有经验上的显而易见的特性，并得到优美的陈述："如果婴儿在学习事物和事件的意义，如果婴儿尚未形成命题，那么，意义和理解就必须涉及远比创造和理解命题及与之相应的话语更多的东西……意义在模式、影像、品质、感受并最终在概念和命题中得以交流"[②]。把约翰逊的观点与杜威在《经验与自然》中所做的论述加以比较，是有启发意义的："每一种思想和意义都可以向下寻找到某种有机的吸收或剔除行为，或放弃，或破坏，或照顾，或发信号或回应。它起源于生物行为的某种确定的行动；我们的身体为心灵行为命名，像明白、领会、搜索、确认、穷酸、拥

---

① 马克·约翰逊：《身体的意义：人类知性的美学》，芝加哥：芝加哥大学出版社 2007 年版，第 8 页（Mark Johnson, The Meaning of the Body: Aesthetics of Human Understanding, Chicago: The Chicago University Press, 2007）。

② 马克·约翰逊：《身体的意义：人类知性的美学》，芝加哥：芝加哥大学出版社 2007 年版，第 8—9 页。

除、理解、感动等，情感不仅仅是'隐喻'"（LW.1.221）。考虑到约翰逊所谓的"意义的概念—命题理论"的持续主导地位，考虑到杜威和约翰逊提出的替代方案的相当大的哲学涵义，我会提出，在未来的几十年里，杜威技术哲学的前溯为语言哲学的重建提供了几乎是取之不尽的资源。

五　对逻辑学所造成的冲击

当我们讨论命题这个话题的时候，指出杜威的思想中尚未得到充分考虑的领域，似乎是有价值的，因为它们有巨大的潜力去改变逻辑导论性课程的讲授方式。杜威处理逻辑命题的方式给我们提供了一个有趣的例子。当然，杜威的更大的逻辑颠覆了传统的逻辑。传统逻辑开始于词项，词项组成命题，命题进而组成论证。杜威则从判断开始，命题被当作判断的组成因素。很认真地说，单单这一点，就会让大多数逻辑学教材的作者感到头疼不已。然而，杜威却走得更远：他认为命题没有对错之分，只有合适或不合适、有效和无效之分。

就像逻辑在生活中所起到的功能一样，命题只是建议，而建议从表面上看既不是真的也不是假的。例如，在棒球赛中，投手向击球手投球，这个建议既不对也不错：它只不过是个建议，除非它成为一个判断——即，除非击球手，或者裁判或两者都通过动作判断了它的真假。基于自己对场地适当性和有效性的判断，击球手的击打对于外野手来说又是一个建议。求婚也同样如此。求婚可能是真诚的、有效的和相关的，但是，带有真值的是提议的接受者的判断，而不是判断者自身。因此，杜威的确捕捉到节奏——生活的探究中的精致的给予和接受：命题只是建议，而判断则可能是中间的或最终的某个观点的结论。还值得注意的是，在电影业中，建议也只是一个创意——在制片人做出判断之前，它既不真也不假。我再次强调，杜威的激进观点为未来的研究和探索提供了丰富的资源。例如，如何认真看待杜威的逻辑学工作对逻辑导论课程的改变？似乎公正地建议，当前对谓词演算的研究不能遭到放弃，因为它们的确是有用的，但是，它们可以被嵌入到探究理论的更大语境中，它们在其中能够起到辅助作用。

六　经济学

正如我们所知，新古典经济学综合派的观念的核心是：人们对于结果存有理性的偏好；个人趋向效用最大化，企业趋向利润最大化；人们在全面和相关信息的基础上独立地行动①。但托斯丹·范伯伦在他 1898 年的论文"为什么经济不是进化的科学"中已经提出，在 19 世纪物理学（形而上学）的基础上，用植根于生物学进化模型上的新经济模式替代旧的经济模式②。他认为，新的古典经济学理论需要重建，因为它依赖于前达尔文的假设和视野③。

在这一点上，杜威拒绝了陈旧经济学的基本原则，这些原则认可原子般的经济实体无拘无束飘荡的陈旧观念，在这些原则看来，这些经济实体是独立的，它们极少与制度背景有关系。从伦理方面考虑，杜威写道："脱离其社会情境的个体在伦理上是不真实的，道德上的不真实性会导致没有逐渐灌输的渠道，没有与他相关的故事，没有说真话的训练，没有爱国主义和实业化。"（MW. 4. 210）从另一个角度看，杜威指责经济个体主义这个观念阻碍了科学和技术的进步。"最重要的是，"他写道，"被解释为致力于私人利益的能量和企业的经济个体主义作为一个寄生者，一直辅助着科学和技术力量的运动。"（LW. 5. 85）

杜威把与新古典经济学的争论问题归结如下："最关键的谬误在于，这个理论假设原初的和自然的需求决定了生产和交换的经济现象。实际上，在它们成为经济需求（有效需求）之前，已经被现存的分配—交换系统改变了。市场和商业决定了需求，而不是相反。这种讨论在恶性循环中进行。"他随后指出，这样的讨论包含一个逻辑错误，它有一个模糊的

① 参阅 E. 罗伊·温特劳布：《新古典经济学，经济学简明百科辞典》（E. Roy Weintraub, "Neoclassical Economics," Concise Encyclopedia of Economics < http//：www. econlib. org/library/Encl/NeoclassicalEconomics. html > Accessed 8 Sept. 2011）

② 托斯丹·范伯伦：《为什么经济学不是进化的科学》，《经济学季刊》，1989 年第 12 期，第 373—397 页（Thorstein Veblen, "Why is Economics not an Evolutionary Science？" Quarterly Journal of Economics 12（1898））。

③ 我的同事肯尼斯·斯泰克（Kenneth Stikkers）提醒我，新古典经济学家们现在宣称：即使他们的人类学可能有点过时了，但是他们的立场依然具有很强的预言价值。

中项：心理的"需求"和实际需要的"需求"是混淆的。(LW. 15. 264)① 杜威的观点是，假定的修正，例如"绝对"需求和"有效"需求之间的区别，只是享乐主义问题的微调。它们并没有得到修正。杜威和凡勃伦的替代方法为经济学家展现了一个以融合和社会性为背景的人类图景，"人类是一种在展现性活动中寻求实现与表达的特性和习惯的相融结构"②。这种替代新古典经济的经济人的观点并不是孤立，而是位于各种形成的制度类型的背景下，并受其影响。

　　换句话说，一个进化的经济学理论应该考虑到制度的历史和现有的趋势，以及它们对于个体和共同体的形成具有的工具性作用。被各种力量牵拉但经常回归平衡状态的静态的经济实体的观念或多或少会被后达尔文模式所取代，在后达尔文模式中，不断变化的环境创造出新的信息流畅、重新调整的个体，这些个体持续地被要求在不断变化的环境中去搜寻调整其情境的方式。

　　当前的制度经济学家们，包括诺贝尔奖获得者保罗·克鲁格曼（Paul Krugman），都倾向于接受像凡勃伦和杜威所推崇的后达尔文模型。新的"行为经济学"的支持者们也有同样的倾向。可以肯定地说，这些经济学家不回避数学分析，而是认为我们对经济状况的理解需要我们更充分地考虑数学和统计模型运行中的文化背景。因此，制度学家们严厉地批判古典综合派的某些"不容置疑"的假设，例如，大多数的"理性选择理论"的版本，以及他们所认为的对"实用"所进行的主体主义的解释。

　　新古典主义和制度主义经济模型之间的竞争所下的赌注是很高的，同时他们也再次凸显了杜威与我们现在的情境的联系。以中国的现状为例，制度主义者对文化语境的坚持与社会学家丹尼尔·贝尔（Daniel A. Bell）等人的观点可以做到完美的契合，后者坚持认为，中国共产党将通过承认并尊重儒家传统的方式来管理国家的经济发展，忽视那些传统将不可避免地使得对经济活动的分析变形，进而实际上把它们变成纸上谈兵，与真实世界的事件分离开来。

---

　　① 19 世纪的经济学区分了"绝对需求"和"有效需求"。简言之，区别就是"我想要某物 = X"与"我非常想要某物 = X 以至于我愿意牺牲另外的某物 = Y"。杜威对此回应，这种区分没有解决快乐主义的问题。

　　② 范伯伦：《为什么经济学不是进化的科学》，第 390 页。

现在有明显的迹象表明，制度经济学中的一些所谓崭新的设计开始受到影响了。例如，我请大家注意几篇由美国国家经济研究局政治经济项目的阿尔伯托·阿莱斯纳（Alberto F. Alesina）撰写或合作撰写的文章。阿莱斯纳论述了把当代社会的各种复杂性融入传统的经济政策模型所面临的越来越大的难度。"在经济政策中仁慈的社会规划者会把代议制的个人效用最大化。"他认为，一些经济学家已经"开始探索政治势力是如何影响政策的选择，开始特别关注分配冲突和政治制度，这些在代议制的个人模型中是不存在的"[①]。

如果我们给这个问题加入对潜在的伦理学问题的分析，我们会得到一些与杜威关于经济中迫切需要的东西很相似的结论。如果把制度经济学对传统儒家社会的影响加进去，我觉得我们将得到重要的资源来继续讨论那些社会生活的民主形式的未来。

七　教育

美国、英国及其他地方都存在着教育危机，这几乎已经不是什么秘密了。这里有一个《纽约时报》上刊登的故事："公众的钱找到了去私立学校的后门。"另外一个是："军校学生领先公立学校学生一步。"还有一个是："网络特许学校的利润及问题。"

杜威对教育的洞悉在如今的教育领域显得空前重要。虽然也有例外，但是，教育政策和实践却与杜威为之奋斗的通识人文教育计划背道而驰。这些趋势是什么呢？

首先，从小学到高中乃至高等教育中对标准化考试和应试教育的强调。这种体制，长期以来是中国、日本及其他一些国家学校的特点，它产生了远近闻名的"填鸭式学校""不让一个孩子落后"的倡议，它从小布什政府开始实施，现在被奥巴马的教育部长稍微修改，它综合了亚洲教育体系中最糟糕的特点。当然，杜威强烈反对在这种高水平考试中测试死记硬背的能力。

---

①　阿尔伯托·阿莱斯纳：《项目报告》，Alberto F. Alesina, "Program Report" NBER Reporter 3 (2007) . < http: //www. nber. org/programs/pol. html > Accessed 8 September 2011.

为什么会发生《纽约时报》所报道的"军校学生领先公立学校学生一步"的情况？在报道所列举的几个原因中，最吸引眼球的是，军校不要求为了应付考试而进行教学。标准化的考试可以使用，但必须按照杜威推荐的方式来使用：为了评估学生的能力和弱点，同时是为了检验课程的有效性。课程本身应当更具多样性，重点是让学生学会学习而不是记住很快就会忘记的事实。其他的因素包括：更小的班级规模，教师与管理者之间的良性关系。这些路径的一个结果，似乎是困扰一些公立学校的成绩差异问题并没有出现在美国国防部开设的学校中。

其次，特许学校的举措在美国日益增长。虽然这些学校往往得到公共资金的资助，但多数情况下仍然不能充分防范在挑选学生和偏执的宗教指导方面的歧视行为。相比之下，杜威强烈支持他所认同的公共教育的民主化趋势。杜威认为，民主社会必须实施保障措施以避免歧视，避免纳税人资助的宗教性的教育。

再次，家庭教育和虚拟教育领域中的运动愈演愈烈。家庭教育往往普遍存在于宗教的原教旨主义者中，他们想让他们的孩子远离与他们观点不同的人。杜威与之相反，他认为公立学校是社会化的主要机构，在公立学校里，一个孩子能够接触到差异，这些差异不仅有利于孩子们及他们的家长，也有利于更广泛的社会。一些家庭教育是由纳税人的钱支付、但以盈利为目的的特许学校完全采用在线方式提供的虚拟教育。根据我提到的报告，这样的公司利用公共资金为自己做广告并游说立法者提供额外的资金。

最后，与此相关的是"营利性"大学的事情。在美国，这些大学消耗了公共高等教育机构中大笔的金钱。根据可靠的报道，一些这样的机构往往不仅在未来的就业前景上，而且在学生们期望的学位的合法性上误导它们现在的学生和未来的学生。与这些问题交织在一起的是，许多进入可疑的"营利性"大学的学生获得公共援助，他们然后又把这些援助用于学费，而这些学费本来是可以花在公立或私立的非营利大学上的。

美国国会于 2012 年 8 月 1 日发布了用时两年的调查报告。该调查报告描绘了营利性高等教育糟糕的现状。在 2009 年的财政年度里，被调查的大学花 42 亿美元（全部收入的 22.7%）用于市场营销、广告、招聘和招生人员，花 36 亿（全部收入的 19.4%）用于盈利，而在课程上的花费是 32 亿（全部收入的 17.2%）。① 就像我所写的那样，加利福尼亚州已经开始对问题最严重的学校取消加州奖助金（CalGrant），以此来解决腐败问题。正如我们所知，杜威反对团体腐败，他主张公共经费应该服务于公众，而不是局限于团体的内部利益。

简而言之，我是通过在哲学史中追踪其影响、古典实用主义文本中的解释学的忠诚性、对被应用到动态系统理论的杜威技术哲学的前溯、逻辑教学改革的关系、经济学和教育等维度，来讨论杜威的思想与现代社会的持续相关性论题。我相信杜威的理论仍与当代相关，前沿的哲学家、历史学家、经济学家和教育工作者会在其中寻找到真知灼见，而且他们也会用这些真知灼见来推进他们自己的研究工作。

---

① 来源：《高等教育年鉴》，2012 年 7 月 30 日，The Chronicle of Higher Education，July 30，2012.＜http：//chronicle.com/article/A - Damning - Portrait - of/133253/？cid = at&utm - medium = en＞.

杜威与罗蒂之间的实用主义与自由主义

理查德·舒斯特曼（Richard Shusterman）著　　彭锋译

　　整个里根主义的 80 年代以及进入后苏联的 90 年代，罗蒂一直用实用主义来赞扬和保卫当代美国民主的优点，同时鼓吹他称之为"后现代资产阶级的自由主义"的政治哲学。① 罗蒂经常援引杜威作为其灵感的源泉，经常求助杜威的论点来证明其合理性。罗蒂声称他的自由主义完全是"杜威自由主义的延续"，他把他和杜威的不同，定位在"对自然科学和其他文化之间关系的说明上，以及根据词语和句子而不是根据观念和经验来说明再现主义对反再现主义的问题上"（ORT 16）。更直率地说，罗蒂拒不接受他所领会到的东西，与杜威赋予自然科学超过书写文化之上的特权是一样的，正如他拒绝像杜威所做的那样赞同在像经验或观念之类的非语言实体中进行交流的哲学。除去这些差异，罗蒂声称他会一直鼓吹

---

　　① 见罗蒂：《后现代主义者的资产阶级自由主义》，载《客观性、相对主义与真理——哲学文集》［第一卷］（剑桥：剑桥大学出版社，1991 年版，第 197—202 页）（Richard Rorty, "Postmodernist Bourgeois Liberalism", *Objectivity Relativism, and Truth: Philosophical Papers*, Vol. 1, Cambridge: Cambridge University Press）。此后引用这本书中的这篇文章和其他文章，都缩写为 ORT。提及罗蒂的相关著作《哲学文集，关于海德格尔和其他人》（剑桥：剑桥大学出版社，1991 年版）（*Philosophical Papers, Essays on Heidegger and Others*, Cambridge: Cambridge University Press），将缩写为 EHO。在这一章中引用罗蒂的其他著述如下：《偶然、反讽与团结》*Contingency, Irony, and Solidarity* (Cambridge: Cambridge University Press, 1989)，缩写为 CIS；"暴徒与理论学家" "Thugs and Theorists", *Political Theory*, 15 (1987), 564—580，缩写为 TT；"当知识分子遇到政治" "Intellectuals in Politics", *Dissent* (Fallv, 1991), 483—490，缩写为 IP；"社会希望与作为喜剧的历史" "Social Hope and History as Comic Frame"，翻译成法文出版名为 "L'espoir social et la fin du socialisme", *Les letters francaises*, January, 16, 1992。我引用的是原始的英文打印文件，以及一个发表的缩写本，名为"处于社会主义末尾的知识分子"（载《耶鲁评论》，1992 年，第 80 卷，第 1—6 页）（"The Intellectuals at the End of Socialism", *Yale Review*）。

"杜威曾梦想的……［同一种］民主的、进步的、多元的社会"（ORT
13）。

　　通过赞扬美国的资产阶级民主以及谴责左派知识分子自命不凡却毫无
用处的"破坏性"，罗蒂的自由主义触犯了全世界的马克思主义和后马克
思主义激进分子。但是，它也让许多信奉杜威的美国自由主义者感到震
惊。对于杜威那彻底和明确的反资本主义自由主义被如此扭曲和同化为
"对现状的辩解（apologia）——正好是杜威断定为那种'不得要领的和
注定毁灭的'自由主义类型"，像理查德·伯恩斯坦这样一些长期朋友和
实用主义同道们为此感到十分沮丧①。伯恩斯坦反对罗蒂这种自以为是的
观点：资产阶级的自由主义只需通过少量"改革者的修补"来进行小范
围改进（ORT 16）。他援引了杜威的著作《自由主义和社会行为》（Liber-
alism and Social Action，1935），这本书激烈强调"现在自由主义必须变得
彻底，'彻底'意味着对在体制建设中彻底改变的必要性，以及促成这些
变化的相应行为的理解。因为在实际情形所具有的可能性与实际情形自身
之间的鸿沟是如此巨大，以至于支离破碎的政策不能特别担负起二者的桥
梁作用"②。

　　鉴于今天对于资本主义经济并没有真正可供选择的办法，罗蒂的回应
是：把坚持杜威激进主义的当代尝试当作空洞的"怀乡练习"而不予考
虑（SH 22）。他蔑视激进的知识分子将自己扮演为受社会关注的受压迫
者斗士的方式，他们彻底改革的总体理论其实并未触及到具体的政治现实
和提出切实可行的建议，而只是用来满足他们作为前卫革命者的自我形
象——其特殊、深奥的知识可以拯救世界。

---

　　①　理查德·伯恩斯坦：《新的一代》（剑桥：政治出版社 1991 年版，第 233 页）Richard
Bernstein, *The New Constellation*, Cambridge：Polity Press）。

　　②　John Dewey, *Liberalism and Social Action*（Carbondale：Southern Illinois University Press，
1991），45；此后缩写 LSA。提及杜威的其他著作如下：*The Public and its Problems*（Carbondale：
Southern Illinois University Press, 1984），缩写为 PP；*Ethics*（1932）（Carbondale：Southern Illinois
University Press, 1989），缩写为 E；*Philosophy and Civilization*（New York：Capricorn, 1963），缩
写为 PC；*Experience and Nature*（Carbondale：Southern Illinois University Press, 1981），缩写为 EN；
The Quest for Certainty（Carbondale：Southern Illinois University Press, 1988），缩写为 QC；*Art as Ex-
perience*（Carbondale：Southern Illinois University Press, 1987），缩写为 AE；*Individualism Old and
New*（Carbondale：Southern Illinois University Press, 1984），缩写为 I。

这里，我将比较罗蒂和杜威的自由主义，其间特别注意他们对当代自由社会中自我实现的哲学生活这个中心问题的意义。我做比较的目的不是要去评定罗蒂的忠实度，也不是去校正杜威观点的纯洁度。对于实用主义的前瞻精神而言，这种历史纯粹主义是错误的。在试着理解杜威的彻底自由主义是如何发展成为罗蒂的保守主义时，我希望通过让他们两人的观点交锋，以提出一个更为均衡的自由主义。

为了探寻他们之间差异的更深的哲学根源，我将考虑诸如此类的问题：自由的本质、偶然性、哲学证明、审美统一性的价值、自我的社会建构以及目的和手段的关系。此外，由于实用主义是历史主义的，并且它认识到哲学上的差异往往是社会变革的产物，因此我将探寻如何能够根据罗蒂和杜威不同的世界来理解他们的差异。我最后要表明的是我们自由的实用主义者怎样通过分离罗蒂和杜威的差异，通过在处理我们当前社会困境时，保留从哲学上激发社会改革和更具参与性的民主这个杜威式的希望，以及保持对哲学局限和滥用的罗蒂式理解，来超越杜威—罗蒂的相互抵消。当然，这也包括超越我们作为寻求最好生活方式的哲学家的"私人"社会困境。

基础和证明

罗蒂和杜威有同样的目的：把自由主义从启蒙形而上学的传统哲学基础上解放出来。由洛克和康德所确立的标准自由法则通过某些自然权利的学说，试图将人类自由建立在本体论的基础之上，这些权利最终可以由我们的上帝赋予或自然赋予的理性天赋中推导出来，为了在合理地选择和行动中实现自身，理性要求自由。因此，作为人们应该具有的和社会必须保护的东西，个体的自由得到了保证，因为自由作为人性的理性本质的一部分，构成了事物的真正本质。杜威拒绝将自由主义建立在关于不能剥夺的权利和必然的人类本质的形而上学学说的基础上。作为一个实用主义者，他拒斥形而上学固定的本质世界，转而强调我们整个世界的可塑性、改变性和偶然性。

罗蒂因此而赞扬杜威，通过在没有"哲学的支持"的情况下给予自由主义以"哲学的清晰度",通过"揭穿'人类本性'和'哲学基础'这一概念"(这是诸如自由主义之类的政治理论被假定去要求的东西),杜威使自由主义对于当代反本质主义哲学家来说"显得好像不错"(ORT 178,211)。对罗蒂而言,没有固定的、本体论意义上的本质和不变的真理可作为哲学基础去求助,因此,并没有政治或是其他实践的哲学证明的存在地盘。任何提供证明的企图,由于使人们注意到实践已脆弱至虚假的哲学支持这一事实,只会引发对相关实践的不信任。

然而,罗蒂错误地认为杜威攻击传统自由主义的形而上学,主要旨在使自由主义对哲学家而言显得可靠。相反,杜威旨在通过限制自由主义中贪婪的个人主义,使自由主义对群众而言显得可靠。如果个体的自由建立在不变的、本体上的人性这一前提之上,这就意味着自由早已经存在于我们之中。因此,我们能做的就是不去打扰它和个人;最糟的事情就是将外部限制强加于它。在这里,自由被定义为消极的自由,被定义为除去干扰的自由;而自由主义被等同为一种放任自由的政治,它拒绝利用多数人去限制少数人的自由,否认赋予多数人一种积极的自由可以达致更好的生活。

杜威拒斥天赋权利的观念,因为它把自由看作一种抽象的、形而上学的前提,而不是一种依靠有条件的社会并要求社会进步的具体善。对杜威而言,"自由……是某种被实现的东西",而不是"某种个人作为现成财产拥有的东西";它的实现要"受到个体所生活的社会介质的条件制约"。因此,"有组织的社会必须运用其权力,为大多数个体获得与纯粹法律上的自由有区别的实际自由创造条件"(LSA 21)。

罗蒂忽视了杜威拒斥自由主义的哲学基础中的这个动机,因为他更加欣赏消极的自由,使其免受共产主义批评家的批评,后者和杜威都强调积极的自由和公共生活。罗蒂也忽视了杜威拒斥自由主义旧的形而上学基础,并不是简单地拒斥哲学证明。实际上,杜威极力为他想象的自由民主政治提供令人信服的"哲学支持"。杜威根据人类对完满的经验、成长、自我意识和社群的基本渴望,详细阐述了这一点。杜威更进一步显示,为了在一个变化的、带有偶然性的世界里——其未来多少可以被人的行为和经验智慧所影响和改进——更频繁、更安全地获得这些渴望的目标,〔人们］就需要共同努力。① 尽管杜威拒绝从必要的本质中先验地推导出民主，但是他关心"自然自身，如同我们同时代最优秀的知识所揭示和理解的那样，［是否可以］维护和支持我们的民主希望"，给予它一个令人信服的"理性的保证"（MW 11：48）。②

罗蒂忽略了这种对哲学证明的非基础性选择，这并不奇怪，因为他不想留给这一证明任何合理空间。罗蒂所展示的，被伯恩斯坦恰当确定为残留的"实证主义张力"，罗蒂敏锐地把证明话语二分为"真正的"哲学证明（从共同的第一原理进行分明的、学术论辩式的演绎），以及通过辩论术和讲故事的纯粹修辞上的主张。③ 尽管历史主义和偶然性使前者变得易受攻击或易遭质疑，但后者也不是真的具有哲学证明——它可以从逻辑上确立所强调的东西——的资格。有了这种残缺的二分，［我们］就容易理解为什么罗蒂错误地认为杜威提供了一个故事而不是"哲学支持"。但是，［我们］难以理解为什么罗蒂拒斥实证主义，却又坚持这种实证主义的两分法。

或许一种答案是：与杜威的哲学世界相比较，罗蒂的哲学世界更为专业化和职业化，这种比较潜伏在他们实用主义自由主义的许多差异之中。罗蒂的哲学体系在实证主义的庇护下变得专业化了，并且日益与美国主流文化生活相隔离，它为自己在演绎论证中的专业严密性和逻辑精确度而自

---

① 如果这些主题和他那个人通过参与公众生活得到发展的民主理想，使杜威听起来像亚里士多德，我们也必须简单地记住几个明显的差异。首先，杜威所体现的实用主义与亚里士多德式的知性论的理论（theoria）理想，不仅在伦理学中、也在认识论中相抵触。其次，杜威是一个平等主义自由主义者，他珍视个性，不能忍受奴隶制和阶级的观念，不能忍受在生活中对固定身份和作用的默许。最后，杜威对人类繁荣兴旺的观念没有固定的目的，善的新目和新景象总在涌现，而最基本的"目的就是成长本身"（E 306）。

② 罗伯特·韦斯布鲁克对于将杜威《经验与自然》和《确定性的追求》中的形而上学看成"努力为民众提供一种哲学人类学"做了一个很好的证明，见《约翰·杜威与美国民主》（伊萨卡：康奈尔大学出版社 1991 年版，第 320—366 页）（John Dewey and American Democracy, Ithaca: Cornell University Press）。

③ 前者是严格的逻辑论证领域，基于共同的前提，由逻辑有效性的形式标准来评判；后者是修辞说服的领域，它的话语由它的"审美"吸引力——即通过使得它所倡导的立场显得多么有魅力，使得它的对手显得多么糟糕——来估价（CIS 9，44）。罗蒂将他的论述局限在美学领域里，杜威大致也是如此。但是，尤其是对于一个实用主义者来说，没有理由仅仅因为它依赖这些被宽泛地认为是美学的标准，就将这种话语贬低为非哲学的。

豪，为自己要求某种知识而自豪，这种知识通过与科学的同化，成为其逻辑合法性的一部分。根据这种科学主义的专业标准，处在政治理论这一黑暗（和危险实践中的）领域中的证明论证——况且它是用非专业性语言阐述的、明显是被政治理想的动机激发的论述——几乎不能算作专业的哲学证明。而且，如果不是专业的哲学，它们简直根本就不是哲学，而只是意识形态的论辩和文化批评。

自由和自我实现

杜威和罗蒂的自由主义不仅都特别注重个体，也都特别注重可称之为人的个性的东西：人独有的自由和自我实现。虽然杜威在自我实现要求积极的共同生活上与罗蒂不同，他也强调平等的民主理想不是社会职能或社会身份上的平均一致，而只能"根据每个个体的内在生活和成长来衡量"（E 346）。因为杜威和罗蒂一样，认为"民主意味着个性是最初和最终的实在"，它通过自我实现获得满足，这应该是个体和社会的共同目标。尽管社会为它的实现建构了环境条件，但"个性不能由任何人（无论他怎样聪明和强壮）为其他任何人（无论他怎样低级和衰弱）实现"；而"只能是……这个正在认识到他的个性的人，在这个词的积极意义上他是自由的"（EW 1：244；EW 3：344）。

杜威更进一步强调，一个自由的民主，必须引导它的成员获得这种主动授予的积极自由。罗蒂［对此］提出异议，他害怕任何对于个体怎样实现他们自身的社会偏见，将会令人讨厌地侵扰他们个人的消极自由。对他而言，自由主义的首要价值就是消极自由优先，而不是任何自我实现或授予的积极概念，它"能够不打扰人们，听任他们安静地实验他们各人对于完善的看法"（ORT 194）。积极自由和消极自由的不同举措，是杜威和罗蒂自由主义版本最显著差异的基础所在。

这可以说明为什么杜威要冒险进行政治—经济系统的彻底改革，以便大多数个体获得适当的条件即积极自由去实现他们自己；而罗蒂唯恐损害业已存在的消极自由，转而主张"忍耐的而不是解放的"政治（ORT 213）。这也可以说明罗蒂为什么将自由主义理想消极地定义为"避免残暴和痛苦的愿望"，将自由主义社会看成是"为了互相保护的目的而合作的一伙怪人"（CIS 59，65），而杜威则积极根据创造一个真正的社区来定义自由主义，它致力于在相互联系生活中的自我实现的真正快乐，并承诺集体行为，以便每个成员在（和通过）为公共利益作贡献时可以实现自身。

最后，他们对积极自由和消极自由的不同强调，说明了为什么杜威的自由主义试图连接个人和公众，而罗蒂坚决拒绝这么做。杜威的乌托邦旨在"使每个个体的发展和维持一种社会状态——其中一个人的行为可以为所有他人的利益做贡献——相协调"，使得完全不同的个体的自我满足，可以为"一定的共享价值"做贡献（E 350）；罗蒂更为谨慎和消极地想让个体自行其是，无论他们是什么（不管他们有多么不足）。他认为"一个公正而自由之社会的目的是：让它的公民成为个人主义的、'非理性主义的'和审美主义的，像他们在闲暇时高兴去做的那样——不引起对他人的伤害"。这种理想"要均衡自我创造的机会，然后让人们自己去利用或忽略他们的机会"（CIS xiv，85）。杜威［对此］会这样回应：由于这样的机会应该是真正平等的（即积极授予的平等，而不是排除干扰的自由的平等），社会就不能简单地听任人们忽略机会，而必须创造条件和习惯，鼓励他们去利用机会。

这种差异似乎不只是纯粹的个人偏好的结果。这反映了罗蒂和杜威所居住的不同历史社会，以及这些社会赋予哲学家的角色。在杜威的时代，人们仍然相信彻底的社会改造是可能的，而在规划社会改造时，哲学家可以扮演重要的角色。这一信念如今几乎已被彻底摧毁。美国的哲学家已不再像杜威那样扮演显著的公众角色。社会结构（包括他们自己的专业结构）不再允许他们这么做；他们可以自由地建构理论，但是，要是他们认为通过有影响的政治行为就可积极贯彻其理论，那是愚蠢可笑的。① 在这样的条件下，消极的、个人的自由优先就很自然了，因为它似乎是我们唯一必须去实践的自由。这样看来，罗蒂似乎也不比杜威错到哪里去，因

---

① 这个观点要求有两个需要注意的精确性。我没有宣称美国的专业哲学家（也就是那些统治着我们哲学系的学者）就没有任何政治作用或影响。约翰·罗尔斯的著作就影响了最高法院的抉择，其他专业哲学家有时候在多种公众事务上也有发言机会，如堕胎、生态学、安乐死和威胁逻辑等。我的观点是，有影响力的政策的肇始都不是来自哲学系。其次，我也不否认在大学和其他地方，政治哲学还有其他的、可能更有权力、更有影响的来源。政治学系或许就是一个来源。

为对于他自己的社会现实而言，他是正确的。

　　尽管杜威和罗蒂在他们所偏重的个体自由的类型上有分歧，但他们都认为自我实现对自由的民主政治而言具有最高价值，而且这种自我实现明显是个人的和审美的。实现自身不是充分发挥任何人类或公民固定的、普遍的本质，也不是符合一个预定的、由自然或社会制定的道德或社会规则。它更像一个详细的、有创造性的个人成长方案，一个尼采式的成为人之所是的方案，通过利用一个人的独特条件、天赋、爱好和机会，把自己塑造成为一个更完满、更有魅力的人，他可以更经常、更稳定地享受更多有价值的经验。为了实现一个人"与众不同的个性"，罗蒂鼓吹持续的"自我扩展"、"自我丰富"和"自我创造"的"审美生活"，这似乎是更坦率的（EHO 154，158；CIS 41）。但是杜威对于这些美学主题也很直率。他承认"自我实现是一种伦理理想"，并强调"它要求个体充分发展他们的独特个性"，这只能通过持续的"成长、学习和人格的完善"才能达到（E 302，305，348）。

　　审美自我实现的首要性，有时会被杜威对科学和政治关注的均衡性所阻碍。但是，这些对他而言仅仅是用来满足经验之完满阶段的手段（尽管是宝贵的手段），他将这种完满经验等同于审美经验，并赞扬它是使生命值得一过的愉悦。杜威因此断言："艺术是一种行为模式，负载着当下能够令人愉快着迷的意义，是自然完满的顶点，而'科学'是将自然事物引领到这种愉快结果的一位合适的侍女"（EN 269）；正如他宣称的那样，"艺术比道德更加道德"，因为它的想象力发现和实现了新的美德和理想境界，而不是试图强制推行陈旧的、常规的东西（AE 350）。[①]

　　尽管杜威和罗蒂二人都鼓吹审美自我实现的理想，但是他们对于怎样具体体现这种理想存在分歧；这导致了他们政治观点的惊人差异，尤其是在自由主义对共享民主的需要，以及公共领域和个人领域之间的分裂方面。对杜威而言，自我实现要求积极参与公共领域和政府事务。只有在

---

　　① 因此我反对伯恩斯坦的这个观点，罗蒂的"审美化实用主义"就是导致他和杜威的自由主义分歧的东西（伯恩斯坦，第233页）。关于杜威特别重视审美经验，也见 AE 90—92，278；以及理查德·舒斯特曼：《实用主义美学：生活之美，艺术之思》（牛津：布莱克威尔出版公司1992年版，第10—12页，第25—33页）（Richard Shusterman, *Pragmatist Aesthetics: Living Beauty, Rethinking Art*, Oxford: Blackwell）。

"确立他们实践的社会条件"中，只有"直接积极参与规章条款的制订——在这些规章条款之上，相关的生活将得以维持，对利益的追求将得以进行"中，个体才能充分实现她的自由、独特的自我和天赋（MW 5：424）。因此，自治对于自我实现而言是根本的。由于个体总是受环境条件的影响，她必须对管理其自身的社会要有积极的兴趣，对公民同伴——他们与其相互作用且影响她——的共同利益有积极的兴趣。因此"任何真诚地宣称个体重要性的自由主义，都必须深刻地关心人类共同体的结构"，而一个谨慎的、关心自己自我实现的自由主义者应该承认，个体的成功也依赖于他人的成功（LSA 31；E 302）。

因此，杜威旨在将自由、平等和博爱协调起来。罗蒂则转而寻求"将自由和平等从博爱中分离出去"，将自我实现从自治中分离出去（ORT 210）。他"在私人和公众之间［作了一个］严格的区分"（CIS 83），强调自我实现在本质上是一种私人事务，一个关于"我独自应该做什么？"的问题（ORT 13）。对个体的自我实现而言，自由民主制度的公众的、政治的功能纯粹只是一个外部保护框架（尽管它是我们所知最好的框架），而不是个体自我实现的一个内在的、影响其发展的要素。

通过在更基本的问题——涉及自我的本质、自我的社会建构，以及能指导自我重建的美学类型——上探寻自由主义和自我实现的根源，我们可以更好地评价这些自由主义和自我实现的不同看法。

偶然和统一

杜威和罗蒂二人都将自我视为个体的、偶然的和变化的创造物，不是一种本体论上预先决定的、普遍共享的人类本质的必然表现。对杜威而言，"不存在一个像是固定的、现成的、完成之自我之类的东西"（E 306），因为每一个自我不仅产生行为，而且也是其行为和选择的产物。这种选择不仅仅依赖于限定其选择的环境（自然的和社会的）之偶然性，而且依赖于影响未来选择的行为结果的偶然性。然而，对罗蒂而言，"自我的偶然性"变得更为极端。如果不存在人类本性的非历史本质或"人类生活的永恒的非历史语境"来规定自我必须是什么，那么自我整个儿就是"一种机会，一种纯粹的偶然"，一种"随机的""偶然的巧合"。

（CIS 26，37；EHO 155，157）

罗蒂的论证将"不是在逻辑上和本体论上必然"的偶然性与"完全是随机的和特异的"偶然性合并起来；它体现了这样一个错误的假设：我们要么具有绝对的必然性，要么就具有彻底的随机性①。杜威拒绝做出这种飞跃：通过否定建立在形而上学本质上的本体论必然性，去断定自我是一种随机的偶然事情。他承认历史化的本质（例如，在有强大效力的生物和社会规范的形式中）和偶然的必然性——事实上是对引起人类生物学和历史学上的偶然进化和现行结构所必需的规律和需要。因此，与罗蒂相对，杜威基于当前的生物学和社会科学知识，不仅能谈到"人的内在本性"（E 308），而且能够从历史化本性出发，去证明那种对人类兴旺最有助益的生活和政府的正当性。

而且，虽然两位哲学家都肯定一种旨在持续发展的"主动的、动态的自我"，但杜威比罗蒂更为强调自我发展的统一性和一致性。杜威把成长作为最高的道德理想来鼓吹，他建议用改变去"对抗僵化和固定，从而实现我们自我重建的可能性"。但是杜威也极力主张自我的改变是通过"真诚的、持续的兴趣"构成的，并通过某种统一线索聚集起来。就我们真正的自我感觉而言，"我们个人的同一性是在将这些变化连在一起的持续发展的线索中发现的"（E 302，306）。罗蒂"自我扩展"的"彻底变化"的计划通过不断采用新的、经常是相冲突的词汇来重新定义自我，拒绝用自我的一致性和统一性来强制"拥抱更多可能性的愿望"。我们不应该担心自我失去它的统一性，因为它从来不曾真正拥有任何统一性。我们只是"偶然的、特异的需要的随机聚合"，我们当作单个自我的东西，事实上是冲突的"类自我"的集合，"［具有］不相容的信念和欲望体系的……一个多元的人"（EHO 147，162）。

罗蒂的自我分裂基于对弗洛伊德的戴维森式解读，并同后现代主义对主体的解构相吻合，那么，我们能否宣称，由于他的自由主义建立在一个

① 对于所谓习俗的专断性，哲学家经常犯同一种令人误解的混淆。在习俗中，"独断"和"偶然"这两种不同的意思被合并了：逻辑上的和本体上的必然性，并不与彻底的多变性、偶然性、无理性和毫不费力的可逆性相对。我在一篇论文中详细阐述了这些混淆及其哲学后果，见《习惯：对于同一主题的多样性》（载《哲学研究》，1986 年第 9 期，第 36—55 页）（"Convention：Variations on a Theme"，In Philosophical Investigations）。

更复杂的、在心理学上更为现代的自我观上，因此就要比杜威的自由主义更有道理呢?① 罗蒂自己一定会拒绝这种主张，因为他刚好批判将伦理建立在某些基础的人性理论上的想法。他甚至主张，通过与我们更偏爱的伦理观、与我们所发现最有魅力的理想和制度保持一致，这种自我理论反而会得到他们的力量（ORT 192—193；TT 577—578）。

如果没有一个足够统一的自我将它拢在一起，自我扩展的自我实现的吸引力究竟在哪里? 它绝妙地符合于当代社会（得到很好宣扬的）最大化、多渠道的消费理想，这是一种过量的商品、形象和信息量的摄取——远远超出能够被消化和聚合在一个相互联系的整体之中。② 罗蒂认为自我作为不相容的类自我的随机聚合，不断寻求新的可能性和多重变化的词汇，这似乎是后现代消费社会的理想自我：一个支离破碎的、困惑的自我，贪婪地享受尽可能多的新商品，但缺乏坚定的诚信去挑战其消费习惯，或挑战操纵他们和从中牟利的体制。③

总之，罗蒂对偶然性的彻底化，造就了一个远比杜威狭窄的个人主义的自我实现观念。他们二人都否认自我实现可以和一个普遍的、非历史的人类本质（因为它不存在）相一致。但罗蒂径自得出结论说：因此，通过彰显将我们从社会其他成员中区分出来的偶然性差异，通过把我们自我

---

① 见唐纳德·戴维森《非理性悖论》，载沃尔海姆与霍普金斯编《弗洛伊德哲学评论》（剑桥：剑桥大学出版社 1982 年版）（Donald Davidson, "*Paradoxes of Irrationality*", ed. ollheim and J. Hopkins, *Philosophical Essays on Freud*, Cambridge：Cambridge University Press），罗蒂在他的《弗洛伊德和道德反思》（*Freud and Moral Reflection*）中引用了这篇文章，见 EHO，143—163。

② 这也指我们后现代的审美分裂，最典型的是多频道电视、远程控制的频道转换、多画面收看、浓缩为急速拆散影像的 MTV 风格。当然，这种后现代审美不仅遍及电视文化，也遍及知识文化——日渐增长的"新"书籍、理论和具有令人眼花缭乱的、同时进行的分场会议的大型会议。对晚期资本主义消费主义的批判喜欢质疑，这种多样性是否比"大家伙"（Whopper）和"大老兄"（Big Mac）之间的差异要少些肤浅性，我们是否真正享受到我们所谓的广泛选择。另外，这也不清楚，是否深度就是最高价值；我们同样不清楚，如果我们的选择被严格限制去提供更大的集中性，我们是否会更加快乐。

③ 同样地，通过一个随机偶然的、无中心的、分裂的自我，私人化的自我实现的理想特别适合于这样的社会：个人不同的社会角色不会引导他们走向一个统一的自我完善，其中个体为她不得不扮演的多重角色所迷惑，以至于她几乎想不到要试着将他们协调成杜威所推荐的"完满的完整人格"（第 328 页）。这种渴望得到的趋向整体、统一的部署，可以向着变化和成长开放，但目的在于不断将他们整合为一个连贯的但永远包含复杂性的统一体，这种部署是杜威提供的可靠的、稳定的统一体，无需求助于他和罗蒂都反对的固定的、本质的自我。

创造的努力局限在个人领域、局限在"我们将独自干什么"的问题上，自我实现必须展现在一个人独特个性的最大化中（CIS 24—25；TT 13）。凭一个人自己为自己的自我差别施加影响，这是罗蒂对［上面那个］问题的回答。杜威则会劝我们找个朋友，找找社区。因为为了创造我们自身、甚至我们的私人自我，我们需要和他人一道对我们的社会环境施加影响；因为它那相当稳定的偶然性，比起罗蒂强调的随机、偶然的反复无常对自我具有更大的构成力量。他们实际上有效地限制了后者的范围。

社会和哲学

尽管杜威给予个体以目的论上的优先地位，但社会先于个体并塑造了个体之构造。"个体总是经验的中心和顶点，但个体在他的生命经验中确切是什么，依赖于相关生命的本性和运作"（LW 14：91）。这种自我的社会构造，是杜威"个人的自我实现要求积极的公众生活"这一观点的核心："如果个体的精神和道德结构、他们的期望和意图模式"（I 80）极大地依赖于社会所鼓励的习惯、思想和价值，那么，对提高我们实现自我的质量而言，改进我们的社会似乎是根本性的。而且，如果人在本质上是社会的动物，既需要又享受社会生活，那么个体只有通过走出自身，并在相关联的生活中扮演积极的角色才能完全实现自身。因此，杜威得出结论："只有通过加入共同的智慧、分享共同的目的——比如为共同的利益尽力——人类个体才能实现他们的真正个性，变得真正自由"（LSA 20）。

这个融合"自我创造和公正、个人完善和人类团结于一个单一图景中"的观点，正好是被罗蒂批判为那种不可救药地误导的哲学思想（CIS xiv）。但在这样批判的时候，罗蒂既不否认自我是由社会塑造的，也不否认为了达到自我实现的目的，个体应该努力确保那种为这一目的提供最好的架构或手段的民主社会。罗蒂否认的，是自我实现的方案要求把参与公众生活作为这一目的的一个部分。然而，这正是杜威所要求的那种公众和个体的整合："要摆脱把民主想象为某种制度的、外在的东西的习惯，要学会养成将民主视为个人生活的一种方式的习惯"（LW 14：228）。

罗蒂为什么拒斥杜威那最终将个人的自我实现与为了公众利益的公众行为等同起来——将自我的伦理学与他人的政治学捆在一起——的民主理

想？为什么他强调除了需要会"听任他们安静地测试他们私人的完美景象"的社会组织之外，自由社会中的个体不需要社会凝聚力将他们结合到一起？为什么他特别怀疑把追求个人完善和公众民主联合起来的哲学主张？

首先，罗蒂想从哲学的暴政中保护我们那弥足珍贵的消极自由。不管他那自我完善的理想多么稳靠，哲学家都不应该超越那些让他们过自己的生活所必需的东西，去规定不同的个体必须怎样过他们自己的私人生活。而且，这种理想也不应该被鼓吹为公众福利所必需的东西。将自我完善和公共利益联系起来的理论则正好推进这种主张。对罗蒂而言，即使强调自我完善要求积极参与公共民主进程，它也由于把一种特别的私人自我实现理想强加给我们的消极自由而亵渎了民主。

对杜威而言，消极的自由不是足以保证真正民主的自由。公共的民主关注必须和自我实现的理想融为一体。同罗蒂相反，杜威会进一步主张，如果狭窄地只顾自己、只关注私人事物，自我实现就无法充分完成：

> 通过忠于和他人的联系这一行为形成的这种自我，与在同他人的目的和需要隔离或敌对中培养的自我相比，是更为完满和广阔的自我。相反，那种由更广泛的兴趣产生的自我，可以说是单独构成了一个发展和完满的自我，而其他生活方式由于斩断了其成长所必要的联系，就阻碍和不能满足自我的发育。但是，如果给自我实现一个刻意目的，或许刚好会妨碍对那些为自我带来更广阔发展的联系的充分关注。（E 302）①

---

① 查尔斯·泰勒在他的著作中阐明了（没有提及杜威）一个十分相似的论证（见查尔斯·泰勒：《本真的伦理学》（剑桥：哈佛大学出版社 1991 年版）（Charles Taylor, *The Ethics of Authenticity*, Cambridge：Harvard University Press），强调认识具有不可避免的社会视域和对话过程，这种认识正是在独特的自我实现的概念中所预先假定的。然而，这种背景式的假设不会必然得出结论：公众行为生活和对他人的关心对自我实现要么是必需的；要么是最好的。阿兰·瑞恩（亦译阿兰·赖恩）（Alan Ryan）指出了泰勒那惊人的、但不被承认的杜威主义，尽管他重视的是不同的问题——与社会相联系的客观性问题。见阿兰·瑞恩《杜威和美国自由主义高潮》（纽约：诺顿出版社 1995 年版，第 361—362 页）（Alan Ryan, *John Dewey and the High Tide of American Liberalism*, New York：Norton）。

　　此处，这种争论似乎达到了一种平衡，其中理论选择或多或少地依赖审美判断：如果不卷入公共生活的话，自我实现真的足够丰富并可真正满足或实现自我吗？罗蒂又提出了另一个论点，反对将参与公共生活当作个人自我完善的一个本质部分：［参与公共生活］徒劳无益。当公众似乎是某种抽象、遥远和深奥的东西，以至于几乎无法赋予我们个人生活以丰富的、具体的内容时，我们如何根据公众对更多的民主及其他共同利益的需求来阐明我们对自我实现的追求？罗蒂认为，公众生活的实质是如此单薄、乏味和毫无特点，以至于无法为独特的成长提供足够个体资料。杜威相信公众政治可以培养更为宽大、广阔的自我，但对罗蒂而言，它仅提供不能令人刺激的商品、标准化的程式和官僚制度，尽管这对统治而言是必需的，但它不是亲密、有趣，通过它自我可发展并发出独特声音的特性。

　　我们可以再一次由冲突的观点和争论背后看到构成他们的不同的社会情形。在杜威写作的时代，社区生活对于个体来说更为充实和相关，像他那样的哲学家们在公共生活中扮演着更为活跃和显著的角色。① 在这种背景中，"完全的自我实现要求参与社会生活"这一思想显得更有意义。相反，罗蒂［所处］的当代美国不再对哲学家有公共要求。与其说我们被要求通过为社会服务去发展自我，不如说被隔绝在大学里，被迫（来自社会和同事的压力，包括终身职位和不同薪水这些体制结构上的压力）

---

　　① 要证明这个观点，一个人不必持有这样的幻想：杜威时代的生活是被哲学家所引导的完善的、完整的城邦生活（polis）。杜威自己就抱怨，他那个时代的技术、工业和经济的变化引起了社区生活的中断和分裂。人们只需承认，在后现代社会，这些社会性的解中心的、支离破碎的和不稳定的力量大大增强并益发解构了社会的统一。大卫·哈维（David Harvey）对福特主义的（Fordist）现代主义转变为后现代主义"灵活积累"经济的社会经济学叙述可使这一点清晰起来，见《后现代主义的条件》（牛津：布莱克威尔出版公司，1990年版）（*The Condition of Postmodernism*, Oxford：Blackwell）。也可见罗伯特·贝拉（Robert Bellah）及其他人关于渐进的社会腐蚀的说明，罗伯特·贝拉编，《心灵的习惯》（纽约：哈伯和罗出版公司，1985年版）（Robert Bellah et. Al. , *Habits of the Heart*, New York：Harper and Row）。更早的社会学研究肯定（一直到20世纪70年代）活跃的社区生活一直存在，虽然它被看作是越来越"支离破碎"、"分崩离析"、不连贯、难以和更广大的公众结构相结合，最终导致了"政治进程中公众信心和信任的衰落"。见莫利斯·詹诺维茨，《过去的半个世纪：美国的社会及政治变迁》（芝加哥：芝加哥大学出版社1978年版，特别是第9页，第22—23页，第271—319页）（Morris Janowitz, *The Last Half - century：Societal Change and Politics in America*, Chicago：University of Chicago Press）。

采取一种狭窄的、专业的自我实现模式，其生活轨迹不外乎为专业杂志写写稿，为大学出版社写写书。在这样的环境里，我们自然认为专业声望和私人愉悦就是——用实用主义的术语说——自我实现的全部。因此，如果杜威是一个"城邦"（polis）哲学家，那么罗蒂就是一个"校园"哲学家，后者也是当代美国社会唯一愿意拥有的那种哲学家。①

对于美国哲学遭到公众废止的责任，并不能仅仅由一股全球的（或许也是民主的）、已经破坏了知识分子权威的社会力量来承担。自 20 世纪 40 年代以来，受逻辑—语言分析这种意识形态的统治——一种杜威所警惕的和与之战斗的统治——的美国哲学，在将哲学从社会实践隔离出来的过程中也扮演了一个重要角色。通过用远离实际语言和社会问题的技术话语和元问题重构哲学，这种形式主义方法强化了分门别类的专业化。他们更加青睐"纯"哲学（那些更接近或更好地还原为严格的逻辑—语言分析的哲学）领域，并把其他哲学排斥为"应用"哲学。这种做法把政治和社会思想推到边缘（尽管不像医学伦理和商业伦理那么边缘）。

最后，所有真正的哲学问题（即使那些似乎同生活有着深入的、坚定的关系的问题）都被认为在本质上是语言的问题，都可以用逻辑—语言处理来解决或消解。② 有了这种基础性的前提，哲学几乎对具体的社会和政治问题完全无能为力，这些问题典型地体现了经验和标准的复杂性而不是纯粹的语言复杂性。这正好是罗蒂迫切要求的结论，也是他的自由主

----

①　因此，罗蒂如此尖锐地攻击校园哲学和文化政治，尽管是可以理解的，但也很有讽刺意味。我们将在下面考虑到他的批判。

②　我应该弄清楚，英美语言哲学的问题不在于它关心语言，当然，它还有深层的社会政治维度，而在于它过分的形式主义，以及对语言进行社会中立的分析。甚至最明显的例外，像奥斯汀、维特根斯坦，他们强调语言的重要的社会维度，都从未以福柯和布尔迪厄所提议的那种方式，对支配语言意义的实际的社会政治因素和斗争进行细致的经验研究。我关于这一点的论述，见理查德·舒斯特曼，《中产阶级以及盎格鲁美洲的哲学》，载《批评》，1995 年第 579/580 卷，第 595—609 页）（Richard Shusterman, "Bourdieu et la philosophie anglo - americaine", In Critique）；我对分析哲学的形式化和专业化压力更详细的讨论，见理查德·舒斯特曼：《分析美学》（牛津：布莱克威尔出版公司 1989 年版，第 1—19 页）（Richard Shusterman ed., Analytic Aesthetics, Oxford：Blackwell）。

义与杜威的自由主义明显分歧的地方。①

杜威认为，哲学应该成为社会—政治改革的中心，不是凭借为社会—政治变革推演出本体论的基础，而是凭借为其想象出最好的目的和手段。杜威责备当代哲学家"在产生指导观念上缺乏想象力"，他宣称哲学只有"用指导性假设的构造，而不是用对普遍存在的知识的总括性要求"才能证明它的价值（PC 11；QC 248）。在提出具体手段和目的时，哲学应该"考虑哪一个是切实可行的——它根据可行的东西来构造和定义它的观念，把科学结论作为一种工具来运用"（QC 227）。

相反，罗蒂承认哲学缺乏社会—政治效用。尽管他的实用主义和杜威的一样拒绝通过求助于本体论的本质和自然权利来授予权力，但他否认这一观念：哲学可以通过为社会授权提供有效手段得到补偿。罗蒂"不能发现在形成实现我们社会民主人士共有的目的手段上，哲学有多大的用处"。相反，他在构想我们个人的乌托邦景象上，在我们对自我实现的寻求中，在为我们提供可以占用、改造和超越的语言上，看到了"它的主要用途"。因此"哲学对于追求个人完善而不是对任何社会工作而言，变得更为重要了"（TT 569；CIS 94）。②

公众/个人和手段/目的

罗蒂的哲学私人化最通常被解释为不关注道德满足，被解释为试图证明我们自私地占有私人财富和自恋的自我实现是正当的。但是，这种指控

---

① 罗蒂在专业上是由哲学的逻辑语言转向形成的，所以他把语言当作唯一的、对自我实现至关重要的社会维度，这是不足为奇的。但即使在这里，他也成问题地把自我的语言分为公众用语和私人用语，授予私人语言和特异语言以特权，将他们视为对自我实现是根本性的东西，而将公众语言仅仅视为一种手段，为我们通过我们私人语言实现自己提供安全的环境。我对罗蒂分裂语言的工作以及他那更一般地脱离实际的自我文本化的批判，见《哲学实践》的第四章和第六章，亦见《实用主义美学》，第101—106页，第255—258页。

② 除了要求哲学提供具体手段之外，杜威还经常推荐它的普遍作用——通过它所蕴含的"智慧"和"经验方法"引导社会变革。但是这些观念过于模糊而不能有任何助益，而罗蒂在对他们的忽略中，通过更忠于实用主义的精神——避免空洞的"名义上的解决"，可以说是更厚道地解读了杜威。

似乎是毫无助益的简单化，尤其是他经常批判我们社会的自私和贪婪。①
一个更有效的批评应该去论证：罗蒂之所以否认哲学对政治的贡献，是因
为他对这种贡献应该是什么怀有过分的期望。他一定知道，哲学家有时被
咨询到一些公共事务，他们还培养了一代代的社会公仆。但是，对于罗蒂
与众不同的自我实现方案而言，这显然是不够的，这种方案似乎站在政治
最前沿，要求对社会目的有新的远见卓识，要么至少要求实现我们社会业
已分享的那些目标的新方法。他相当理智，并不期望这种革新的贡献能从
专业哲学家当中产生。但是，他假设有意义的政治必须要担负这种宏大的
创新形式，这就不是那么理智了。罗蒂的观点——公众生活的选择简直太
缺乏刺激，以至于不能为自我实现提供有意义的内容——遭受着同一种过
分期望之苦，把有意义的自我实现等同于彻底的革新和与众不同。

　　为罗蒂的哲学私人化辩护的最好方式就是证明：通过将哲学由公共问
题指向私人完善，我们更有效地重新将哲学由手段指向了目的。对罗蒂而
言，对杜威也一样，只有在个体经验中，使生活值得去过的目的或顶点才
能实现。因此，自由的民主政治及其公共制度自身不是目的而是手段，它
为个体提供自由和本钱来享受他们所选择的目的，并以他们自己首选的方
式将实现自身作为目的。如果哲学可以直接通过提供自我创造的语言和范
本为这些目的服务，那它干吗必须用关心公共手段来间接地为其服务呢？

　　我们还记得，杜威的回答是，民主生活的公共手段是自我实现目的的
一个内在部分。这种回答部分基于完满和统一的美学基础。个人的愉悦对
于完满而言尚不够丰富。"分享经验是人类的最高美德"（EN 157）；而公
民生活则为自我完善贡献了不可缺少的满足和维度。而且，由于自我是由
其周围社会形成的，因此杜威式的自我统一或"完整人格的完满"目标
就要求整合公共生活和个人生活，而不是罗蒂式的割裂。

　　但是除了这些美学上的考虑外，杜威拒绝将个人完善的目的从公众参
与的手段中分离出来，还涉及他对工具/手段区分的独具特色的整体观。
真正的手段不只是目的所必需的外部条件，更确切地说是构成其整体所必
需的部分，正如色彩和线条作为一幅画的手段，也构成这幅画的目的的一
部分。杜威认为目的和手段之间传统的明显的区分，与理论和实践的区分

---

① 例如，见 SH 和 IP，在注释 1 中的引用。

是有关的，他们二者都源于雅典的阶级等级制度：将手段和实践等同于低等的劳动阶级，目的和理论则被赋予有条件享受手段的悠闲的精英分子。由于实用主义反对优先将理论从实践中分离出来，也就应该反对把目的从手段中进而把个人从公众中分离出来。①

罗蒂出于个人目的对哲学的关注，似乎刚好是特许这种区分策略，尽管它凭借对哲学的旧形而上学主张的揭露披上了让人放松警惕的伪装。杜威极力主张，如果我们真的关注目的，就必须同样关注导致目的的手段；因此，"从手段中分离的目的"和从公共行为中分离的个人完善只是有闲精英分子"多愁善感的放纵"。"它是一种只对那些已处于有利地位之人有吸引力的学说"（QC 223；E 202）。

罗蒂可以用那种对"多愁善感的怀旧"的指控，来回答这种对"多愁善感的放纵"的指控。并不是公共手段不如个人目的重要；相反，实际说来，是今天的哲学在改善这种手段上无所作为，却在实现私人目的上大有作为。因此，从实用的角度来说，将哲学这块好钢用在刀刃上会更合情理。② 作为后现代的、后苏联世界的公众哲学家，"我们不太清楚自己怎样才会有用"，因为我们既不能将资产阶级的自由民主建立在哲学基础上，也不能具体地设想任何更好的选择办法（SH 13）。作为这个变幻莫测的复杂社会中处于边缘的知识分子，我们哲学家完全缺乏变革公共生活和促进团结的实际手段，因此，对于将理论从实践中分离出来、将目的从手段中分离出来而言，为这种变革建构模糊的理论就是个更大的罪过。

---

① 逗留于社区的宗教情感，即那种通过杜威和公理教会的长期联系而深深影响杜威的宗教情感，或许可以从另一个角度解释杜威对社会所承担的责任以及对个人完善和社会完善的融合：就好像拯救个体灵魂要依赖于加强信徒所在社会的纯洁性一样。对杜威民主观点中的宗教方面的最仔细的关注，见洛克菲勒：《约翰·杜威：宗教信仰和民主人道主义》（纽约：哥伦比亚大学出版社 1991 年版）（Steven C. Rockefeller, *John Dewey: Religious Faith and Democratic Humanism*, New York: Columbia University Press）。也见詹姆士·克罗潘伯格：《未定的胜利：1870—1920 年间欧洲思想中的社会民主和进步主义》（纽约：牛津大学出版社 1986 年版）（James Kloppenberg, *Uncertain Victory: Social Democracy and Progressivism in European Thought*, 1870—1920, New York: Oxford University Press）。

② 杜威在批判伊壁鸠鲁主义为从通过改进社会来改进自身的更艰苦的奋斗中那种特许的自私撤退时，预见到了罗蒂这种个人主义的反应。"这是一种社会条件困难和苛刻时始终兴盛的学说，尽管可能顶着其他名号如伊壁鸠鲁主义，以便它所培育的人们趋向于后退，将他们自己投身于知识和审美的精致中去"（E 202）。

或许杜威的时代多少有点不同。但是，如果认为我们多元化的、后现代的、自由的社会将留意，我们从哲学上迫切要求一个紧密联系的社会公众领域，一个由共享的目的和价值维系的优秀的"旧日社会（*Gemein-schaft*）"（ORT 209），那就是沉浸于对传奇时代的怀旧幻想之中，那时的哲学家自诩可以"编排城邦的和声"。对罗蒂而言，这种"社会和公众的觉醒［以及与之相伴的公众哲学的觉醒］，就是我们为个体和私人的精神自由所付的代价"（ORT 194）。① 它不仅是值得付出的代价，而且它已经付出过了，不会有任何归还。

文化政治学

杜威向自由哲学家提供了一种民主生活的景象，在那里，人们作为自由的与众不同的个体，通过服务于他们对自由主义的社会性寻求，可以实现自己；在那里，私人完善与社会行为融为一体，并且社会行为使私人完善更加丰富；在那里，哲学训练为公共改革作贡献，而不只是对私人发展作贡献。要放弃这个自由主义乌托邦，放弃它在杜威的格言——民主是"社区生活自身的观念"——基础上对自我和社会、自由和一致的充分整合是非常困难的（PP 328）。放弃这种景象，对于我们这代左派知识分子而言尤其艰难。因为，为社会—政治改革而参与这样的公共行为（无论是校园中的静坐示威、全国游行抗议，还是社会上有意识的留宿音乐节），我们作为能够进行与众不同的自我实现的自由个体，这正好是给予我们真正身份的东西。这种公共的政治行为，就是我们如何将自己由顺从的孩子转化为自由的成人，由全神贯注于父母指定教科书的、孤独的读者和电视观众，转化为热衷于创造我们自己与众不同的文化和生活模式——其中之一就是社区——的集体激进主义分子。

尽管杜威的自由主义理想让我们难以舍弃，罗蒂所描述的当代现实同样令我们难以拒绝。后现代美国社会完全不能建构那种紧密整合的公众、分享关怀的社区，而杜威的个人—公众自我实现的民主理想正建立在这种

---

① 具有讽刺意味的是，在罗蒂的文本中，这则引用标明了"对于杜威来说"，等。

社区的基础上。① 但是，即使罗蒂放弃对一种哲学上有启示的、杜威式的"伟大社会"的希望是正确的，那么他得出结论认为我们理论家能够希望从哲学中得到的全部只是私人愉悦，却是错误的。罗蒂的逻辑错误是：作为一种真正社区的那种公众的丧失，除了给我们留下私人性之外别无所有。在伟大的社区和私人的个体之间也存在较小一点的社会或公众观念。他们小到足够成为人与人之间有意义联系的真正社区，又强大得足可以把个体与更广阔的社会连接起来，并向个体提供一个能演示和增进他自由的真正舞台。

　　大学社区就建构了这样的公众，而且关注机会均等行动和课程中的文化多元主义已成为具体政治改革的中心。② 而且，这种课程改革经常在哲学上被对教规谱系性批判、对边缘和差异的中心性的解构性论证以及对固定的绝对价值的实用主义批判所激发。很容易看到，60年代的激进的学生行为第一主义，经过二十年的政治挫败，以及对在更为核心的政治领域中实质性改革不断增长的失望，能量已转向了文化和教育政治。

　　罗蒂敏锐地谴责我们是"终身职位的激进分子"，合并文化政治与真正政治，用享有特权的校园居民的问题代替穷人和无家可归者的问题。他斥责道，我们假装大学里的文化改革"最后将以某种方式与真正左派政治问题的解决结合起来"，他将这种左派政治问题曲解为通过"重新调整贫富之间的权力均衡""主动减少不幸，战胜不公"（IP 488—89；SH 7）。他猛烈抨击我们对文化政治的关注，因为通过我们课外的政治体制，它暗

---

　　① 杜威自己已经在1927年承认，作为一个实质的、和谐的社区的"公众的衰落"。他将这种损失归咎于工业、经济、管理力量的分裂作用，他们强加了社会组织这个新的非人的形式，这种形式对我们复杂而巨大的技术"大社会"（Great Society）是必需的。但是，他认为在"寻找大社会能够变为大社区（Great Community）的条件"时，哲学可以扮演一个至关重要的角色，他强调一个必要条件就是"地方社区生活"的复兴（第327页，第370页），我将在下面讨论这种选择。

　　② 女权主义社会是另一个部分一致的公众。确实，罗蒂赞扬它进步的理论和政治，他甚至认为实用主义哲学对它而言是"有用的"（见罗蒂《女性主义和实用主义》，载《密歇根季评》，1991年春，第247—250页）。然而，他却相反要诋毁文化政治方案，尽管女权主义显然是其中一种形式，其原因我将在下面探讨。他对女权主义理论和文化政治的鼓吹（甚至中肯地承认建构独立的女权文化的价值）让我想到，罗蒂诋毁文化政治并不是真正针对这一方案本身，他针对的或许是它最有优势的和最彻底的学术形式的消极极端，一种结合了马克思主义和后结构主义主题的形式。

示进而促进了对改革行为的彻底失望，因为它由于无可救药的腐败而拒斥自由的民主制度。

但是，这种推论，就像论证"集中关注地方大学校队，必然意味着美国国家足球联盟是无法挽回的、必然失败的，因而必须被解散"那样愚蠢得令我们震惊。而且，正如否认大学（或高中）比赛是真正的橄榄球比赛会显得很奇怪一样，论证这样的问题——由于文化压迫和种族主义问题在大学校园不如在犹太社区那样尖锐，他们就配不上"真正的"这个尊贵术语——同样也显得非常奇怪。最后，对罗蒂而言，用贫与富这种狭隘的经济术语来描述政治上的不幸和不公，似乎有点儿过分简单化了（尽管是典型美国式的）。富有的德国犹太人不可能买到雅利安人的解放。

我们文化行动第一主义分子和罗蒂一样，知道在巴纳德同性恋的女权主义者问题和哈莱姆黑人区无家可归的、精神失常的吸毒者的问题之间的差异，正如我们知道，我们的校园改革没有为解决更痛苦的、更为紧迫的经济问题——罗蒂将其等同为真正的政治问题——提供实质性的帮助。但是，就算承认这一点，我们仍然可以断定罗蒂所否认的东西"文化的，尤其是学院的政治，是同真正的政治相连的"，并且它应该被朝气蓬勃地追求。（SH 20）因为大学政治关系到穷人的入学和奖学金、雇佣的机会均等以及接受助长压迫的国家和公司的投资，这很难和罗蒂所称赞的真正政治分开。

那么，为什么罗蒂要拼命否认这一点，尤其是在连续性对于实用主义拒斥本质主义的二分显得如此重要的时候？显然，他是在担心文化政治的全盘主张，以及那种精英主义的、囿于门户之见的、消极的方法。罗蒂认为这种政治"要求我们社会的通盘改革"，而且它努力通过揭露意识形态和文化越界来达到这一目的，他们通过文学理论专家解构文本的工具发生影响，后者掌握了保罗·德曼（Paul De Man）称之为"文学性的语言学"的东西（IP 487）。正如罗蒂所轻蔑地认为的那样，这种策略"颠覆学生的父母，迟早会有助于颠覆不公平的制度"（SH 20）。

但是，罗蒂对文化政治忧心忡忡的批评停留在合并这一种类的两种完全不同的变种上——可以将他们称之为后结构主义的马克思主义与后现代主义的实用主义，二者都认为文化政治是我们人文学科教授当前可为民主所做的最好之事。马克思主义者主张，整个自由主义的社会—政治体系是如此无可挽回地腐败，以至于一切已确定的民主改革手段甚至普通语言的运用，都已经受到了资产阶级意识形态的污染。对于左派教员来说，只能通过使用一种资产阶级压迫者和被洗脑的受压迫者都不能理解的语言，越界分析文化文本、进行反对自由主义的意识形态的写作和教育，来实现学术上的颠覆。这种颠覆应该是可行的，不仅因为它在道德上拒当同谋，而且，它有可能为努力彻底瓦解自由主义增添一份历史力量。

另一方面，实用主义者拒斥这种意识形态体系和语言的整体化理论以及伴随它的全盘革命梦想。对于大学和文化政治应该被用来提高民主程度的想法，他们不为其提供异想天开的理论基础；他们只是提供这种切合实际的观点：[大学和文化政治] 是我们人文学科的教授拥有最多知识和最大权力的领域（和后现代主义者一样，这些实用主义者欣赏局部地、逐件地行事，正如他们怀疑通过一个彻底的他者乌托邦所进行的总体化批判一样）。

对于这种实用主义者来说，文化政治不是一个摒弃自由民主制度的借口，反而刚好为我们提供一个可从内部去实践它和提高它的领域。它为实质性参与民主行动和改革提供了一个更熟悉、更易管理的舞台，一个更好控制和更为一目了然的领域，在那里，我们可以用具体的方案进行实验，并更好地检测他们的效果。在这个舞台上，我们的政治行为立即就是切实的并常常也是有效的，因此对从事、关心政治行为的习惯提供了积极的巩固。这些习惯如果得到充分发展和巩固，就可以给我们坚定的政治部署和自信的实际知识，对于我们将自己成功地投入更宽阔的、更可怕的、罗蒂指明为真正的政治领域而言，他们是必需的。如果我们已经准备好应对这个世界、准备好去帮助无家可归者，而不是从文化上藐视，这可能会更好。但是，用这一点去谴责我们对改善本地学院社区（和我们的公众自我）的努力，那就是使"美德"的敌人变得"更好"，就是忽略民主习惯的连续性。

当然，这些习惯和本地社区的主题是杜威自由主义的中心，他坚持"民主必须从家中开始，而家就是睦邻友好的社区"。因为只有这种"面对面的社区"才能提供"靠近和直接交往的活力和深度"，通过这种交往，我们可以学会把彼此尊为独特的个体，去关心我们相互的福利，也关心我们私人的福利（PP 368）。① 对于我们人文学者来说，由于市场的压力，我们被迫成为流浪学者，大学就经常是我们唯一的本地社区，而文化就是我们的栖身之地。这是一个试验我们自由民主之优点的好地方，也是沟通罗蒂和杜威差异的最好路径：通过使我们成为更好的、更为活跃的公众自我，享受人道关怀——由我们的哲学希望和信念激发的公共行为——的最高成就来运用文化政治，去增进我们的个人完善。

----

① 正如罗蒂在《爱与金钱》（载《常识杂志》，1992 年，第 12—17 页）一文中主张的那样，如果没有真正的接触，对很容易变得残酷的人而言，穷人就会变成 "难以想象的" 抽象，因为（用莱维纳斯 [Levinas] 的话说）"我们看不到他们的脸"。正如罗蒂所认为的那样，自我欺骗的、自恋的校园文化政治家可以学习怎样进步，从关怀我们有时类似于无形的学生，到关怀更难以想象的、看不见的民众。

新老实用主义:杜威还是罗蒂?

拉里·希克曼(Larry A. Hickman)著　林航译

我们可以列举出形形色色的实用主义:

古典实用主义——皮尔士(Peirce)、詹姆士(James)、杜威、米德(Mead)、席勒(Schiller)。

弱化的实用主义——蒯因(Quine)——只使用了一小部分实用主义的火药来对抗实证主义者。杜威和蒯因之间的对比在此处是有启发性的。

新实用主义——罗蒂——强调偶然性、反讽和协同性。

文学的实用主义——伊莱斯·甘恩(Giles Gunn)、理查·波尔里埃尔(Richard Poirier)——关注他者和文学修辞格的位置和功能。

我只能称作"呆滞的实用主义"之代表人物——斯坦利·费希(Stanley Fish)。

法律的实用主义——理查德·波斯纳(Richard Posner)——见《迪克施泰因的梅南》第366页:"一个实用主义的法官会通过各种方法来实现最好的结果,而实质上他(她)早已做出决定。"

技术哲学中的实用主义——安德鲁·莱特(Andrew Light)——例如复原生态学——还有鲍尔·汤姆逊在有关生物技术伦理学方面的工作,就像对食品生产方面做的一样。

建立在古典实用主义核心理论上的决定性发展——例如米歇尔·埃尔德里奇(Michael Eldridge)和朱迪斯·格林(Judith Green)以及查伦·哈多克·塞格弗里德(Charlene Haddock Seigfried)关于共同体和民主的理论。

人们可以看到许多这样的实用主义——以及一些其他形式的——它们可以在莫里斯·迪克斯坦的《实用主义的复兴》(*The Revival of Pragma-*

tism）文集中找到（杜克大学出版社，1998 年版）。

当然，还有一些虚构的实用主义，如细碎的实用主义，由帕特里克·迪金斯等学者提出的讽刺式实用主义（他们看上去都热衷于谈论基础），还有《天主教百科全书》1914 年版的关于实用主义词条的作者，他把实用主义看作是个人主义的、唯名论的、唯心论的、无政府主义的和"造成哲学和神学之间关系的混乱，以及——更为糟糕的——造成哲学和宗教之间混乱"的根源。

这确实是一幅相当大的图景，它实在太大了，在本书的篇幅中，我所能做的就是把旧实用主义——"杜威的古典实用主义"（the classical prag-matism of Dewey）——和新实用主义——"罗蒂的新实用主义"（the neo-pragmatism of Rorty）作一个比较。我仅把关注焦点放在杜威和罗蒂著作中提到的一些概念上——在这些概念上他们各自的看法产生了分歧。特别地，对于那些有益于把握我们日益发展的技术文明中的问题与前景之人，我将指出，古典实用主义似乎较一些当前流行的新实用主义表现出了明显的优点。举个例子，约翰·杜威提出的工具主义的实用主义突出了艺术和科学技术在社会重建中的不同作用，而罗蒂的新实用主义则往往在下面两种态度之间摇摆不定：一方面模糊这种区别；另一方面则把科学技术描述成仅是文学艺术中的一种。不仅如此，尽管杜威的实用主义版本强调了他所谓的"直指性方法"之应用所取得结果的客观性，但新实用主义的一些版本，还是倾向于否认打破个人的和文化的偏好的相对主义之可能性。它们进而试图把希望当作最好可取结果的简易体系，用这种重新建构去取代古典实用主义的行为实验分析和复杂程序。

我从简单描述我所认为的后现代主义者对现代主义者的反抗的核心特征开始，其中专门强调了一些因素，这些因素或者是罗蒂有意加入其新实用主义的，或者是由于错误使用而存在于他的框架中的。接着，我将指出，如果我们把罗蒂的新实用主义和古典实用主义的文本作一比较，我们就会发现，在几个领域中它们并不能很好匹配。沿着此线索，我将指出杜威的实用主义思想能很好地持续到 2006 年，也就是他去世 50 多年后的今天的一些原因。

到目前为止，理查德·罗蒂的著作很显然对 20 世纪晚期哲学产生了极大的影响。对于本文目的来说，关于其著作的两个事实占据着很高的地位。第一个事实是，罗蒂个人的努力在唤起人们对查尔斯·皮尔士、威廉姆·詹姆士、约翰·杜威和乔治·米德的古典实用主义的关注中起到了至关重要的作用。罗蒂 1979 年向美国哲学学会东部分会作的题为《实用主义、相对主义和反理性主义》的会长致词，当时被认为是对主流盎格鲁撒克逊哲学领域的一次显著冲击。在今天，它被看成是具有分水岭意义的事件，或用一个更好的比喻来说，它就像一个清理手术，扫除了主流哲学讨论被杜威称为"匹夫匹妇问题"的一些障碍。自从新的一代哲学家们开始把注意力转移到通常所谓"应用"的东西上时，美国实用主义的复苏就可能发生于任何事件上。但可以相当肯定地说，是罗蒂的努力，为实用主义达到今天这种状况扫清了道路。

第二个显著事实是，正是罗蒂建构一种别具风格的实用主义——即新实用主义——的企图，将古典实用主义的各个部分，与当代（主要是法国）后现代主义哲学所表现出的一些论题整合在一起。

罗蒂并不羞于承认这样一种情境：事实上，他已经广泛涉及古典实用主义和后现代主义思想之间的关系。一般而言，可以公道地说，罗蒂把古典实用主义看作已经预见到一些继续让后现代主义思想大伤脑筋的问题，而且古典实用主义也已经对这些问题提供了有效的答案。例如，他在1982 年写道："詹姆士和杜威不仅站在分析哲学所走的辩证路线之尽头，而且亦等在福柯和德勒兹那些人目前行走路途的尽头。"[1] 隔了几百页，他对这个论题进行了详细的说明："我们应该看见，杜威已经走过了福柯正在走的道路，已经到达了福柯依然在试图到达的顶峰。在这个顶峰上，我们能够使得哲学的和历史的（系谱学的）反思有益于那些——用福柯的话来说——'在权力网络的精致的网眼上战斗'的人们。"[2]

对于细心的读者来说，上面段落可能会引出如下的问题：在罗蒂的思想里，既是值得追求的，但又未在詹姆士和杜威的古典实用主义中找到的后现代主义究竟是什么？对这个问题恰如其分的回答需要迂回至现代主义和后现代思想的一些要点，以进行简明扼要的说明。

---

① 罗蒂：《偶然、反讽与协同》（剑桥：剑桥大学出版社 1998 年版，第 xvii 页）（Richard Rorty, *Contingency, Irony, and Solidarity*, Cambridge：Cambridge University Press）。

② 同上，第 207 页。

历史学家詹姆士·利文斯顿（James Livingston）在这个方面提供了一系列特别有用的先例，所以我将用较多篇幅引用其观点。在利文斯顿看来，詹姆士和杜威的实用主义认可了一种"看似敏感又令人厌恶，既必然却又不可能的"人性①。在利文斯顿的刻画中，古典实用主义的开创者在如下意义上已然是后现代主义者了：

> 他们不相信思想和事物呈现不同的本体论秩序，他们不承认一个外在的或自然的客体、物自体的领域，这种领域的最终意义不受思想或心灵或意识的影响，或根本上与之毫不关联。相应地，他们逃避了围绕着现代主体性建立起来的意义结构，后者预设了自我的分离或此物化客体领域的认知差距。尤其是，这些理论者无需陷入由现代主体性所操纵的两个认识论极端中：即浪漫主义——典型地崇仰"有机的"或"主体的"内在自我，反对构成外在存在的"机械的"或"客观的"环境——和实证主义——典型地宣扬外在的像客体领域那样的东西的密度的增加以及人类对自然的统治的进步证据的增加。②

为什么这样的情形会看起来像是"看似既敏感又令人厌恶，既必然却又不可能"的呢？简单地说，古典实用主义者们能够重申心灵与事物、事实与价值、以及（甚至更为重要的）过去和当下之间的已经在现代主义者的思想中遭到割裂的连续性，甚至还能保持和发展技术科学的实证观点。对于古典实用主义者争论说，未来的可能性可以从过往事件中被预估出来，这些方法超越或者说抵制于单纯对过去或现今做出选择所进行的批判。古典实用主义者因而将一种浓厚的社会行为主义道德引入人类事件的过程中，它因此是一种浓厚的、基于试验方法的社会和政治参与，它拒绝传统的事实及价值分裂，并因此与现代主义模式里面起作用的道德格格不入。

---

① 詹姆士·利文斯顿：《实用主义与1850—1940年间文化革命的政治经济学》（教堂山：北卡罗莱纳大学出版社1997年版，第214页）（James Livingston, *Pragmatism and the Political Economy of Cultural Revolution*, 1850—1940, Chapel Hill: The University of North Carolina Press）。

② 同上。

　　尽管古典实用主义可被合法地称作"后现代主义",① 然而,它并没有像这个术语眼下所包含的那样,接受了相对主义的激进形式,诸如"判断的"或"认知的"相对主义。从古典实用主义的立场来看,现代主义的模式在提供其自身所做之事的哲学基础时,就困于一个实证主义视域中,这个视域是被物理学家和其他人的偶像化的尝试所造就的。因此,作为实证主义的一种激进形式,现代主义或者以直线的工具主义,或者以基于超验的非认知的还原方式来对待大多文化和道德生活。另一方面,从古典实用主义者的观点看来,那些所谓的后现代主义思想家的解释已经反转了此模式,他们在对待已被证实的物理科学的时候,就像表达一个文学上描述与重新描述的无限自反关系,永远是话语的飞扬,而没有固定的行为指向关系的可能性。

　　在这个后现在代主义的模式中,文化和道德生活也被相对化和碎片化,就像一个后现代主义作家对此所言的:"所有判断的真正价值都相对于某个特定立场而言(或者是各种各样的,随着理论构架、概念主题、视角或观点而得到指称),没有任何立场相对于其他立场来说是独一无二的或具有压倒性的特权。"②

　　当然,在某种意义上,这种说法有其微小的正确性。公认的绝对性都是相对于特定事情而言的。然而在更重要的意义上,若说这个说法非常正确就将非常幼稚,因为适切性仅仅与作者特定的立场、理论框架、概念主题、视角或观点有关。而且,在一个仍然是重要的意义上,如果我们接受古典实用主义者所推进的实验自然主义和社会行为主义类型的话,这种说法就是错误的。一个原因是,它把相对主义提升到了一种绝对的高度。另一方面的原因是,它的错误可以被我们在自然科学中找到的反面例子体现出来。杜威本人也用了这样的例子。例如,在一个标准大气压下,纯锡会在232℃熔化,这在杜威的"有根据的断言"中是正确的。并且,除非确证的确定性中有错误的成分,否则,它不受制于无休止的"再描述"。不论在波士顿、北京、布达佩斯还是巴格达来做这样的试验,它们都是真

---

　　① 也可以说实用主义是"后—后现代主义",也就是它使许多烦扰后现代主义的问题得到落实。

　　② 埃姆里斯:《相对主义和自主性》(《哲学论坛》第 27 辑,第二篇,1996 年冬,第 127—145 页)(Emrys Westacott, "*Relativism and Autonomy,*" *The Philosophical Forum*)。

实的。

往前说，在 19 世纪的后几十年和 20 世纪的前几十年，也就是远在"后现代"这个术语被创立之前，古典实用主义就可以被定义为一种后现代主义。古典实用主义被定义为后现代主义，在某种程度上是因为它反驳了曾经激活的现代主义思想的各种二元论。只要我们再去拜读皮尔士分别于 1877 年和 1878 年发表的论文《信念的确定》和《怎样使我们的观念清晰》，我们就可以感受到，古典实用主义者在批评笛卡儿的现代主义的时候是如何冷酷无情了。

与现代主义不同，古典实用主义促进了人类的情境性和强调客观性的参与性，这种客观性来自对正在进行的有关案例事实的责任感。然而，或许更为重要的是，古典主义更强调行为能被改变的真正可能性，而且那种行为的改变既能在个人又能在成为制度的习惯中表现出来。

从某种不同的方式来说表达这个问题，在下述意义上，古典实用主义是后现代的：

它反对笛卡儿以及其他类型的哲学所做的为知识提供最终基础的尝试，而代之以一种知识获得观，这种知识的获得观将时空上有差异的行动平台加以建构与重建，以建设成未来的平台，并将这种方式无限延续下去。

它反对知识的旁观者理论。在知识的旁观者理论看来，真知是由一个外在事实的精确的内在表现所构成的，而代之以选择一个知识获得的视角观，这种视角观强调目前与扩展民主参与和文化差异的欣赏的尝试相关的论题，或如杜威说的"相关联的生存"。

它反对知识或其中的规范来源自外在于经验的位置的见解。换句话说，超自然主义的神学和多种形式的柏拉图主义的超验的解释以及依靠一个超验式自我的对知识获得的康德式的解释，都被否定了，而让位于一种工具主义者的解释。根据这种工具主义者的见解，像其他类型的工具一样，随着问题被遭遇到、被明晰和被解决，标准在经验过程中发展出来。

它反对人类获得知识的活动能够达到绝对的确定性，而代以可错主义的见解。根据可错主义，起作用的假设、单凭经验的方法和甚至得到很好证明了的工具，是接受在适当情况下的修正的。而且，它拒绝了"宏大叙事"的可能性，代之以情境化的、语境化的点滴汇聚性的改良主义尝试。

因而，现代思想的中心问题在古典实用主义文本中得到了彻底的改造。杜威所称的"确定性的追求"——它最终基于对似乎一直是现代思想的主旋律的怀疑主义的着迷——因为没有生产性而遭到否定。人们很自信地认为，实用主义的问题解决的方法——这种方法在自然科学领域已经享受到了最壮观的成功——也是获得知识的最有效方法。

现代主义者的主体性也得到了重新演绎。古典实用主义的自我也不再被作为一个自我包含的思想实体——诸如超越性的自我——而与外在世界对象以及（也可能是）其他思想实体孤立开来。古典实用主义是一个冲动、能力、习惯与行为的有机联合体，它深深根植于人类机体的自然历史中，并依赖其成长和发展的复杂的社会环境。然而，古典实用主义的自我并不是如一些后现代主义者所认为的那么非中心化，以至于难以被人们所捉摸。

至此，我一直试图表明古典实用主义怎样自19世纪70年代以来就拒斥着现代哲学的中心诉求。但它不是简单的、毫无结果的抵抗，不是在"体系"面前虚晃几下拳头。古典实用主义以另一种实证的、细节化和连贯的可能，去代替现代主义的方针。

如果古典实用主义在定义上是后现代主义者，如果我在先前段落中指出的那种方式对其特征的描述是真实的话，那么古典实用主义就能够得到"后现代主义"这一名称的优先权。但为了清晰起见，我要将近来的后现代主义称为"公认的后现代主义"（official postmodernism）。罗蒂为了创立其"新实用主义"而把古典实用主义的各种思想与这种（主要是法国的）后现代主义糅合起来。这种后现代主义是什么呢？我将从两个方向思考此问题，尽管还有其他的与当前的讨论相关的方向。

首先，罗蒂的新实用主义与公认的后现代主义一起分享了对艺术和科学之间关系的现代主义描述的颠覆。现代主义在数量和质量之间，更偏好于数量，它因而往往把艺术视为逊于或服从于科学。一直到20世纪中期，此现象依然还很明显，它见证了逻辑实证主义的最后挣扎。

但现在现代主义者/实证主义者好像遭到了公认的后现代主义的忽视。可能没有比物理学家艾伦·索卡尔（Alan Sokal）的恶作剧更明显的了。

索卡尔于 1966 年向一家很有影响的文化研究杂志《社会文本》（*Social Text*）投递了一篇论文。他在那篇文章里争辩说，"物理的实在"只不过是社会的建构，自然科学（包括数学）的对象都是文化决定的。这篇以公认的后现代主义的文本的模仿风格写成的论文被接受并被发表了。当索卡尔揭露他的恶作剧的时候，这家期刊的编辑和一些受众非常愤慨。作为回应，索卡尔出版了一本书，在其中，他扩展了对他在一些很有影响的公认的后现代主义者文章中发现的假科学的批评。① 雅克·拉康、朱丽叶·克利斯蒂娃、露丝·艾瑞卡锐、葛里斯·德洛兹和让·波德莱尔都在他的攻击目标之列。一个书评家曾试图评估它的损害："但是这里的罪行指的是什么？好像这些法国理论家都成了诈骗犯。他们并不痛恨科学；他们非常爱它，并且努力给自己披上科学的外套。"②

我将会给出不同的解释。在考察了索卡尔为支持这件事提呈的文本之后，我想指出的是，它们表达了一个镜像或实证主义的颠覆，即技术科学对艺术的主观方面的浪漫包容，一种将技术科学的定量、指称性的特征列入自反和定性话语的尝试。在这些文本中，技术科学先是被排斥，尔后被召唤来服务于高级的文学风格的需要。

公平地说，应该引起注意的是罗蒂本人并未走到人们在公认的后现代主义的某些文本中所能发现的极端。但是，我相信他在很大程度上不得不受到这些后现代主义者的引导。比如，罗蒂将杜威解释为努力"去除"艺术、技术科学和哲学之间的差别，并代之以"一个含糊且有争议的智力概念"③。但是，正像我在其他地方指出的那样，罗蒂也似乎认为技术科学正在失势于时代，而只有诗人才处于优势地位。关于哲学，罗蒂指出要"避免把哲学当成带有'核心问题'或'社会功能'的

---

① 艾伦·索卡尔、简·布瑞克门德：《时髦的荒诞：后现代知识分子对科学的滥用》（纽约：皮卡德美国出版社 1998 年版）（Alan Sokal and Jean Bricmont, *Fashionable Nonsense*：*Postmodern Intellectuals′ Abuse of Science*, New York：Picador USA）。

② 吉姆·豪特：《时髦的荒诞》（《纽约时报书评》，1998 年 11 月，第 8 页）（Jim Holt, "*Fashionable Nonsense*," *New York Times Book Review*）。

③ 希克曼：《技术文化的哲学工具》（布卢明屯：印第安纳大学出版社 2001 年版，第 88 页）（Larry Hickman, *Philosophical Tools for Technological Culture*, Bloomington：Indiana University Press）。

'学科'"①。毕竟，诗人才是"刷新事物之人"②。

但是，杜威当然不是试图抹掉艺术与科学之间的区别。在这个问题上，杜威是非常清醒的。在这个意义上，古典实用主义既不赞成实证主义者的模式，也不赞成后现代主义者对标准的颠覆。对于杜威来说，艺术的工作就是表达意义，而科学的任务则是陈述意义。具体来说，这意味着杜威已经意识到，人类解决问题的历史已经为解决那些尚待处理的情境至少发展出两类具有互补性的路径。杜威争辩说，不是要给艺术或科学赋予特权，提供需要解决的情境的方法不仅是彼此对立的，也不仅是彼此合作的，而是取决于其相对于需要解决问题本性来说的可用性比率。例如，在关于技术科学的公然陈述受制于报刊检查制度或不被重视的地方，艺术极有可能推动社会的变革。当然，从理想的状态来说，艺术和科学应当像伙伴关系那样去起作用。

其次，就哲学作为社会干预和变革的工具作用而言，杜威的古典实用主义和罗蒂的新实用主义之间的理想匹配仍然不多。罗蒂在《成就我们的国家：20 世纪美国的左翼思想》（*Achieving Our Country*）中提出了总体性建议——有关自由派能够而且应该是更加爱国的、较少地倾向于理论的无节制，以及在作为非专家的私人公民的角色中更具想象力的改良主义方面，除此之外，罗蒂的工作，与杜威的由具有资深身份的哲学家所承担的实验性工作的承诺，具有极少的相似性。

当涉及到两位哲学家各自关于话语在社会和政治改良中的作用的解释时，这种情境表现得更为明显。杜威认为话语是一个他所谓"直指的"复杂方法中一个非常重要的阶段，罗蒂关于话语的见解非常类似于哈贝马斯的观点：杜威的"直指的方法"的实验性向度的讨论被深深地埋藏于有关话语和交往行为的讨论中。

然而，这一总体估价不应被视为是一种模糊事实的企图。实际上，罗蒂关于社会和政治问题的见解似乎在过去二十多年的发展历程中已然发生了变化。

---

① 希克曼：《技术文化的哲学工具》（布卢明屯：印第安纳大学出版社 2001 年版，第 89 页）。

② 同上，第 88 页。

例如，大约在 1985 年，作为对其工作的回应，拉尔夫·斯里帕（Ralph Sleeper）对罗蒂的"无根基的社会希望"的观点做出了严厉批评：

> 罗蒂告诉大家，我们保留了"无根基的社会希望"和一种能提供给我们偶尔启迪以驱散越聚越多忧郁气氛的哲学。在罗蒂看来，哲学只提供"教化"，而且，随着罗蒂哲学的功用弱化到与文学批评很难区分开的程度，好像也没有什么很有教化的东西了。使人不满的是罗蒂漫不经心的还原论。实用主义——至少杜威那样的实用主义——似乎给我们的要多些，它已给我们如何改造我们周围正在衰落的文化，而不是仅仅在它衰落后如何"应对"。①

罗蒂 1990 年前后的作品引发了我自己的建议，② 他的自由主义的反讽者的计划，与一种世俗的加尔文主义如出一辙。自由主义的反讽者和加尔文主义者一样，对于工具的运用存在一定程度的独断。哲学被说成不能为我们走向自己的生活世界提供太大的帮助。对于自由主义的反讽者和加尔文主义者来说，二者强调的重点都是个体的再生，在假定条件合适的情况下，也许可以在社会领域中找到某些表达方式。

当然，这个类比远远谈不上完美。加尔文主义者依靠上帝的恩典来救赎，而自由主义的反讽者依靠诗人的天赋、朋友以及书刊来启迪想象力。自由主义的反讽者希望从友人和书刊中得到某种再描述，以使得无根基的希望火焰燃烧得更旺。而且，它使人想起，加尔文主义者设想的自我（理解为灵魂）是非常明显的，差不多也是真实的，比较起来，罗蒂的非中心化的自我却像变色龙那样反复无常。在特定的时候，它与公认的后现代主义的片断性的自我或休谟式的无中心自我再相像不过了。③ 在其他时候，它好像披着杜威在其《人性与行为》中所描述的可靠、活跃和具有

---

① 希克曼：《技术文化的哲学工具》（布卢明屯：印第安纳大学出版社 2001 年版，第 99 页。

② 同上，第 98 页。

③ 克伦达：《罗蒂的人道实用主义：哲学的民主化》（谭帕：南佛罗里达大学出版社 1990 年版，第 37 页）（Konstantin Kolenda, *Rorty's Humanistic Pragmatism: Philosophy Democratized*, Tampa: University of South Florida Press）。

整合性的自我的外衣。比如，杜威在那本书中写道："通过占用那些将自我与所谓的我自己那样的东西同一起来的东西，自我获得了可靠性和形式"。①

　　最近，尤其突出的是在《成就我们的国家：20 世纪美国的左翼思想》以及在 1996 年至 1997 年间发表的一些文章中，还有在《罗蒂与实用主义》② 对批评者所作的回应中，社会与政治部分在罗蒂作品中占有的领域越来越大。例如，在文章《全球化，身份同一性与社会希望》中，他采取的立场像是对哈贝马斯立场的呼应：没有任何东西"可以优先于民主共同体的成员自由达成的一致同意之结果"。③

　　罗蒂对一个社会和政治方案的偏好被斯蒂夫·夏平（Steven Shapin）所注意到了。斯蒂夫·夏平认为，罗蒂提出的是"哲学家们应该或者关掉哲学系走人，或者搬到社会学、历史学和心理学系去。'哲学并没有给我们的实践造成太大的区别，而且也不应该被允许起到这样的作用……就大多数目的而言，是否有哲学家在场并不真正重要'"。④

　　在这些问题上，罗蒂可能把他自己描述成为杜威的"追随者"，但他所描述的杜威并不是我所能认出的杜威。就我对杜威的理解而言，他认为哲学和哲学家仍然有重要的工作要去做，而且这些工作的大部分是与社会和政治活动相联系的。我相信，杜威认为他所谓的"直指的方法"是哲学探究的核心和关键。以下是杜威 1925 年出版的《经验与自然》书中第一章所谈到的：

　　　　经验方法指出了某一个被准确地描述出来的事物在什么时候和什么地方以及怎样被达到的。经验方法在别人面前放置了一幅已经旅行过的路途的地图，如果这些人愿意的话，他们就可以按照这幅地图重

---

　　① MW 14：82.

　　② 罗蒂：《罗蒂与实用主义》（萨德坎普主编，纳什维尔：范得比特大学出版社 1995 年版）（Richard Rorty, *Rorty & Pragmatism*, ed. Herman J. Saatkamp, Jr., Nashville：Vanderbilt University Press）。

　　③ 罗蒂：《哲学与社会的希望》（纽约：彭金普特曼出版社 1999 年版，第 237 页）（Richard Rorty, *Philosophy and Social Hope*. New York：Penguin Putman, Inc.）。

　　④ 夏平：《可贵的审慎》（《伦敦书评》，2002 年 1 月 24 日，第 25 版）。

新在这条路上旅行，亲自来考察这个景色。因此，一个人的发现可以被其他一些人的发现所证实和扩充，而且这种发现在人类所可能核对、扩充和证实的范围以内具有很大的可靠性。因此，经验方法或直指的方法的采用因此使得哲学的反思获得了对于共识的合作性趋势那样的东西，这种趋势标志着自然科学中的探究。科学的研究者并不是凭借着他的定义的正确性和他的辩证论证的坚强有力去说服别人，而是把发现特定的事物的后果中的寻求、做和发现的经验的特殊进程摆放在他们的面前。他的请求是要别人走过一个类似的进程，借以证明别人所发现的东西是他的报告相符合的。①

这段话揭示了杜威思想既重要又不同于罗蒂的新实用主义的几个方面。首先，与罗蒂和哈贝马斯相反，杜威拒绝把定义和辩证论证（话语）刻画为首要的甚至是核心的东西。杜威的解释把问题转到另一条路上去。话语（定义和辩证论证）是更大的实验活动或探究活动的一个阶段。既然他们都是后现代主义思想家，他们当然都认为是抛弃古典的、中世纪的和现代主义的形而上学的时候了。但是，与罗蒂不同，杜威认为哲学家的部分工作在于决定部落偶像如何能够被抛弃，以及什么样的东西将会取而代之。既然每一代人都有各自形而上学的盲点，那么哲学和哲学家们将仍有许多工作要做，这些工作并不能被归结到社会学、历史学、心理学甚至比较文学的学科范围中。

罗蒂的目标并非不值得赞扬。但至少在这方面，即相对于受杜威的古典实用主义所推动的实验性改造的强大计划，罗蒂的新实用主义似乎显得有些羞怯甚至含混不清。

至于杜威对实验主义的承诺和罗蒂对其的漠不关心，是我在别的地方所讨论的问题。② 詹姆士·古安洛克（James Gouinlock）也在其优秀的论文《工具主义的遗产是什么》③ 中提到过这一问题。詹姆士·古安洛克将杜威解读为反对将科学方法和民主方法区分开，在我看来，此时他是击中

---

① LW 1：389.

② 希克曼：《工具》。

③ 古安洛克：《罗蒂与实用主义》，第72页。

了问题的要害。他写道："科学标准是包含在民主标准之内的。"① 而且，"学校的责任是提供一个环境，使得科学的、民主的美德能够成为学习过程中的有机部分。"② 简言之，詹姆士·古安洛克争辩说，杜威的民主/科学的承诺比"无根基的社会希望"提供了更多东西。在对古安洛克的回应中，罗蒂承认，他发现一个科学的方法性观点是"相当无用的"③。并且，这种方法"并非是一个幸运的选择；它所承诺的远比它所能提供的多——是某种实证的东西，而非仅仅是不要陷入过去的消极告诫"④。再说，"就算杜威从未停止谈论'科学的方法'，我认为他也不会说出任何很有用之物。"⑤

即使在面对古安洛克的直接挑战时，罗蒂对直指的或科学的方法也维持了一种可被称为模糊的姿态。他写道，除非一个人正在处理伯克式的保守或宗教的原教旨主义，否则的话，这种方法就"太不具争议性而无法制造任何争论"。此外，他没看出先验推理的方法和科学方法之间有太多的区别，除了"前者使人沮丧，而后者给人以激励以及大胆的和富于想象的推测"⑥。

罗蒂在这些问题上的立场与杜威的实用主义观点的匹配之处极少。在我们这个时代，就像在杜威所处的时代一样，一些在学校校董会议上的最激烈的讨论，发生在那些提倡教授科学方法和内容的人与倡导教授非科学或反科学方法和内容的人之间。杜威是在与"创造主义"进行斗争，而当今的教育者则必须与"理智设计论"进行斗争。

当然，这样的讨论比"仅仅是不要沉陷于过往的消极告诫"要更多一些。它们还包括直指法在去除疾病、迷信以及不良政府上获得的成功。它们是关于提高科学研究共同体、教育实践共同体以及相互治疗共同体的

---

① 詹姆士·古安洛克，《工具主义的遗产是什么？罗蒂对杜威的解说》，载《罗蒂与实用主义》（萨德坎普主编，纳什维尔：范得比特大学出版社 1995 年版，第 88 页）（James Gouinlock, "What is the Legacy of Instrumentalism? Rorty's Interpretation of Dewey", In Rorty & Pragmatism, ed. Herman J. Saatkamp, Jr., Nashville: Vanderbilt University Press）。

② 同上，第 89 页。

③ 同上，第 92 页。

④ 同上。

⑤ 同上，第 94 页。

⑥ 同上，第 93 页。

组织方法。这一切不是简单地防止重蹈覆辙，而是引以为戒，并在此基础上进行建构。杜威关于直指方法的丰富的考察触及了此方法的演化。它也是唯一一个被设计为能够进行自我修正的方法。

只有在说杜威的"方法"事实上是许多方法的复杂整合这种意义上，罗蒂才是正确的。杜威认识到了这个事实，这可从他出版的著作中找到证据。比如，在《经验与自然》的最后一章中，杜威就讨论了关于艺术、科学、技术学科、人文科学、法理学等领域的方法，认为每种领域都具有既独一无二，又彼此重叠的方法与内容。同时，他还表明了这样的观点：哲学最重要的功能之一就是扮演联络员的角色，以使这些不同学科的语言更易于理解。

因此，与罗蒂不同的是，杜威认为方法是重要的，哲学继续具有相关性。这是古典实用主义与新实用主义，即新旧实用主义的最大差别之一。我一贯认为，当我们面对新的情境时，"旧的"实用主义可以提供给我们所需要的更好工具。

杜威的哲学的改造

雷蒙德·D. 伯依斯沃特(Raymond D. Boisvert) 著

徐先艳译

约翰·杜威活了92岁，其中有70年时间在写作和出版作品。杜威的作品数量巨大，以至于在 M. H. 托马斯（M. H. Thomas）编辑的书目中竟占了153页的篇幅。把如此规模的文集汇总起来的工作开始于1961年，即杜威去世后的第9个年头。自1967年第一卷面世以来，又有23卷陆续面世。材料是按照年代顺序加以编排的，分为3个系列："早期著作"（*The Early Works*），1882—1898年；"中期著作"（*The Middle Works*），1899—1924年；"晚期著作"（*The Later Works*），1925—1959年。目前审阅的文本包括中期著作的最后5卷，即中期著作第2卷，Jo Ann Boydston 编，卡本代尔：南伊利诺伊大学出版社（Carbondale and Edwardsville：Southern Illinois University Press）1982年版；第12卷，Jo Ann Boydston 编，卡本代尔：南伊利诺伊大学出版社1982年版；第13卷，Jo Ann Boydston 编，卡本代尔：南伊利诺斯大学出版社1983年版；第14卷，Jo Ann Boydston 编，卡本代尔：南伊利诺斯大学出版社1983年版；第15卷，Jo Ann Boydston 编，卡本代尔：南伊利诺斯大学出版社1983年版。杜威在写作这些作品的时候已年近花甲，声名显赫。杜威可能是美国最后一位对公众产生广泛影响并对哲学原则运用自如的哲学家。

这5卷包括了非常广泛的内容。其中，第14卷收录了杜威的《人性与行为》（*Human Nature and Conduct*）一书，它是有助于准确理解杜威思想的基本文献之一。第12卷包括了《哲学的改造》（*Reconstruction in Philosophy*）这本小书，对那些还不太熟悉杜威思想的人来说，这是一本有用的入门之书。该卷还收录了杜威在中国发表的关于20世纪初三位杰出的哲学家——詹姆士、柏格森和罗素的演说。其他几卷展现了一系列文章的提纲，从对哲学问题（比如评价的本性、哲学唯实论）的技术分析，到杜威对中国、日本和土耳其之行所产生的印象和评论。熟悉杜威的人会注意到，这些卷次包括了三个很诱人的提纲，它们对杜威所关心的问题做出了印象深刻、直接而透彻的分析。第一篇《八次演讲的大纲：哲学的改造问题》（Syllabus of Eight Lectures：Problems of Philosophic Reconstruction）收录在第11卷中，后来变成了《哲学的改造》。第二篇《哲学思想的类型》（Types of Philosophic Thought）是一门课程的提纲，收录在第13卷中，它揭示了杜威是如何看待课堂中的中心概念——"经验"的。收入在第15卷的第三篇是关于"社会制度和道德研究"课程的提纲，它提供了对价值和评价的分析。

这样的文本排列让人印象深刻，但却使得评论成为一件棘手的事情。尽管如此，某些主题还是浮现出来并显示出了重要性。这些主题可被分为两大类：（1）杜威努力的总体倾向；（2）具体的运用，尤其是在民主和教育问题上的运用。以下是一些解释性的评论，以突出这5卷所呈现出来的一些主要立场。评论将沿着上面提及的总体倾向和具体运用来进行。

总体倾向

杜威在其有生之年就已成为美国最重要的哲学家。之所以如此，有多种原因：他发表了大量的作品，包括发表在诸如《新共和》（New Republic）这样的非专业期刊上的文章；提出了表达美国经验的见解；关注引领哲学家走出象牙塔的问题：政治学、伦理学和教育。另外，这也可能与美国人醉心于尖端领域和将我们领入尖端领域的探索者有关。如果尖端领域一直是在诸如政治学或医学这样复杂多变的场景中的一个受人推崇的美式隐喻的话，那么规划这些新领域的人自然也就成为美国人心目中的红人，他们被大家认为是"肚中有货"之人。在一个非常真实的意义上，杜威是一名对未被规划——或更准确地说，是规划得很糟糕——领域的探索者。杜威的任务，是宣布早先哲学家提供的地图是不准确的，这也引起了人们争论。杜威的建设性任务是绘制一幅崭新的、更准确的地图。

在杜威看来，我们的社会制度、教育系统和政治理想多少有些偏斜，这是因为它们据以矗立的草图被严重地扭曲了。较早的草图的基本点是由笛卡儿所提出，并被包括洛克、康德和约翰·斯图特·穆勒在内的那些思想家进行了修订。这幅草图的轴点是二元论和原子论，界标是物质、精神、还原论、个人主义和联想主义，牛顿力学是它的指南针。简言之，它是"现代"（1600—1900 年）的世界观。杜威与达尔文的《物种起源》同一年来到这个世界上，随后在约翰·霍布金斯大学接受了新黑格尔主义的滋养，并经历了物理学在世纪之交发生的革命。这三个因素一起使他意识到理智领域在哪些方面被规划得很是糟糕。他开始尽其一生来描述一份更为恰当的草图，按他自己的说法，乃是进行哲学的"改造"。

"解构主义"是影响美国知识分子的、来自欧洲的最新时尚。杜威在20 世纪 20 年代就已是一名全方位的解构主义者了。他试图指出先验假定所强加的限制，解构深受笛卡儿影响的"现代"地图，回避对确定性的追求，意识到所有的阐述都是暂时性和假设性的——所有这些都在解构主义的努力范围之内。但是，通过指出必须把恒久改造看作将要回答所谓"人的问题"的理智的一个工作，杜威避免了一些解构主义者的虚无主义的弦外之音。

杜威哲学改造的基点来源于达尔文生物学的灵感。这种生物学模式给杜威提供了工具，以反驳他所认为的哲学史上最为错误的理论——笛卡儿的二元论。我们可以这样解释杜威的哲学努力：他试图促使人们认识到，人类是一种嵌入生活世界中的活生生的存在物，而不仅仅是理性的存在物。笛卡儿已经区分了两种相互分离的实体：精神和物质，认为二者不那么顺畅地共居于人类身上。杜威强调人类生存的有机的统一性和连续性。笛卡儿认为，精神是主动的，物质是被动的。杜威则描绘了一个内含着恒久过程和相互作用的活生生的、主动的世界。

这种生物学模式不仅是存在的一个更为准确的图像，而且急需用来抵消非此即彼观点的后果。将物质解释为被动，导致了著名的经验主义的"弹球"心理学。杜威将这种把人类视为被动并等着受到刺激才开始行动的观点，谴责为一种"可怕的"假定（MW 14：83）。这种观点之所以是可怕的，是因为它带来的灾难性后果。将这种观点运用在政治学上，那么由被动的身体和主动的头脑组成的世界就会转化为这样的世界：绵羊般的群众等待某个权威发出怎样行动的指示，马赛尔、雅斯贝尔斯和奥特加都对此有过精彩的描述。运用在教育上，就会制造出被动的、纯粹接受性的、"白纸板"般的学生，他们等待接受从老师那得来的恰当印象，学生是被动而老师是主动的。运用到道德沉思上，它导致关注目的（精神因素），而忽视手段（物质因素）。以上所有情况的最后结果就是走向这样的人类境况：人们的主动性和潜能在最小程度上得到实现，天才的智力变得非常珍贵；改良主义也遗失在理想主义者和机会主义者之间的争斗中，前者忽略手段并因此最终未能实现他们的目的，而对机会主义者来说，与理想分割开来的手段能够被用于狭隘的、迅捷的和自我服务的渠道上。

要给哲学绘制一个不同的方案，杜威就必须首先面对认识论问题。当笛卡儿的二元论分析被运用于认识领域的时候，就导致了杜威所谓的"知识的旁观者理论"。人类被看作是被剥离开来的观察者，他们仿佛透过光滑的玻璃窗户往外看，随口报出世界的特征。为了取代这种分析，杜威提出：（1）认知活动是整个有机体行为的一个完整部分（MW 12：128）；（2）旁观者模式最好应当被创作的艺术家所取代（MW 12：150）。用"艺术家"代替"旁观者"使杜威得以强调在他的认识论中处于中心地位的某些向度。思想家（杜威更愿意用"知者"来表达）就像艺术家一样，不能被认为是遭到剥离的、保持距离的旁观者或纯粹的思考者。相反，他们应该被看作是彼此纠缠、相互牵连的参与者，共同处于他们渴望理解的世界之中。理智的首要工作不再被认为是解读从属于一个孤立的对象领域（我们称之为世界）的特征。相反，理智的工作变成了"将经验，尤其是集体的人类经验的可能性理性化"（MW 12：150）。这样，理智就导致了发现，导致了对环境的得到改善的适应。

在杜威思想的发展过程中，三个因素促使他摆脱了知识的旁观者理论：达尔文生物学强调有机体和环境的相互作用，新黑格尔主义视关系为首要因素，海森堡的测不准原理弱化了主客二元论。杜威不是唯一一位在我们今天称之为"后现代"方向上迈出步伐的哲学家。其他哲学家也重新绘制过这块领域。加伯利·马赛尔驳斥了那种认为世界是一座剧场，人类只是观众的观点；马丁·海德格尔不满将世界解释为"观察"（view）的态度。但是，这些新的成果对流行的氛围的影响直到最近都还微乎其微。这种情况有可能正在改变。跨学科著作，如罗蒂的《哲学与自然之镜》（1979）、福柯的《事物的秩序》（1970）和乔治·巴特森的《心智与自然》（1979）等，都驳斥了主客体的分离。这些著作的流行表明，正如杜威所说的那样，旧的地图正在变得越来越过时了。

杜威对理性的改造相似于（尽管不完全相同于）近来出现的一种呼吁：应该倾听久遭忽略的女性的声音。杜威的观点不可能完全被纳入以下作者的范畴：卡诺·吉利甘（Carol Gilligan）的《以不同的声音》（In a Different Voice）（1982）、罗伯特·勃莱（Robert Bly）对"母亲意识"的回归的带有诗意的呼唤（见《沉睡者联合起来》（Sleepers Joining Hands））（1973）和卡洛林·麦钦特（Carolyn Merchant）的《自然之死》（The Death of Nature）（1980）——该书认为男性主义态度应对自然环境的毁坏负有责任。尽管如此，鉴于两点理由，相对于上述思想家所做的努力，杜威的工作依然具有重要性：（1）与以上所表达的立场具有相似之处；（2）杜威不仅解构了这些思想家所谓的"男性理性"，而且还改造了理智，从而也就为理智保留了重要位置。"把热烈的情感和冷静的理智割裂开来是重大的道德悲剧。那些借理性化身的偶像的名义压制热情的人以及那些以感情为名反对科学和远见的人，都将这种割裂永久化了。"（MW 14：177）

被杜威所拒斥的现代的、笛卡儿式的世界地图在许多方面代表着对理智领域进行的典型的男性主义的绘制。它的认知模式包括冰冷的剥离、理智与情感的分隔、演绎逻辑和作为范式的数学。简而言之，它勾勒出世界的理性的组织。世界的理性的组织被韦伯认为是西方工业社会的标志。达尔文模式使杜威能够欣赏作为整体的人类有机体。以这种方式看，理性不能再被定义成冲动、情感、直觉的对立面。它的任务"不是熄灭保持活力之炉沸腾不止的火焰，也不是给至关重要的搅拌工作提供原料。它的任务是看着火焰为某种目的而熊熊燃烧"（MW 11：107）。理智不是孤立的意识，不是简单地反射或反映现实。在杜威看来，理智变成有机体连续性活动的组成部分（MW 12：128）。

就像杜威所吸收和同化的那样，对"连续性"的这种强调成了实用主义的哲学视角的基石。为了取代二元论和分离，杜威既看到了水平面上（有机体与环境、个人与社会）的连续性，又看到了垂直面上（身体与心灵）的连续性。具有讽刺意味的是，为了恰如其分地理解杜威，实用主义必须不被用来表示"实用主义"，至少不是在那个术语的通常意义上使用它。实用主义是行动中的理智，而非孤立的和自我反射的理智。实用主义是对价值的机巧的批评和贬低。它不是表明了一种只关心结果而忽略了有关真理和价值等严肃问题的狭隘观点。实际上，杜威严厉批评了"讲究实际"的观点。这种观点把"'理智'局限为操控，而未延伸为建设"（MW 14：160）。杜威说，"讲究实际"的人只关心他们自己的好处。他们是彻头彻尾的非实用主义，因为他们强化了理论和实践的分离。"他们鼓励对他人墨守成规，助长了与实际事务相远离的思想和学问。"（MW 14：49）

杜威最想做的事就是消除学问和事务之间的鸿沟。实用主义被用来表示二者之间的连续性，用来表示在希腊的实践智慧意义上对理智的强调，即用来指导行为的智慧。杜威和像柏拉图那样的古希腊思想家的主要差异之处在于，在杜威看来，理智的任务不是理解先于认知就已经阐明和给定的标准，而是实际创造或建构新的善或新目的。

　　这并不意味着，反思对预想的和预决的后果能有什么帮助，更不用说对满足身体需要、达到经济上的成功、甚至实现社会改良有助益。这其实是说，完整性的（或经验性）的反思对创造新的后果和新的目的大有裨益。（MW 13：27）

理智不是简单地反映先行给定的现实。实用主义的逻辑是建构的逻辑和发现的逻辑。如同艺术家的思维过程，它分辨出未被意识到的可能性，阐明新的有待实现的预期中的目标和新的有待获得和建构的善。在此意义上，实用主义的中心任务就是进行持续的改造。

杜威不仅仅只是把改造看成是一种普通的、形式上的理想。换言之，他所提供的不是一个只具有轮廓但几乎没什么内容的地图。这幅新地图涵盖着由不同关注点所组成的细致的线条，杜威认为这是我们今天所谓的"后现代"图景的根本成分。被审阅的卷次多次涉及其中两个具体的关注点：教育和民主。

民主和教育

杜威关于民主和教育的基本主张为大家所熟悉，它是杰斐逊式的：没有教育，民主是不可能的。否则，杜威所建议的民主和教育的改造和我们今天的制度中所存在的那些东西只有些许相似。在民主论题上，杜威持如下观点：民主不应当首先被定义为全民投票权，而应该是一种刺激独创思想的手段；平等意味着不可通约性；良好的公民要求具有欣赏艺术、科学和历史的能力；民主是真正的贵族统治。被改造过的教育理论包括如下观点：教育不是准备；作为教育关注的中心的成长不等同于自我实现；教育不是价值中立，教育是一种道德的事业，它关心性格的发展。

在为洛克和穆勒那样的政治理论家所修饰的"现代"地图中，哲学人类学的基本事实是孤立的、独立的个人，即社会原子主义。民主理论和民主理想在这种观点所强加的约束中得到阐明。在杜威看来，这样一个完全在社会背景之外设定和给定的个人是一种神秘的幻象。这是从"坚持灵魂的统一性和现成的完满性这一教条的神学家"（MW 14：96）那里留下来的残余。利用达尔文的生物学模式，杜威意识到人类与其他生物之间的连续性，他主张个人从本性上说乃是社会性的。与其他动物一样，人类是与环境相互作用的有机物，这个环境既是社会的，也是自然的。因此，个人是发展着的而非既定的。他们在他们所处的环境中成长起来，并在很大程度上由环境所塑造。他们不会在相互作用之前就达到现成的状态。

> 我们能够认识到，所有的行为都是人性的基本成分和（自然的和社会的）环境的相互作用……当我们将人与环境的相互作用看作是需要用人类智慧加以调整的问题的时候，这就从个性问题转而成为一个工程手段问题，即建立教育的艺术和社会引导问题。（MW 14：9）

另外一种仍占主导地位的人类学选项最终导致消费主义而非起到教育和社会引导的作用。如果个人是完全处于相互作用之外而被给定的，那么发展和培养就是多余的。相反，个人成为"需要被迎合的"人，变成"需要放大其快乐增加其占有"的人。（MW 12：190）

新地图发现，个人天生就是社会性的，它承认个人是发展的而非给定的。以这幅地图为基础的、被加以改造的后现代的民主则强调一种不同的理想。

民主这个词可能已经和一种特定的政治秩序紧密相连，这种政治秩序由普选权和经选举产生的官员组成，但其效果并不让人十分满意，它不可能恢复其基本的道德和理想意义。但是不管它的名字叫什么，意义仍然保留着。它代表着对个体性的信念，对每个正常人拥有的与众不同的独特品性的信念。（MW 13：297）

杜威进而断言，这样的信念需要现有的秩序具有根据"个体化的能力"（individualized capacities）的释放而积极地灵活多变的意愿。通过强调个体化的能力而非现成的个人，杜威能够指明教育对民主为何如此关键。在杜威看来，"能力"说明有一座埋藏着未实现的可能性的宝藏，这些可能性无法在个人身上现实化，也无法通过人自身得以现实化。如果生长的条件不充分，即使最好的种子也可能枯萎、死亡或长出有缺陷的植物。民主不是对公民大众的物质需要的迎合，而是个性的收获。如果没有一套合适的教育系统，民主是不能成为现实的。"直到教育把释放个人在艺术、思想和情感上的才能变为它首要的关注点，民主才成其为民主。"（MW 13：297）"在理论上，民主应该是一种手段，用来激发原创思想，唤起事先就精心调整了的行动来应付新的力量。"（MW 14：48）

这样一来，杜威就试图促使民主脱离它看似与生俱来的趋势，即认为平等就是才能的平等。这正是从柏拉图到尼采的反民主理论家非常害怕的现象。在杜威那里，作为同质性和相似性的平等被当作是根据错误的地图所形成的概念，从而遭到拒斥。得到恰当理解的平等应该是发展的而非给定的。平等意味着个性发展成为不可替代性，这是技术的民主时代存在的最深层的挑战。大众娱乐、标准化的产品、无所不在的自动化、随时的迁移、土地的转移，诸如此类的刺激表明人类是在以同样的方式被塑造着，他们甚至可以相互替换，在数学意义上十分"平等"，而教育如果是杜威所主张的那样，就必须培养确信自身不可替代和不能通约的人类。在杜威看来，通过以笛卡儿式地图为基础的数学模式来阐释的平等是相似性的平等。改造过的地图则是以不同的方式来对待平等。

别人无法替代他在这个世界上的位置或做与他要做的一模一样的事。我想这就是我们使用平等观念所意味着的东西。我们并不是意味着，人们在生理学或心理学意义上是平等的，我们的意思是说，每个正常人都有非常独特的东西，使得其他人不能取而代之。（MW 15：170）

对平等所做的这样的理解，使杜威得以在一个被恰当理解的民主的语境中自由地谈论优等、劣等和贵族式的统治。当然，如果"优等"和"劣等"这样的字眼笼统地被用来表示笼统的褒扬或谴责，那么它们容易被滥用。它们"自身是无意义的"。问题的恰当问法是，"在什么上优于或次于？有多少需要达到的结果和需要完成的工作，就有多少优等和劣等的模式"（MW 13：296）。恰当阐释的民主应该以尽可能多的方式培育这种优等。民主不需要碾平大家的才智，它并不奖赏平庸。实际上，因为民主允许才智和个体性的发展，包容未定型的阶层，它乃是真正的贵族统治。"在这个意义上，我们可以说，民主表明贵族统治达到了它的极限"（MW 13：297）。

如果没有由恰当的理想所引导的一套适当的教育系统，上述理想只能是哀婉动人的乌托邦。杜威的教育主张和实用主义的新地图相一致，这并不让人觉得意外。当杜威说教育在首要的意义上不是准备的时候，他是在拒绝教育在努力获得一种孤立、固定结果的观点。当他争辩说，教育要聚焦成长的时候，他使用了一个本身就涉及语境、与"自我实现"的个人主义内涵相对立的术语。当他声称教育和性格的发展是不可分割的时候，他援用的是他的连续性原则，并因此批判了身心二元论。

"成长"是理解杜威教育观的关键词。与那些视教育的目的是准备的人们相反，杜威提供了另一种观点，他认为"成长、经验的持续改造，是唯一的目的"（MW 12：185）。"成长"对杜威来说是一精心挑选的术语，它包含着双重事实：实体包含在过程中，实体被嵌入在一个语境中。实体、个体不是被动、固定不变、静止的，也不是孤立的。如果它们要顺利地发展，就会从周围环境中获取支持。杜威所说的成长不包括对相对于他人的自我聚焦，对严格自我界限的假定，或个性严格按照预先决定的道路逐渐展开。根据杜威的观点，我们身处其中的世界是个真正变化的世界，是个充满偶然性和机会的世界，是个无法还原的世界。当具体经验被揭示时，我们发现人类从根本上说是社会性的，人类目的是生成的而非预先确定的，可能性是需要去发现的。根据现代地图的理解，"自我实现"代表着发展的理想。杜威认为，这个表达方法包含两个错误：过于个人主义；设定了一个过程必须服从的固定的而不是创造性的终点（MW 13：403）。杜威在其教育理论中直截了当地指出成长的地位："成长自身是教育要处理的首要事实。保护、支持和引导成长是教育的主要理想。"（MW 12：402）以这种哲学的再定位为武器，杜威将矛头瞄准了几个对手。第一个对手是"专家"。这些社会科学家们给教育者设定了固定的目的，这些目的的设定经常不顾课堂经验。与之相反，需要一种与实用主义一致的态度，"一种新的个人态度，根据这个态度，教师应该是使用所知的东西善于创造的先驱，应当在经验的过程中学会阐明和处理一些问题，这些问题是未成熟的教育'科学'现在试图在经验之前加以陈述和解决的。"（MW 13：328）另外一个靶子是蒙台梭利教育法。个体性和成长是相关的，而成长必然是社会性的。正如我们所看见的那样，在个人和个人所组成的团体之间存在的是连续性而非对立。在杜威所绘制的区域里，个体性不是个人主义。个体性不是"盲目自大""自作主张"，而是"具有独特价值、对生活有所贡献的东西……真正的个体性是无意识的，而非有意识或自我意识的"。（MW 14：171）真正的个体性不可能在孤立的状态中发展起来。"一个人只有在社会团体中才会有机会发展个体性。"（MW 14：176）忽略了后一个事实是蒙台梭利教育法的错误之处。吸收了"现代"地图的原子论的个人主义，蒙台梭利女士"误导了自己和他人，认为为了获得个体性必须得有孤立或分割状态；每个儿童必须自己做事而不是和他人合作；不可能将学校工作的两个原则和创新发展统一起来。而我认为事实刚好相反"。（MW 14：176）

　　所有这些积极意义对教育意味着什么呢？如果教育不是准备和自我实现，那它究竟是什么？"成长"和"持续的经验改造"提供了可行的选择吗？教育实践者将不得不考虑这个问题。一个哲学史家能做的是将包含在杜威立场中的元素清楚地表述出来。从实用主义的视角看，教育理论至少包括如下几点：（1）教育是实验性的，它来自于经验，它必须发现可以解决发生在经验之中问题的可能性。（2）教育必须强调自身过程的价值。作为准备的教育是自己打败自己的教育。它承认自己的目标是次要的、功利主义的，就像一个用来诱捕的陷阱，一旦目标达到，陷阱就被丢弃了。

在杜威看来，在教育过程之外没有要达到的目标。(3) 取代"目标产品"教育观，杜威提出，教育应是面向生活的定位，根据个人发现自我的阶段来调整和加以区别。"从目前的成长的程度和类型中走出来，这就是教育。"（MW 12：185）（4）教育是性格的道德的发展。杜威拒斥个人主义的伦理学。他哀叹将最高关注点放在"玩得愉快"上这种普遍流行的态度，"玩得愉快的几乎所有方式都被认为是合法的"（MW 15：168）。所以，培养追求快乐的优雅的习惯成为教育者的关注点。"若学校仅仅是像现在大部分共同体那样，而没有能够让我们国家的年轻人的娱乐消遣活动更加有益，闲暇时光过得更加有品位，那么学校还没有履行好自己的社会义务，没尽到自己的社会职责。"（MW 15：168）

　　生活和生活得好的区别取决于一系列的因素。但是，生活得好至多是不稳定的成就，会随着困难而快速地失去和重新获得。实用主义提出，应当恒久地发现和表达着眼于生活得好的新目标。不存在泰然自若地等待我们去实现的遥远的理想。从较坏到达较好的道路取决于人类的理智和反映人类理智的社会制度。杜威的观点因而既是一种挑战，又是一种解决办法。杜威提供了一幅新地图，我们可以用它给自己定位。而穿过这个区域的工作就摆在我们面前。

杜威的共同体理念

詹姆士·坎贝尔(James Campbell) 著　吴欢译

本文探讨了杜威的共同体概念。文章从讨论杜威对社会本性的理解入手，强调团体及其价值以及社会批判的角色之间的关系。文章接着探讨杜威关于共同体本质和标志方面的问题，主要聚焦于作为一个道德场所的共同体。最后，简要考察杜威之提出要关注人们在共同体中地位的原因，以及在对"共同的善"关注中所必然遇见的某些问题。

一

很久以来，共同体一直是美国人思想中的一个主要话题。在一个视其自身加入到自我创制过程的社会中，我们是谁以及我们为什么是谁的问题从来不可能不浮到讨论的面上来。无论美国人的人类完满模式是什么，他们已经强调，正是共同体给个人提供了可以表现其情感和道德的场所。我们眼下对美国社会发展的方向的忧心忡忡——一个充满着我们已经从某个真实的轨道中脱落出来的假定以及对我们将要把我们的孩子领向何处去的担忧——使得我们要追溯到最早时对国家的讨论。

共同体的话题也一直是美国哲学的中心论题之一。它在杜威及其社会实用主义者同行中有着十分重要的地位。例如，米德和达夫斯(James Hayden Tufts)就谈到了建构和重构社会制度，以使得共同体能够发扬它的功能并避免重犯先前错误的重要性。"个人的生命年限非常宝贵和短暂，他的工作年头屈指可数，他能独自完成的事情也很有限。但人们已经学会了建立制度"。① 米德关于共同体的许多讨论包括了对社会批判的内在道德律的考察。这些批判"可说是将共同体从一个狭义和有限的范围,回归到一个更为广义的范围"。② 关于共同体制度在人类践行中的角色和社会批判的本性讨论,在杜威的思想中也起着重要的作用。

在对共同体的本性和共同体在人类生活中所扮演角色的许多考察中,都有必要考察个体——即创造、维系并从中受益的自我。在讨论自我的起源时,社会实用主义者们不是将自我作为个体的诞生中呈现出来的东西加以讨论,而是将之作为在与其他个体共同体生活在一起的过程中出现和发展的东西加以讨论的。在他们的观点中,个体通过他们所生活的共同体,而不是单纯地在共同体中发展了一种自我意识的感觉。因此,社会实用主义者不是依据是否与他者分割,或忠诚于某个事先设定的轨迹来看待自我,他们的分析强调自我在社会语境中的显现。显现的自我是彻头彻尾社会性的,他们在其中成长,且由于他们的社区生活而在一个共享的生活情境中得到发展。

在杜威看来,人类个体天生是社会的动物,对这样的社会动物而言,共同体是自然的。杜威进一步指出,共同体是必要的,我们需要群体而变成为人,我们在共同体生存中发展我们的人性和个性。"学会成为人"③这个过程,杜威写道,"是永无止境的"。(LW 2:332) 参与共同体对实现人类的存在是必不可少的,因为这种参与使得共同体的所有成员可能拥有更多样化和更丰富的经验。

杜威和其他的社会实用主义者所指出的人类个体的另外一个基本的方面,是习惯在我们生活中所扮演的角色。习惯使得我们的行为具有连续性和稳定性,它使得我们能够在每一个特殊的步骤上无需深思熟虑和规划行

---

① 达夫斯:《詹姆士·海登·达夫斯文选》(詹姆士·坎贝尔编,卡本代尔:伊利诺斯南部大学出版社 1992 年版,第 344 页)(edited with an Introduction by James Campbell, *Selected Writings of James Hayden Tufts*, Carbondale: Southern Illinois University Press)。

② 米德:《心灵、自我和社会》(查尔斯·W. 莫里斯编,芝加哥:芝加哥大学出版社 1934 年版,第 199 页;亦见 389 页)(George Herbert Mead, *Mind*, *Self and Society*, Chicago: University of Chicago Press。)

③ 学会成为人,就是通过交往的妥协培养一种成为共同体中个别而独特的一员的有效意识,使得他能够理解和重视共同体的信仰、愿望和方法,并致力于进一步把基本的有机力量转化为人类的资源和价值(LW 8:332)。

为就能行动。不仅如此，习惯还具有相当的持久性。"不管最初的境况多么偶然和不合乎理性，不管当下存在与形成习惯的那些条件有多么不同"，"它会一直坚持下去，直至环境坚决地拒绝它"。① 由于习惯的中心性和重要性，我们无法冀望从中得到某种"解放"。相反，我们需要认可它们对生活的普遍重要性以及它们对特殊习惯的特殊影响。杜威写道："那些我们没有意识到其重要性的习惯，不是由我们来支配，而是支配着我们，它们推动和控制着我们。"而且，它们将继续这么做，直到"我们开始意识到它们所完成的东西，并且通过了对结果的价值评判"（MW 9：34—35）。

对我们目前的这个共同体主题来说，特别重要的是那些被我们称为习俗的社会习惯。关于这些社会习惯，杜威写道："个体的大部分重要习惯是由他们所出生和成长的先前社会的习俗所决定的。"这些习惯当中包含的是"德性的大部分内容"（MW 6：413）。这些社会习俗或传统确立了组织行为的方式，我们目前总的来说对这些方式感到满意，也最大限度地愿意保卫它们并将它们发扬光大。这些制度之所以能够给我们分享的生活设定秩序，很大程度上是由于它们对共同体的成功生活具有的重要性。设定了给我们团体中进行的必要活动规定秩序的可能方法在数量上的虚拟的无限——这些活动包括生育和孩子的抚养，工作的分配和团体的经济产品的分派，通过医疗、农业和宗教等管理实质上是我们自己的地方，等——这个被采用的制度系统必须是而且必须被感受到是合适而有力量的。

尽管对其他多种多样的可能路径持更为开放态度的个体可能把他们的社会程序看作是专断的，然而，团体中更具有代表性的成员把这些程序看作是自然的和正确的，实际上优于任何别的程序。杜威写到，由于社会的修饰，这些风俗必然是我们的风俗。"假如社会的风俗行为超过了行为的一致外在模式，那只是因为它们充彻着故事和被流传着的意义"（LW 10：329）。由于风俗对自我所扮演的这个角色来说是如此重要和根本，以至

----

① 习惯一旦形成，就会通过大量的重复行为使它们自己永久地保持下去。它们刺激、抑制、强化、弱化、选择、集中和组织这些行为使之成为与它们自己相似的东西。它们按照自己的想象在无形的空间推动之外创造出一个世界（MW 14：88）。

于我们很少注意到它在塑造我们的行为时是多么有力。① 在这里，就像个人的习惯一样，我们的目标不是从习俗中解脱出来，而是承认其强大作用。正如杜威所说："不是在习俗之外和习俗之内的道德权威之间做出选择，而是在采纳更明智或不那么明智和重要的习俗之间做出选择。"（MW 14：58；cf. LW 1：23）

这些考虑把我们引向一个更具杜威色彩的观点，即人们都"需要在他们的行为中获得道德认可：类的共识"，（MW 4：49）更为经常地，这种认可活动是通过这些社会习俗而间接地获得的。做事情的传统方法——我们喜欢称之为"我们的"方法——具有能够使得它避开许多不让人开心的难以分辨的问题的特殊道德地位。杜威写道："（在）习惯性的社会里，并不是所有人都能够想到在他所应该做的事（即道德的事情）与他习惯性做的那些事（即社会的事情）之间的差别。"换句话说，他继续写道："这个以社会方式建立起来的社会是道德的社会。"（MW 5：387）即便是像我们所在的这个被认为更消息灵通和更具有反思性的社会，人们也经常"视他们的社会关系为理所当然；他们就是他们所是，他们是他们应当所是"（MW 7：314）。杜威继续指出：

> 大多数男女通过观察他们的周围事物来制定目标。他们接受那些由宗教导师、政治当局和共同体中有享有威望的人所提供的目标。如果他们未能采取这样的一种途径，他们似乎会被许多人视为道德叛逆或无政府状态。②

杜威的观点对我们来说尤其有用，因为他对"习惯"一词的使用最初并不是与某种被假定的历史或人类学场景有关，而是与被提供的道德辩

---

① 杜威在这里继续指出，忽略作为一种控制性因素的传统影响的倾向本身在很大程度上可以归结于这样一个事实：当我们开始反思、发明和设计新的方法和目标时，传统已经如此完满地完成了自己的工作，以至于我们不假思索地认可了它，因而，我们在由习俗所建立的界限内进行商讨和筹划（MW 6：414）。

② LW 7：184；cf. MW 9：21。参见米德："一般说来，我们假设这种关于共同体的普遍呼声是同过去和未来的更大的共同体相一致的；我们假设一个有组织的习俗象征着我们所说的道德。"（《心灵、自我和社会》，第 168 页）

护本性有关。"习惯"一词的意义在他心目中指向"德性的重心",它的反面不是"现代的"而是"反思的"。他的意图就是实现这一重心的转移,即从通过与"祖传的习性"相一致所进行的辩护转移到"良心、理智或包含思想的某个原则"(LW 7:162)。

我们通常接纳我们群体的价值——我们的性别和阶级的价值、我们的宗教和家庭的价值——至少在最开始的时候,我们就以自己是否符合这些群体所认为好人的一般理想,来做自我评估。杜威将这种内化作了如下表述:"在我们的胸中形成了一种集合,这个集合讨论和评价那些被提出和被执行的行动。"(MW 14:216)随着自我的成长和发展,我们从群体中接受了我们的敌人和朋友、我们的目标和清规戒律。因为我们的群体做事情的方式已然成为适当的方式,我们经常不怎么动脑筋就能轻而易举地找到道德、政治和审美价值,这就像我们演讲时信手拈来的成语和脱口而出的熟人电话号码一样。换句话说,我们从社会获得的价值恰恰看起来是显而易见的;而它们之所以这样显而易见,是因为它们不对我们形成"外在"的限制,而这个外在的限制是我们所熟悉的个人主义的分析所倡议的。更确切地说,这些价值是内在于我们自我的强化因素。这些从社会中获得的价值,无论好坏,都是我们的一部分;它们是我们存在的习惯性因素,不会轻易被改变。

当我们考虑到富有挑战性的相关问题以及或许重建我们习惯的价值、传统和制度,以使得它们能够适应当代世界的变化的时候,一个特殊的困难在此显现出来了。我们的许多习惯,尤其是那些被觉得是最接近我们社会"内核"的习惯——像性观念以及宗教和政治标志——不会成为那类我们可能会批判性地思考的论题。相反,我们已经感到使它们"神圣化"的需要,或许使它们成为一个塑造孩子们行为的更好工具,或许增加它们用来惩罚我们之中越轨者的辩护的权力,或者只是单纯地帮助我们抚平对其合法性所存有的质疑。不管出于什么理由(或有多少理由),对我们习俗的神圣化使得潜在的评估短路了。其结果是,我们经常发现,只要不放弃我们视为我们自己的一部分的东西,我们就无法改变自己的习俗。在某种程度上,我们的传统造就了现在的我们,改变这些传统就有可能使我们变成别的东西。如此,我们生活在这种无法适应的冲突之中。举例来说,我们漠视当代现实,将一夫一妻的异性结合倡导为恰当的结合形式。我们如此强烈地渴望一个过去的公共市民文明的时代，以至于忘了这个文明掩盖着严重的不平等。我们发现有必要捍卫宗教文本的字面解释和政治崇拜偶像，即使这两者其实更应被当作象征意义。我们坚持这个被神圣化的成分，是因为拒绝它们就等于是拒绝我们自己。

即便在我们能将这种神圣化减少到最小的同时，我们意识到当尝试挑战惯例时将面对的困难。杜威写道，习俗持续下来，首先是"因为个体在先前建立的习俗中形成他们个人的习惯"。因此，一个人"往往就像从他的社会群体中继承言语那样获得了道德"。并且，"如果一个孩子学会任何语言，他学的是那些与之交谈和教给他的语言，这是一个毫不神奇的事实"，同样，毫不奇怪的是，个人也接受了语言学之外的其他习俗。因此，习俗的这种持续可以被归属于"想象力受到限制"（MW14：43）的个体发展一个成为习惯的自我的标准的进程；并且，改变它将是困难的。"信仰、期望和判断的方式以及随之而来的喜欢或不喜欢的情绪倾向，一旦形成就不易被改变。"（MW14：77）

关于杜威对社会和习俗在塑造自我中所扮演的角色的理解的讨论还没有结束。人类个体不仅仅只是团体的成员。和我们生命一样重要的，是我们超越这些团体的能力。除了自我的传统和习惯方面，还存在着反应或回应的方面。当她或他成为这样一个有意识的自我——这个自我能够认识到根据团体的理想做一个什么样的好人——我们每个人就都发展了超越这个理想的能力。当然，我们意识到，通过对社会习惯所要求我们行为的不断认识，把我们从群体的集体意识流中分离出来的这种能力在慢慢地增强着。我们也知道这一实现主要发生在与其他实际生活模式的对抗之中。我们还意识到了，个体在不屈服于某种形式的、脆弱的相对主义情况下寻求平衡其他生活模式的知识，以对抗我们自己频繁的神圣化时所面临的困难。随着年轻人逐渐认识到，人们在把频繁使用的传统模式等同于正确，他们很难再对道德上正当的追求保持活力。一个教育系统所要做的工作就是帮助未来的成年人准备使用这些习俗而不是被这些习俗所征服；但是，我们的学校和其他的教育机构对神圣化的压力显得过于敏感。

正如杜威所看到的，有效的社会批判者深深植根于在共同体中生活的个体，这些个体了解那里的问题和解决问题的各种可能性，他们试着将这些观点公之于众。这样，这些批判者就不仅仅是攻击他或她的社会。相反，正如我们从米德那里所看到的那样，个体力求"从一个狭小而有限的共同体转换到一个更大的共同体"。米德在别处也阐明了这个观点，他认为，个体试图揭示已被"这个共同体的这些偏见"① 所淹没了的"原则"。我们的群体通过偶然或选择采用了忽略重要价值行为的习惯方式，这些价值通常本身在某些被削弱的或扭曲的形式中得到支持；已经培养出更多共同体意识的个体能够识别和指出这一点。假如成功的话，社会批判者能够通过使共同体面对和克服在其价值和当前实践之间的冲突，将它变成一个更富裕的地方。共同体建设的中心点是使得社会成长得以发生的讨论的过程。有效的社会批判者，由此试图通过与他者的相互作用，为得到提议的社会提案进行辩解，而且，通过这一合作调查过程，我们也发现了能够在此之上进行建构的工作的价值。

我们时不时地扮演着社会批评家的角色，因为我们都能够"置身世外"来评价我们的共同体状况。我们都不止是一个团体的成员，而且与更多的人熟悉；就像即使是小孩子也能根据他们认为在别的家庭中运作的较开明政策，来批评他们自己的父母亲所做的决定一样，我们能通过比较，提出改变我们的共同体的目标和手段。这个应该在任何一个生活于多元文化世界当中的人身上培养出来的复杂的自我，是一个历史、当代事实以及社会评价的重要关系的储藏室。在他自己的工作和生活中，杜威试图扮演这个扎根于社会批判的角色，主张推进公共善和个体的成长。他的工作中心在于具有这样的信仰：我们一定能建立起既具有持久性又对个体具有支撑作用的共同体，我们能够促进个体生命的扎根和成长。对社会自我来说，这种成长不是脱离，而是更多的介入，不是独立性，而是责任感。他们的理想是作为共同体建设的贡献者去解决社会生活的问题。

二

一旦我们从这个更宽泛的社会和道德立场转向对共同体本身进行更狭隘的考虑——尤其是对关于理解和推进共同体的观念的思考——那么，我们就到达了杜威的共同体思想的核心。这项工作的基本信念是，社会重建

---

①　米德：《心灵、自我和社会》，第 217 页。

是一个复杂的过程。这个过程部分取决于我们对理智材料（即我们的观念和概念）的分析，部分取决于基本制度变化的凝练和制定。一方面，我们需要更清楚地思考我们继承的这个"共同体"观念到底意味着什么，以及它将如何得到改进；另一方面，我们需要去发展更好的共同体。这篇论文将主要讨论前者。

在其职业生涯的始终，杜威一直关注整个政治概念领域的改造。在每一种场合中，他都对术语在他的时代中如何被使用感兴趣；但无论如何，他没有提议要我们仍受困于这些术语的习惯性意义。在他的概念性重建工作中，有三个可以分开的、本质上属于实用主义的主张。第一个主张是，政治术语的概念是被我们用作试图解决我们社会问题的工具，它们因而也就没有任何绝对的或终极的意义。例如，虽然有必要遵循被包含在我们所继承的、显然是不连贯的传统和档案之中的意义，对"共同体"的充分意识的需求却不能简单地以这种方式被揭示出来，我们也不能指望根据我们对术语所形成的某种意义而创造术语的可在将来强制使用的终极意义。相反，概念的功能的充分性必须在其特殊的情境中得到评价。杜威的第二个主张是，我们所继承的各种各样的政治术语的具有历史性界限的概念，由于生存的依赖的事实，确实曾经有着合理的当代意义。杜威提出的第三个主张是，到了他那个时代，许多继承下来的概念在推进公共善上已经不起作用了。换句话说，这些概念已经变成仅仅是习惯性的，它们主要是在不在场的情况下继续发生作用。有些概念对于给话语设定秩序是必要的，而且就像传统概念一样，它们因为具有熟悉性和适当性这样的优势而使自己获益。

在对"共同体"进行考察的时候，我们需要记得，在杜威那里，人类个体天生是社会的——对他们来说，结社和共同体都是根本性的。共同体或"公众"是自然的；我们需要群体以变成人。我们在我们的共同体生活中发展人性和个性。当共同体成员通过合作探究寻以解决他们共同的弊病时，他们的努力使得他们都相互受益。然而，杜威关于共同体生活对个体全面发展重要贡献的主张却不应被看作提出了如下信仰：所有的集团都必然获益。

事实上，杜威在描述和歌颂的意义上轮流使用"共同体"术语。他有时候讨论各种各样的"社会、结社、（和）群体"（LW 2：278）："零星的社区"（LW 2：306）、"商业共同体"（LW 2：354）、"黑帮"、"工会"（MW 12：194）和"犯罪团伙"（LW 2：278）。在其余的时候，杜威聚焦于我们可能称之为"好的"共同体：民主的或道德的共同体（LW 2：328—332）。因此，杜威写道，除了诸如学术团体或"文坛"那些我们中的任何人都会以能够成为其中一员而感到骄傲的群体外，我们还必须把"共谋犯罪形成的团伙，在服务大众的同时蚕食公共利益的企业合作伙伴，以及为了掠夺利益而联合在一起的政治机器"包括在个体的术语范围之内（MW 9：88）。杜威不认为他的这种双重用法暴露了自己的含糊不清。相反，他相信自己正指出了这些术语本身的模棱两可。他写道，像"共同体"这样的术语同时有歌颂的或标准化的意义以及叙述性的意义：一个是权利上的（de jure）意义；另外一个是事实上的（de facto）意义。由于有这两层意思，因此既可以清楚地说一个歹徒"在某种关系上是高度'社会的'，而在另一关系上说是反社会的"（LW 15：221）。杜威的中心兴趣在于，我们应该如何在"共同体"的道德意义上理解这个术语。

这个对道德方面的关注意图很快将杜威带入到如何评价共同体这个问题上。他写道，任何发展评价标准的企图都必须植根于我们所熟悉的社会：

> 我们不能拍拍脑门建立一个我们所认为的理想社会。我们必须把我们的概念建立在事实存在的社会上，以确保我们的理想是可行的。但是……这个理想不能简单地重复我们实际上所发现的特性。问题是在实际存在的共同体生活形式中把我们所希望的特性抽取出来，并用它们去批判那些不被人们所希望的特征并提出改善意见。①

通过在这些限制内进行的思考，杜威从他对成长的分析中提出了两个截然不同的标准。第一个标准是内在的："被有意识地分享的利益数量和

---

① 我们不能在我们的头脑之外设置某些被自己认为是理想社会之物。我们需要在实际存在的社会观念基础上进行构想，以确保我们的理想是可实践化的。然而……理想不能只是对我们实际发现之特征的简单重复。问题在于从现存社会生活中提取所需的特征，并将它们应用到对不值得需要之特征以及改进性建议的批判之上（MW 9：88）。

种类情况如何？"第二个标准是外在的："与其他结社形式的相互影响有多么充分和自由？"（MW 9：89）这样，杜威坚持认为，以匪徒暴民的个案为例，不管根据前一个标准这个团伙具有什么样的充分品质，但根据后一个标准，它将由于它本身的不充分性被制服。"犯罪团伙与其他团体之间不能灵活地相互影响，它只能通过将自己孤立起来而有所作为。"（MW 2：328）因此，我们认识到，充满活力的共同体产生于个体发展内部和外部关系的努力，产生于个体将自己在各种不同群体之中加以定位的努力，产生于个体将群体在更大的社会生活之中加以定位的努力。这些不同的定位是相辅相成的："由于不同群体之间根据它们自己的价值相互牵制，所以，实现完善人格便成为可能了。"（LW 2：328）处于此共同体中的个体意识到了他们的多重位置，加上随之而来的平衡的自我认同感，个体被完全同化到任何一个团体中去。①

　　杜威坚持如下立场：如果把所有的人类团体都视作是共同体的充分的范例，那将是错误的。此外，杜威还向我们指出在我们所继承的观念中经常会被发现的另外两个误解。第一个误解是把共同体等同于国家或政府的制度。杜威谨慎地表明了他在共同体和它的"外部"形式之间作出区分的意图。正如他指出的："我所说的'国家'是指通过政府的立法和行政机器对共同体生活资源的组织。"（MW 2：81）进一步来说，国家要恰当地从属于共同体。杜威说，有些社会的"机构比政治的机构更根深蒂固"，而且"需要比我们的传统政治机构更基本的手段来满足美国人的实际需求"，即一个有活力的志愿性机构和相关的共同体（LW 3：135）。他继续说道："我们被非政治性的关联连接在一起，而且政治形式得到伸展，立法制度采取修修补补和临时性措施去做它们不得不做的工作。"

---

　　① 在这里值得一提的相关主题是杜威称之为"一种融合的神秘意识"（LW 13：89），在社会中尤其是在社会危机期间，几乎完全拒绝这个外在的标准。我已经在两篇相关的文章中讨论过这个社会融合的主题："乔治·赫伯特·米德的社会融合和社会批判"，《美国哲学之境》（罗伯特·贝奇和赫尔曼·萨埃特坎普，Jr.，vol. I，德州 A&M 大学出版社 1992 年版，第 243—252 页）（Robert W. Burch and Herman J. Saatkamp, *Frontiers in American Philosophy*, Texas A&M University Press）；和"缺乏融合的社群：杜威、米德、达夫斯"，《实用主义：从进步主义到后现代主义》（罗伯特·郝林格和大卫·迪普，西港：瑞爵出版社 1995 年版，第 56—71 页）（Robert Hollinger, David, *Depew*, *Pragmatism*：*From Progressivism to Postmodernism*, Westport：Praeger Paperback）。

（LW 2：306）他进一步指出，正是借助于这些"社会力量"，"我们固有的政治机器"得到了改变（LW 3：135）。

杜威拒斥的另外一个可能的误解是这样的信念，即一个共同体必须要展示其同质的以及它的某些批判者赋予它的单色的一致性。他承认，没有高度的共享，一个共同体就不成其为一个共同体。然而，这个共同体同时也应当包含着一个可能的视角的丰富性或复杂性，此丰富性或复杂性能够被容纳，而非得到简单的认同。他相信，共同体的发展不需要"牺牲个体性；其成员自身没有得到发展的共同体将是一个贫乏的共同体"（LW 7：345）。① 杜威尤其强调通过移民潮给国家带来的价值多样性，以及由于对这种文化的多样性缺乏欣赏所造成的持续流失。

> 人们不能在想象中认为，这个世界上的每个人都应该讲世界语，应该被培养成具有同样的思想、同样的信仰、同样的历史传统以及对未来的同样的理想和抱负。变化是生活的调味品，社会制度的丰富性和吸引力取决于分离的单元之间所具有的文化多样性。由于人们之间的相似性，在他们之间不存在意见的交换。最好是能够交换意见。②

在一个活生生的美国共同体语境中，"一致性不是一个同质性的东西"，我们的努力应该更多地聚焦于"通过将每一个起作用的种族和人民都必须提供的最好和最有特点的东西抽取出来，组成一个和谐的整体"，从而创造一致性。（MW 10：204）

在尝试建立一个能满足我们目前情形的"共同体"概念的过程中，杜威提出了增加丰富性的三个标志。第一个标志是简单的结合或互动。当然，第一个标志在杜威的全部自然存在概念中更多起到了一种提示作用："迄今为止，任何可知的以及能被知道的存在都与其他事物相互作

---

① 参照米德："要实现功能分化和完全程度的社会参与是一种存在于人类社会之前的理想。它现阶段以民主理想的形式展现。"（《心灵、自我和社会》，第326页）

② 人们并不能在无拘想象的世界里幻想世界上所有人都说沃拉普克语或世界语，幻想人们有着相同的思想、信仰、历史传统，以及对未来的相同愿望。多样性是生活的调味剂，且社会制度的丰富性与吸引力正建立在各个分立社团的文化差异之上。如果所有人都分毫不差，那么在他们之间也就无需互相迁就，而更好的选择其实正是互相迁就（MW 10：288）。

用。"（LW 1：138）这个交互式结合水平只是共同体的一个前提。"累积起来的集体行为的数量，本身不构成一个共同体"（LW 2：330）。然而，正是这个结合水平，在现代世界中增加了对一个充分的共同体、共享活动和共同价值的需要。第二，导致共同体的交互作用必须变成一种共享的行为。杜威的模式在这里是宽泛的。对他来说，此类共享活动类似于"参与一个游戏、一场讨论、一出戏剧和一次家庭生活"（LW 7：345）。就个体而言，必须进行合作来消除他们共同生活中的共同弊端，以达到那个被构想的共同目标。"无论何处，只要具有能够产生出被参与其中的单个个体认为是善的后果的行动，无论何处，只要善的实现能够影响到充满能量的欲望以及只因它是一个被共享的善而被努力加以维持，这个地方就存在着共同体。"（MW 2：328）这个被分享的行动使得共享的价值成为可能，从而也产生了一个更充分的共同体的可能性。第三，杜威告诉我们，由于"人们所共有的目标、信念、热望和知识，由于沟通方式，人们逐渐拥有了共同的东西"，人们生活在同一个共同体中（MW 9：7；cf. LW 13：176）。他接着指出"要想与其他人一样，对事物具有同样的观念，与他们志趣相投……与他人一样，赋予一件事情和行为同样的意义"，就要与他们一起生活在共同体中（MW 9：35）。他写道，对于以这种方式生活的个体来说，"'我们'和'我'一样地不可避免"（LW 2：330）；但是，在有那样一个"我们"，那样一个共同体之前，"必然有一个被共同珍视的价值"（LW 13：71），而这个价值产生于共享的行为中。"一个在很大程度上是通过许多个体的目的聚拢在一起、像个体一样运行的社会并没有真正连接在一起"（LW 9：179）。因此必须要有一个共同感受到的核心价值观，把它作为共同体的重要价值观来运作。杜威得出结论说，在一个充满活力的共同体中，每一个个体与其共同体"荣辱与共"（MW 9：18）。

三

杜威建议，个体应该把共同体的成功看作是自己的成功。从中我得到两个主要论题：考察他把我们自身看作是共同体中成员的理由，考察他对致力于共同善的呼吁。在讨论了这两个论题之后，本文将以简要探讨杜威关于我们如何发展这样一个共同体的思想作为结束。

至于最初的问题，即我们是否应该把自己视为社会存在物并重视共同体，可考虑杜威的核心主张："共享的经验是人类最大的善。"（LW 1：157）对于这一点的直接反应——就像一位批评家可能会做的那样——就是提议，我们既不能拥护杜威关于人的充分发展的社会意识，也不应当增加推进共同体建设的努力。相反，我们应该拥护的，在很大程度上是一种充分发展的个体意识，这种意识的推进要通过增加个人自由和扩展私人的利益，并且在家庭和亲密朋友的小圈子内运作。换句话说，分享的经验不能简单地成为人类最大的善。

尽管我不相信在这两个观点之间做出选择是一种纯粹情感的事情，但是，我并不清楚如何在这里作出反应。我们如何让个人主义者们相信杜威关于对人类本性和人的充分发展的社会分析的正确性？或者，他们怎么能够试图让我们相信他们的观点？当然，这些理想是能够被呈现出来的，也能够得到辩护，但是，它们在任何真实的意义上都不能被证明。关于人性的事实在选择理想上确实扮演了一个角色；但是，并不清楚的是，对于诸如这些事实是什么以及它们在价值的探讨中扮演着什么样的角色这样的问题的答案。即便我们假定杜威是正确的，那么，我们通过什么样的方法指望他人能够相信，他们能通过采纳杜威的人类共同体理念来改善他们的充分发展水平？

一种可能性是一种贯穿于社会实用主义者思想之中的谨慎意见。这种立场的实质是，民主共同体中的成功的生活要求其公民对共同福利——这个共同的福利排除了个人主义视角所赞同的私人主义——有一定程度的承诺。尽管杜威在这点上是持赞同意见，然而，他似乎也非常强烈地被一个东西吸引着：接受一种为建立在正义的义务的基础上的社会姿态所进行的伦理论证的可能性。根据这个平等主义路径，我们都已经不劳而获地从人类共同体的先前努力中获得了好处，无论如何，我们要回报这种社会债务。"这个文明中我们最珍视的东西不是我们自己的东西"，相反，"通过持续的人类共同体的做和遭遇的恩典——我们是共同体当中的一个链接"，我们存在着。在我们的情境中的公正的反映须是做出某种尝试，通过为后来者造福而偿还这种社会债务。杜威在《一个共同的信仰》（*A Common Faith*）一文中将这个观点做了总结：

我们的责任是保存、传播、矫正和扩展我们已经得到的价值遗产，这样，我们的后继者将比我们更扎实、可靠地接受它，更广泛地理解它，更慷慨大方地分享它。①

杜威因此捍卫他为采纳这个共同体理想而进行的呼唤：对于那些继续在共同体生活中扮演合作角色的人来说，人的充分发展是最伟大的；借助于这种道德主张，我们有责任去扩展共享的经验的范围。支持另一种理想的个体，即那些对人的充分发展的社会理解不予重视的个人，是不可能被这样一个辩护所改变的。杜威的伦理论证试图唤起那些接受这个共同理想的人做出更大的努力，却不能向那些不接受它的人证明他们应该接受这个共同理想。当前的政治倾向显示那些人不相信这种严谨的论证。

我想在这里考虑的第二个主题是这个共同善的复杂性。迄今为止，这个主题一直隐藏在所有已经被考虑过的主题后面。很明显，所有推进集体福利的社会实用主义者的著作都假定，我们能够用"人民"或"共同的善"这样的集体性的术语，从合法性的角度来对社会进行讨论。比如，我们发现杜威写道，我们的讨论社会冲突的尝试就是试图发现"一些更为全面的、包容了差异性的观点"（MW 9：336）。没有这种"共同的善"的存在，采纳他所拥护的社会焦点，将会是自我挫败的，因为推进这一幻影般的善的尝试将会不同程度地支持那些成功地以其特殊兴趣去表达"共同的善"的个体和群体。

在赖特·米尔斯（C. Wright Mills）的提醒中，我们看到了普遍福利问题的复杂性："我们"是"政治词汇中最为棘手的词"。他强调说，当我们聚焦于共同体的集体福利时，我们特别容易越过重要的特性，忽视潜在的冲突。米尔斯继续指出："对一个'群体'来说是问题的东西，对另一个群体来说根本就不成问题，它很可能是一个令人满意的'答案'。"②意识到这个问题的复杂性并不必要承认它的不可解决性；我们要提醒我们

---

① LW 9：57—58；cf. MW 14：19.

② 米尔斯：《马克思主义者》（纽约：戴尔出版社 1962 年版，第 19 页）（C. Wright Mills, *The Marxist*, New York：Dell Publishing）；《社会学和实用主义》（纽约：牛津大学出版社 1966 年版，第 412 页）（*Sociology and pragmatism：The Higher Learning in America*, New York：Oxford University Press）。

自己，对所有关注共同体的人来说，都有必要强调和培养与它之间的批评性的距离。正如我们已经看到的那样，社会实用主义者们通过强调我们在多样的群体中的成员资格来培育这样的一个距离。

不管共同善有多么复杂，我们关于共同善的意识似乎在内容上通常是消极的。从一个"共同的"观点来看，我们倾向于把这种共同的善想作这样一个情境：局部的、私人的和特殊的兴趣在我们的决策中并不起破坏均衡的作用。从"善"的观点看，我们往往把它考虑为一种情境：在其中，容易辨识的特殊的社会问题——流行性疾病、环境污染、人口过剩、就业者中持续的贫穷，等等——已被减少到最小限度或已被消除了。杜威对我们关于共同善的标准意识的否定性本性的解释，将它与群体问题以及共同体的起源联系在了一起。他写道："人的行为对他人产生了后果，"而且，正是对这些后果的承认导致了"随后的控制行为的努力，以确保某些后果和回避某些后果"（LW 2：243）。通过将我们的情境与更多的理想的可能性相比较，我们确定了哪些后果是我们希望的，哪些后果是我们要回避的。

正是对"联合的和互动行为的间接、广泛、持久和严重后果"的认可和解决的尝试，使得具有"一种控制这些后果的共同兴趣"的公众存在下去（LW 2：314）。因此，公众是"所有那些受到交往的间接后果影响的人们"，在某种程度上，他们意识到问题的存在并确定"有必要使那些后果得到系统的照顾"（LW 2：245—246）。一个有自我意识的公众的发展，对社会的潜在解决问题的活动具有至关重要的意义。

虽然意识到这样一个公众是多么的必要，我们也认识到，在筛选和评估有价值信息的目标中，要严格限制充分发展一个公共的自我意识。其中的一些限制已经在我们先前关于习俗的讨论中被考虑过了。另外，杜威坚持说，"发展伟大社会的机器时代，已经侵入并部分地解体了先前时代的小共同体，而没有创造出伟大的共同体"（LW 2：314）；而且，在他写作这本著作之后的十年内，这一进程的势头丝毫未减。在这里，这个问题的一部分毫无疑问是我们面对的复杂性问题；但是，这个问题的另一部分，是我们已经发展起来的用以回应这些问题的智力专家的专业化，这种做法本身已经通过把社会问题的讨论从公共话语领域里排除出去，从而在不断地增加断裂。杜威继续说，由于社会缺乏对我们社会问题的理智的理解，

"许多后果是被感受到而不是被感知到；人们遭受痛苦，但是经历过这些痛苦的人们并不能说了解了这些痛苦，因为那些人并没有找到痛苦的根源。"没有公众的充分的帮助，个体就不能理解恒久事件之流的意义及其附带的信息。我们既不能理解我们所揭示的事实的重要性，也不能把我们行为的后果放置在可理解的未来秩序之中。杜威指出："只有当间接的后果被感知到，并且只有当有可能筹划可以给突发事件安排秩序的机构时"（LW 2：317；cf. LW 8：443），一个依然是"未形成的"公众才能够被组织起来。

正是在信息的分析和政策取向的选择中，公众——或者回到更为熟悉的术语，即共同体——必须起到一个中心的作用。在这里，强调他们是复数的、多重的群体这个事实也是重要的，因为我们都是众多相互交叠的群体的成员。在讨论和交流中，在开展被分享的活动和发展被分享的价值（这些价值组成了每个群体对共同的善的意识）中，在协调各种各样的共同善的意识中，共同体把个体的行为聚焦在共同的问题上。对问题的感知以及对反响的干预涉及从事件转向意义。"事件不能被从这一个传到另一个，"杜威写道，"但是意义却能借助于符号而被分享。"当我们的要求和冲动与共同的意义相联系时，它们被"转化为欲望和目的，而由于这些欲望和目的蕴含了一个共同的或被相互理解的意义，它们呈现了一种新的纽带关系，从而将一个共同的行为转化为一个利益和努力的共同体"。一个共同体从而"呈现了这样一种能量的秩序：将能量转化成那些受到赏识的以及被那些参与联合行动中的人们相互参照的意义中的一个"（LW 2：331）。在这样一个以意义交流为标志的理智化共同体生活中，相对于米尔斯向我们警示的东西，善的狭隘的意义似乎不大可能。

当共同体以这种方式成长的时候，我们能够促进单纯的相互作用转换为共享活动和共同价值，杜威将之称为"把物理的相互依赖转换为道德的——人的相互依赖"（LW 13：180）。与他的社会关注思路一致，他继续说，"人类最伟大的实验"是那种"以某种方式生活在一起的实验。根据这种方式，我们中每个人的生活在这个词最深层的意义上能够马上获益，既使自己受益，也可以有助于增加他人的个性"（LW：13：303；cf. MW 10：233）。通过人们能够意识到每一个体的福祉都与这个共同体以及整个世界中的其他人的福祉息息相关，通过意识到解决我们共同的弊病需要我们的合作努力，这项实验就能够被提升。对共同利益的这种认可还能够通过"被有意识分享的利益"的发展，以及"与其他形式联合体互动"的提升而导致共同体的改善（LW 9：89）。我们越是能够以这样的方式生活——即强调我们在让共同体充分实现中的位置并关注于共同善和通过共同努力发展共同体——我们也就越能发展一种社会所希望的模式。

对杜威和其他社会实用主义者来说，通过改善教育的媒介，可以提高"本地社区生活"的水平（LW 2：370）。教育在这个意义上远远超过了我们传统上所理解的"学校工作"。它是一个把我们过去所得到的经验带向现在和未来的终生过程。我们可以用刚刚考察过的那两个主题来考虑这些改善：教育必须有助于使未来的思考更加社会化，也必须有助于将未来的思维活动导向揭示和解决共同的问题。

从前者开始，我们能够把教育在共同体建设中的目标，看作是有助于个人学会更协作地生活，欣赏个人在社会过程中的作用，完成单个个体所不能完成的任务。杜威指出，"教育应该在所有人当中创造出一种推进普遍善的兴趣，这样他们能够发现，他们自己的幸福在为了改善他人状况而做的事情中得到了实现"（LW 7：243）。这种"把一个传统的个人主义目的……置换为一个明确的社会目标"（LW 9：180）的需求尤其重要，因为我们力图填补当代境遇所给予我们的更广泛的可能性。

米尔斯警告我们说，我们时常受到诱惑，把社会杠杆拱手交给教育管理者、民权与宗教领袖以及政治人物（所有人在过去都误用"我们"，尤其是以低估个性的方式加以使用）。当然，杜威同时强调了培养个性对个体生活以及社会成功的重要性；并且，即便在他的"使（学生）充满服务精神"（MW 1：20）的呼吁中，我们发现他也没有对发展个性做出任何妥协。相反，对杜威来说，"民主的尚未解决的问题是对教育的一种建构，这个建构发挥了这种对共同的日程生活保持理智上活力、情感上忠诚的个性（MW 11：57）。他希望通过为年轻人成为"最宽泛意义上的好公民"——即能够"认识到将他们和其他共同体成员联结在一起的纽带，认识到他们必须为建立共同体生活所应贡献的责任"（MW 15：158）的公民——而提高个体性。并且，当杜威呼吁发展"公众意识，一种公众服务和责任感"（MW 10：183）的时候，这种公众意识也绝不是对现状的一种头脑简单的吹捧。教育必须帮助我们所有的人变得更具批判性：能够更好地意识到价值，更加意识到社会进步的可能本性。以这种方式，学生和成人"评判人的能力、明智地做出权衡的能力，以及在制定和服从法律时起一个决定性作用的能力"将获得成长（LW 9：127）。

对批判精神的强调将把我们直接引导到教育在共同体建设中要达到的第二个目标：使得教育成为一个揭示和推进共同善的更好的方法。尽管我们的目标是帮助学生成为更有批判力的公民，使得他们能更好地处理在当代世界新的和困难境况中面临的问题，但是，我们不能寄希望于依靠一个狭义的解决问题的方法来达到这个目标。我们必须把教育引向发展"成熟的和全面的人类"（LW 13：336）。正如杜威所说的，教育的最终目标是培养有明智判断能力的成人，培养能够在人类生活的问题上"适切地和有区别地进行判断的人们"（LW 8：211）。把教育的重点放在判断而不是简单的知识积累上，是杜威对智慧所做的强调的一部分。杜威说，智慧是"一个道德术语"，"智慧不是意味着系统的和被证实的关于事实和真理的知识，而是一种关于道德价值的信念，一种引向那种更好生活的意识"（MW 11：44）。而且，由于人们需要进行不断的评估和批判，杜威强调了培养不断探究的必要性："能够被形成的最重要的态度是那种要继续学习的欲望"（LW 13：29）。这样，年轻人就能够使目前的经验更有意义，在将来能更有序地进入到为他们的各种各样团体生活做贡献的角色当中去。

毫无疑问，在这一点上，杜威关于共同体的概念对他思想的其余部分到底有多重要，以及这一思想与他把民主理解为一种合作性实验有着多么紧密的联系，已经变得清晰起来了。民主共同体的价值——"相互尊重、相互容忍、公平交换、共享经验"（LW 13：303）——渗透于杜威思想的各个方面。同其他社会实用主义者一样，在杜威看来，共同体的成功依赖于以一种民主的方式努力寻找共同的善。我们可能聚拢在一起来解决我们共同的问题；但是，正是这种聚拢而非问题的解决才成为首要的结果。在我们试图建设和推进民主共同体的尝试中，发展共享的行动和共同持有的价值观的过程是这个问题的关键。杜威坚持认为，我们有必要培养这样一种长期的关注，即培养透过特殊的问题而洞察到对话和长期合作的必要的能力。即便有偶然的乃至非常严重的障碍，我们也应该继续信任共同体的生活，因为，民主是"一种道德理想"。杜威继续指出，民主是"一种信念，这个信念认为经验的过程比任何获得的特殊结果更为重要"（LW 14：228—299）。而且，这种对民主过程的信任，这种认为共享的生活本身是人类生活之目标的信念是杜威的共同体观念的核心。

杜威与民主

詹姆士·坎贝尔(James Campbell)著　欧阳彬译

一

　　要想对杜威与民主的关系做任何讨论，可能最好从对概念本身的考察开始。杜威终其一生都致力于重构政治概念的完整范围，并且始终贯穿着三项相对独立的理论主张。从根本上说，每一项理论主张本质上都是实用主义的，需要我们进行不断的估量。第一项理论主张认为，这些概念在我们的探究中都是解决社会问题的工具，仅仅在某种抽象或确定的意义上，它们才具有绝对或终极的意义。因此，不可能通过诉诸任何传统或是历史文献，而能获得诸如"民主"那样的概念的完整意义。相反，必须根据我们所处的具体境遇来考量"民主"概念的充分性。他的第二项主张是，我们曾经沿用的各种具有历史性的政治术语都能产生合理的当代意义。杜威的第三项主张认为，包括"民主"在内的许多概念都局限在狭窄的政治范围内，它们不再有助于促进公共的善。这些过时的概念之所以能够继续存在，是因为社会中的某些力量——个人、集团和制度——能从中以及从它们的继续存在中获利。

　　当我们思考杜威所信赖的"民主"在当代境遇中究竟意味着什么时，他很明显的是将"民主"看作是"一个具有多重涵义的词"。民主之所以具有丰富的含义，是因为民主生活"必须在所有的社会形式和体制中随每代人、每年、每日以及人们之间生活关系的变动而不断更新"。杜威继续说：

　　　　每一代人都应为自己重新确立民主；民主的性质和本质是，它并不是可以由某一人传给另一人或某一代传给下一代的东西，而是要根据我们置身于其中的逐年变化的社会生活需要、问题和情况，去重新创造的东西。

因为不断的社会进化，民主概念"必须被不断地重新探究，所以，民主也必须不断地被发现、再发现、再创造、再组织……"

我们需要做出一个基本的选择，是更广泛地思考"作为一种社会理念的民主"，还是仅仅局限于考察"作为一种政府制度的政治民主"。正如我已经提出的那样，杜威强调的是作为一种相互联合的生活方式以及一种互相沟通的经验模式的民主，以有别于作为一种政府形式的民主。正是这种更宽泛意义上的民主，承认"作为一种共同生活方式的民主所具有的道德意蕴"。在为这种道德意蕴辩护时，杜威说：

> 民主的理念比国家中所最好示例的民主更为广泛和丰富。这个理念要想得到实现，它就必须影响到人们的所有的结社模式、家庭、学校、行业、宗教。至于政治安排和政府的制度，仅仅是一种保障民主理念有效运作的机制。

因此，若把民主看作"结社生活的其他原则的替代"，那就是错误的。民主并不是那种不可知论式的主张，即认为所有人的意见都一样；也不是那种怯懦的主张，即认为民主不过是免于专制的自我保护的设计。杜威认为，民主应被看作是"共同体生活自身所具有的理念"。

在阐述民主的这种更宽泛的道德意蕴时，杜威在下面的论述中表达了他的强烈信念："民主是一种生活方式。这种生活方式受到在人类本性的可能性中起作用之信念的制约。"这种对民主的信念包括"对个体性、每一个正常人所具有的独特的、与众不同的品质"，以及"对在具备适当条件下的人类理智判断能力的信念"。这里包含的内容，表明了个体性概念在他所有关于社会的思想中具有中心地位。杜威对个体性的信念源于他"对互相联合的生活、互相沟通的经验"以及"共享的合作经验的承认"。因此，杜威的著作有助于抵制一些民主概念对个人自由的过分扩张。他写道："合作是民主理想的一部分，就像它是个人能动性的一部分一样"：

友好合作的习性本身就是生命的一种无价的附加物……民主就是相信经验的过程比任何获得的具体结果更重要。所以，获得的具体结果只有在能被用作丰富和规范当前过程的意义上才具有最终价值。

在这些结果中，承认和解决问题的可能性随着民主一同增长。而且，因为所有这些都植根于某种信念，因此，这种可能性只有根据社会行动未来的成功或失败，根据"它的作用、它的成果"来判断是有效还是虚假的。

作为一种生活方式的民主必须受到交互性生活的检验。杜威写道：

民主的理念在于要根据个体构成和指导团体的能力来分担责任。而个人是依据团体所具有的价值是否满足他的需要来归属和参加某个团体的。从团体的立场出发，民主的理念要求团体成员与公共的利益和善相和谐的潜力得到解放。

因为强调要参与社会生活，所以民主是"一种将最大的责任重担赋予最大多数人的道路"。完成民主的责任的起作用的水平，使得杜威的民主的活跃分子必须积极参与公共生活："作为一种生活方式的民主，其基本点就在于每一个成熟的人都有必要参与塑造价值的过程。这些价值规范着人们的共同生活。"没有参与的机会，个人就不能成长："只有当人性中的要素参与了指导公共事物的过程，人性才能发展。为了这些公共事物，男人和女人就形成各种团体——家庭、行业组织、政府机构、教会、科学协会等。"然而，如果一个人是一个"旁观者"而不是"参与者"，那么他会采取这样的态度："某个人在单人牢房中，看着窗户外面的下雨；外面的一切对他没有什么不一样"。因此，杜威为我们树立了目标："发展适合民主社会的某种社会方向——这种方向来自于对公共利益的欣赏之情的升华，以及对社会责任的理解。这些社会责任只能通过实验性的和个人性的参与公共事务的行为来获得。"

在了解了这种大范围民主的同时，我们还要简要考察一下民主的两个特殊方面：政治的和经济的方面。正如杜威所言："检验所有政治制度和行业组织的最高标准，是看它们对社会每一成员全面成长所做出的贡献。"在政治领域中,民主意味着"一种政府模式,一种挑选官员以及规范他们作为官员行为的一种专门实践"。这是一种政府模式,它"不会认为某一个人或阶级的福祉高于其他人或阶级的福祉。法律与管理体系对所有人的幸福和利益一视同仁。在这种法律和管理体系面前,人人平等"(MW 10:137)。要促进这些目标,需要发展出几个常见的程序:"普选权,复选权,掌握政治权力的人对选民的责任,以及民主政府其他一些能有利于实现作为真正的人的生活方式的民主手段"。(LW 11:218)民主的政治方面也包括其他一些实验,诸如努力整合有助于解决社会问题的专家知识。

在现代工业社会中,民主的经济方面具有同样的重要性。因为正如杜威在1932年所留意到的那样:"政治问题在本质上是经济问题"(LW 7:357)。自从我们的政治框架的基础建立以来,经济的变动已经使得它在很大程度上变得不相干了。因为:"当我们的政治框架形成的时候,我们是不可能预见到经济的发展状况的。这种经济发展状况使得在大众统治机构的运转中产生了混乱和不确定性"(LW 13:107;cf. 11:366—371)。在现代世界中,许多人"对自己的生存条件只有最低限度的掌握。如果人口的绝大部分在经济上没有保障、无法独立,那么政治民主如何得到保证呢?这已成为未来民主的一个问题"(LW 13:300)。因此,甚至在杜威最早期的著作中,他就坚持认为目前"民主有名无实,除非它能在行业、市民以及政治中得到真正实现"(EW 1:246)。这种"财富的民主"要求共同体进行有组织的努力,通过政府行为去培育自由和平等。在这个方面,杜威将民主视为"一种将两种在历史上经常相互冲突的观念——个体的解放和公共善的促进——联合起来的努力"(LW 7:349;cf. 9:103)。

杜威对行业民主的强调能够反映在他倡导经济体制的民主管理以及倡导"在管理活动中赋予工人们责任份额"(MW 12:9;cf. LW 5:104)。至于工人们能够承担多大程度和什么类型的责任份额,还得由未来面对具体境遇的个人来决定和再决定。与行业管理的这些平等主义方面密切相关,杜威对民主理解中所具有的一种完整意义的经济成分,也要求某种可以获得的、对工人们的生活有意义的职业,要求一些能给他们的日常工作带来"巨大的和有人性价值"的变化(MW 1:16;cf. 12:9;14:86—

87；LW 1：271—272；5：240；11：221）。生活中的审美与道德方面的考量因此要求我们改进工作环境，以使工人们不再必须在"事故和必然性条件的限制"下被迫从事工作（MW 9：143），不再是"他们所照管的机器的附属物"（LW 3：124）。也不再从事那些"抑止个人判断力和能动性"（LW 5：137；cf. 1：271）的工作。这种对工作环境的民主重构也能提升工人们的地位，增强他们对自身地位以及共同体的社会目标意识。杜威认为，我们的目标必须是"每个人都应该做能使其他人的生活变得更好的事情，做能因此而使人们之间的联系纽带变得更显著的事情……"（MW 9：326；cf. LW 5：105）。

二

到目前为止，我们主要讨论的是杜威对"民主"概念的意义的理解。我将在这一节更关注杜威对民主实践的思考。杜威非常强调社会存在的过程性，强调在新的条件下采取不同的方式去解决过去遗留的社会问题。这与他对政治概念的重构的分析相得益彰。我们各种各样的结为团体的行为——在官僚体制中，在行业组织中，在非正式的俱乐部、组织和邻里关系中——就其对上述的民主意义影响的程度来说，可能更充分和更有效。

杜威认为，社会制度是"有组织的行动模式，它是以那些将人们联合起来的需要和利益为基础的"（EW 3：347）。一些以杜威的这种描述为基础的典型社会制度是习俗、经济体系、政治程序、宗教、语言、财产、法律形式和学校等。杜威写道，所有社会制度的目的都是"不分种族、性别、阶级或经济地位的差别而解放和发展人类个体的能力；都是为了教育每一个个体，使他们能完全实现自身的可能性；都是为了每一个社会成员的全面发展"。（MW 12：186；cf. EW 5：48；MW 5：431；9：9；14：54；LW 7：227）但是，制度往往拖了后腿："人类生活中拖后腿的力量是巨大的"（MW 14：77）。宗教教义、商业实践、教育制度以及家庭构成都会随着时间的推移而变得不合适。

工业关系变化最快；过后很久才是政治关系的变化；各种法律关系和方式的变化更延后，然而同时，那些与人们的思想和信念模式密切相关的社会制度中的变化却极少发生。

制度上的滞后是我们社会存在中的一个持久状况。依据情境的特殊性，制度上的滞后会起到或严重或轻微的作用。

杜威认为，当严重滞后的情形得到发展的时候，这些有问题的制度必须被加以重建。这是一个丰富的、共同参与的民主过程。这一过程要求不断的争辩和讨论，从而使得过时的制度与我们选择要生活于其中的社会蓝图相协调。他断言，"我们的目标以及所有人类的任务，就是去建构一个恰当的人类社会生活环境，这种环境有助于产生出健全的和完整的人类，而健康和完整的人类反过来也将会维持一个合理的和健康的人类生活环境。"（LW 13：336）杜威将目前进行的重建看作是一种自由民主共同体生活的一部分。随着重建工作的展开，这种自由精神"赋予普通人一种新的兴趣和一种新的感受：普通人，绝大多数人都将具有各种发展的可能性。而这些可能性从前一直被压制着，或由于制度和政治条件而遭到禁止"（LW 11：365）。从这种解放绝大多数人的发展可能性的企图出发，杜威还提出了现代自由民主的三个指导性主题。

第一，在一个不断进化的、其中的社会制度会由于自身拖后趋势而充满各种张力的社会中，自由主义被视为"社会转型的调节器"，它"能调整陈旧事物与新生事物的关系"。（LW 11：36，133；cf. 291—292）自由的民主试图从眼下感受到的问题出发，走向可以促进公共善的解决方案。第二，尽管自由主义起到了调节和中介作用这一事实，但是，我们不应该将自由主义看作是某种极力降低变化程度的东西；相反，自由主义应该尽力寻求社会的激进变革以及那些能触及问题之根本的变革。杜威写道："自由主义现在必须变得激进。这意味着要'强烈'感受到社会制度组织结构中的彻底变革，以及相应的实施变革行动的必要性"（LW 11：45）。"复兴的自由主义必须寻求'各种不平等、压迫的原因而不是症状，不是使用社会力量去纠正现存体系产生的那些邪恶后果，而是利用社会力量去变革体系本身'"（LW 11：287）。第三，自由主义还必须通过和平的方式产生这些激进变革。正如杜威所言："民主只能通过逐渐适应、感染和扩散到人们日常生活每个部分的方式才能实现，这一方式与它所要达到的目标是一致的"（LW 13：187；cf. 11：218，298）。

　　杜威相信，那些接纳革命观点的人们，以"作为影响激进变革的主要手段"来为暴力的不可避免性进行辩护，这种观点是错误的。"不需要使用暴力也能发生大范围的变革"（LW 11：45，58）。即使杜威承认美国有一个"暴力的传统"，承认权力"在被整合进现存社会体系的程序中，在正常时会成为一种强迫力，在危机时期会成为公然的暴力"（LW 11：46，45；cf. 294）。但是他仍然拒斥对暴力的持续依赖。他这种拒斥的部分原因在于，他相信当代世界中革命的代价极其高昂，风险也极其巨大（cf. LW 9：94；11：266，288）。除此之外，他坚持认为，即使假定革命曾经是必要的，那些鼓吹继续革命的人也不能证明现在仍需要革命。"坚持暴力的使用是不可避免的主张实际上限制了理智的有效运用，因为无论在什么情况下，受所谓的不可避免性所支配的理智都是不可能得到有效运用的"（LW 11：55；cf. 58）。杜威不是把暴力看作社会进程中的内在因素，而是认为"导致暴力冲突的因素未能将冲突置于理智的审视之下。实际上，在理智中利益冲突能根据绝大多数人的利害关系来调节"（LW 11：56；cf. 5：415）。回到先前的论点，杜威断言，依赖暴力的方式将无助于自我管理。相反，暴力有可能为我们带来新的统治者。正如他所言："如果没有民主参与程度的增长，我们所取得的成果会相当糟糕，其中许多成果可能会不得不推倒重来"（LW 9：110—111）。

　　自由民主试图将社会理智运用到被分享的生活过程中去。它承诺"使用无拘束的理智作为指导变革的方式"（LW 11：41；cf. 3：178）。它能够在不诉诸暴力的情况下为社会提供必要的基本变革的可能性。我们应该破除一种古老的传统，即"相信自然本性、神意、进化论或昭示的命运，也就是说相信偶然性指导着人类的事务。相反，我们应该相信有计划的、建设性的理智活动"（MW 10：240）。要完成这种转向可能需要承认一个事实，即"一种民有和民治的政府应该是一个保障和扩展统治者和被统治者个人自由权利的积极有效组织，而不是一种压迫的工具"（LW 11：248）。杜威进而认为，建立一种"集体性的社会计划"体制是可能的。这种集体性的社会计划体制能够使人们将"自由主义一般信条转化为具体的行动纲领"（LW 11：32，64），从而使当前民主社会的重建工作保持在一个更高水平上。

　　以这种社会重建为基础，杜威引导出了一系列关于社会行动的设定。

在社会重建过程中，对这种集体性社会计划的信任，来自杜威的一系列关于社会行动的设定。一个设定是，我们能够以诸如"人民"或"公共的善"那样集体性的术语，从合法性的角度对社会加以讨论，而无需以个人、私人或各种集团善的名义来进行讨论。正如杜威所说的那样，当我们试图去处理社会冲突时，我们会努力去发现"一些能够将各种分歧整合起来的更包容的意见"（MW 9：336）。当然，公共善的设定是关键，因为如果我们不是一个拥有共同善的集体单位，那么，社会焦点可能会不恰当地支持那些将自身的特殊利益说成是共同福利之体现的个人或群体。杜威的第二个设定是，美国社会最终会保留一种民主，因为目前手中掌控大权或至少以为能够加以控制的人们希望通过现存的手段来保存现状。第三个设定是一个基本的常识，即民主共同体的成员能够辨别各种意见，并且愿意听从合理的建议。杜威坚信，"当建议被表明是合理之时，人们是愿意听取并遵循的。这是他们普遍具有的品质"（MW 10：403）。除此之外，他们不仅愿意遵循已提出的行动路线，而且也愿意沿着还不太明确的道路开展社会探究。

这第三项设定使得民主社会的重建工作在很大程度上变成了一种教育事业，而不是狭隘的政治活动。杜威认为，自由主义的事业在其"最宽泛的意义上首先是教育的事业"（LW 11：42；cf. 44）。自由主义的工作表明，为发展一种丰富公共舆论而进行的普遍耗时的努力并不是被误导的行动。那些被误导行动最好被以更当下和实际效果为目的的党派活动所取代。因此，在杜威看来，我们所熟悉的许多民主实践活动——搜寻真相、研究各种导致纠纷的论题、鼓励对立群体之间的对抗——都是不必要的。"在陈述事实，尤其是表达他人的意见时，公平竞争和诚实正直"（LW 9：94；cf. 13：117；14：227）等都是杜威所拥护的理智的社会探究的诸方面。"民主理想的保障取决于理智地使用组合起来的、统一的、真诚的努力，从而意识到社会及政治问题的性质和原因。"（LW 11：515）

杜威并不相信民主生活的进程会没有任何冲突；但是他确实相信，尽管有这样那样的矛盾，共同体的合作性探究行动仍然是可行的。因为社会中的环境不断变化，冲突也会不断发生。"当然会存在相互冲突的利益，否则的话就不会有社会问题了"（LW 11：56；cf. 7：322—328）。然而，承认这一点并不意味着对民主的失望，毕竟，受到控制的冲突可以导致有利于社会的结果。"冲突是思想的牛虻。它冲击着绵羊般的温顺，赋予我们积极计算和控制的能力"（MW 14：207；cf. LW 13：125）。特别是，当我们以合作探究的态度去处理冲突时，社会冲突能帮助我们"更清晰地意识到不同的利益。这些利益在任何持久性的解决方式中都必须被涉及和被协调好"（LW 13：115；cf. EW 4：210）。杜威认为，这就是民主的社会重建的方式：

> 民主的方式——在一种有组织的理智活动的范围内——就是将这些冲突公开化，使得它的具体主张能够被了解和被评价，能够根据更包容性的利益而得到讨论和评判，而不是由它们中的一方来表达。

杜威认为，真正的民主就是相信社会中那些"必然产生"的争论能够通过"双方都参与的合作性工作来解决……"；通过培养"友好合作的习性"来消除冲突（LW 14：228）。

从本质上说，杜威的观点是，民主能够被视为一种合作性的实验。那些参与实验的人们就是以民主的方式去寻求共同的善。为了解决问题所需要的时间和努力都是与此无关的，我们必须采取一切必要的行动去去除这些痼疾。只要这些痼疾还存在，行动就要持续下去。在建设和促进民主共同体的过程中，开展共同行动和发展共享价值的过程是重要的。杜威声称，我们的社会群体需要发挥某种长期的注意力：

> 目的不能局限于对关于某种特别有限的问题的决定产生影响。相反，应当关注确保这些决定能够影响到特殊的要点，深化利益，创造一种对所有类似问题的更理智的见解，从而保证在未来的思考中给予一个更私人化的反应。

分歧将会产生，出现错误也属预料之中。但这些分歧与错误都必须得到容忍，因为我们相信我们的伙伴对公共善的真挚与承诺。

在探索了杜威对作为合作性探究民主的分析之后，我们要简要地考察对他的观点所提出的一些挑战。某些最重要的挑战可以表述如下，"人们对这种民主社会重建工作的方法的兴趣不够充分"，或"人们没有足够的理智去这样做"，或"人们还不能充分无私地这样做"。第一种批评——人们对合作性社会探究过于冷漠——表明杜威所提供的民主实践视野高于现实公民的参与水平。第二种批评——人们愚昧无知，因此无法进行合作性的社会探究——提出了这样的问题：我们所熟悉的那些公民是否有足够的聪明才智去扮演在他们所共享的生活中应当扮演的角色呢？我们经常碰见的那些人是否有足够的理智去驾驭社会存在的日益增加的复杂性呢？第三种批评——人们过于自私而无法进行合作性的社会探究——断言我们所熟悉的那些人并不具备必要的公正无私的品质。对于每一种批评，杜威的回应可能是，虽然目前这些批评可能看上去有相当的说服力，但是，没有一个这样的批评看到了合作性探究的民主实践所带来的各种可能性。

对杜威观点的另一条批评路径不是针对个体社会成员未能满足理解民主的要求，而是针对杜威对民主实践自身可能性的理解，特别是针对他对社会权力的轻描淡写。这种批评认为，在杜威观念中占据中心位置的个人、各种志愿组织、地方性群体以及其他一些方面，事实上在现实中是微不足道的；在我们社会中，政治活动既不是合作性的也不是探究性的，而是权力的运作。另外，在这种批评看来，杜威的民主式修辞——公开参与大街小巷的讨论、在媒体上充分和公正地暴露问题——掩盖了一些社会权力的事实，使得开明的、愿意合作的公民对于权力政治的现实运作准备不足。虽然我相信对任何幼稚的自由主义来说，这绝对是一种根本性的批评，但它决不构成对杜威立场的任何充分的批评。诚然，杜威的方法并不符合我们目前所熟悉的社会情形的任何标准模式；他的著作也不是当代政治实践的指南。然而，杜威思想的现实意义在于，如果我们希望摆脱目前实践中的问题的束缚，那么我们就需要重建我们的社会境况，从而创造出诸如合作性探究的民主之类的更适当的事情。这样，政治过程就能够被视为一种有教育意义的过程。在此过程中，我们处理社会问题的能力以及理解共享存在的能力都能得到提高。杜威断定，"这种合作性学习过程恰好是民主最需要的教育"。（LW 5：416）

三

下面的论述进一步表明了杜威对民主与教育之间亲密联系的看法：

"民主必须伴随每一代人而再次获得新生，教育就是它的助产士"（MW 10：139）。两者之间的关系是"交互的"或"相互的"，因为民主"本身就是一种教育原则"，这个原则通过涉及社会问题而使得成长成为可能（LW 13：294）。"在人们制定他所属于的社会群体的目标和政策时，每个人都要根据他的能力去分担他的责任。只有在此时，完整的教育才能实现"（MW 12：199）。这里提及能力，并不是要提议将人们划归于某种等级体系，而是想断言公民在民主社会中必须接受足够的教育，才能对被提出的选择加以批评。因此，对杜威来说，"民主中还未解决的问题就是建立一种可以发挥个性的教育。从理智上说，这种个性对共同生活保有活力；从敏感性上说，这种个性对公共的管理怀有忠诚"（MW 11：57；cf. 12：185；LW 7：364；13：297）。

在为更大的共同体赢得关注方面，借助于为共同体准备一批具有批评视野的观众的努力，社会批评的有效性将会得到增加。为此，教育的主题成为杜威所有著作中关于社会重建的一个中心主题。如果一个社会希望克服那些从过去延续下来的种种现实的、潜在的痼疾并将那些更美好的事物传递到未来的话，那么，它就必须关注教育。作为工作的第一步，我们需要对"教育"这个术语的含义进行不同的思考，判定它是否能使我们的孩子更好地面对现代世界，并需要为完成他们将要扮演的角色做好准备。我们也需要为达到这些被预期的教育目标而重新进行制度性实践。

对教育可能性的思考并不表明杜威认为教育的改善得到了保障。有别于批评家往往意识到的，杜威更强调教育过程中的现实局限："'教育'在它最宽泛的意义上并不无所不能。"（LW 9：110）虽然学校经常被视为"社会系统中心甘情愿的勤杂工"，（MW 10：191）但是它仅仅是"众多社会机构中的一种教育机构"（LW 11：414）。学校不是"最终的规范性力量"，"社会制度、职业趋势和社会安排模式才是塑造心灵的最终影响力量"。（LW 5：102）然而，教育改革对于摆脱未经反思的陈旧制度的再生产来说，仍是一种根本性的方式："要维持一种真正变革性的社会秩序，就需要某种理解和社会安排。而学校对于这种理解和安排的形成尽管不是充分条件，但也是必要条件"（LW 11：414；cf. MW 9：85，126）。

在民主社会的重建中，教育和学校可以发挥两方面的作用。首先，教育和学校能够使学生在当今世界的各种新的、困难的情况中成为解决问题的能手，能够帮助学生学会如何思考，而不是简单地灌输一些我们现在认为是他们今后需要的东西。杜威认为，教育者的目标不是"培养出仅仅储藏有大量知识信息或在某一领域具有高技能的学生，而是要培育出对自己所处位置中的任何事物都具有良好判断力和心智的学生"（LW 8：211；cf. 327；MW 9：153）。教育的终极目标因此是培育具有"健全判断力"的人，培养能够将其判断力恰切地和有分辨力地运用到人类事务中去的人（LW 8：211）。教育的重点是判断力，而非信息或知识，这构成了杜威对智慧而非智力的强调的一部分。杜威写道，智慧是一个"道德的术语"（MW 11：44），它与对一个更美好世界的选择所进行的评价和批判有关。而且，由于我们需要这种不断进行的评价和批判，杜威强调了需要持续的探究。"能够被形成的最重要的态度是不断学习的欲望"（LW 13：29；cf. 8：139）。通过这样的方式，学生们能够使他们目前的生活更有意义，也使得他们更加井井有条地踏入未来。

在民主的社会重建中，教育和学校工作的第二个作用是帮助学生学会更和睦地相处，共同工作以完成那些个人无法完成的任务。教育者因此也在学生的社会化中、在"使得学生充满服务精神"中扮演了一个中心角色（MW 1：20）。杜威进一步扩充了这一点："教育应当为所有人创造出一种对增进公共善的兴趣。因此，人们发现他们能够在改善他人的状况中实现了自身的幸福。"（LW 7：243）如果我们希望实现我们社会境遇中所出现的各种更大的可能性，那么，这种目标——"以一个确定的社会性目的取代传统的个人主义目的"——就显得特别重要了。（LW 9：180）"在一个复杂的社会中，与他人共同行动和互相理解的能力是达成共同目的的条件。这种能力只有依靠教育才能养成"（MW 10：139）。

进一步考察杜威对社会化的倡导中的两个因素是有价值的。首先，虽然杜威提倡赋予学生服务的精神，但是他并不试图消除或阻碍学生个性的发展。相反，他的目标是通过让"学生们成为最完整意义上的良好公民"，以发展他们的个性。杜威的意思是，借助于这样的方式，培育出能够"认识到自己与共同体其他成员的联系纽带"和"必须一起分担建立共同体生活责任"的公民。（MW 15：190，158；cf. LW 11：205—207）。其次，虽然杜威提倡发展"公共意识、公共服务精神与责任感"（MW 10：183），但是这种公共意识是一种批判性意识，而决不是安于现状的简单想法。他认为,"如果在一个受金钱利益控制的国家中,我们的公共学校教育体系仅仅生产出一些讲效率的产业后备军和公民后备队"(LW 5:102),那么,我们就不可能培育出良好的公民。教育必须使得学生们能够更好地欣赏各种社会价值,更清楚地意识到社会进步的各种可能性。学生们必须不断"发展睿智地判断人和各种措施的能力,发展积极参与法律的制定和服从法律的能力"(MW 9:127)。他们必须有能力在"积极参与建立一个新的社会秩序的过程中发挥自己的主动性"(LW 9:182; cf. MW 8:412)。

杜威相信,民主的学校教育程序能够培养学生们的参与和评价能力。如果一个学校的所有决策都是代替学生制定的,青年学生的个人责任感和集体责任感没有被培育出来,那么,这样的学校是无助于民主的公民社会的探究的。相反,一个民主的学校不会将社会化的目标与达成目标的手段分离开来。"为社会生活进行准备的唯一方式就是参与社会生活。"(EW 5:62; cf. LW 11:222,254)而且,如果社会生活是为了满足人们"领导和被领导"的需要,那么学校就必须为这两种需要提供机会。因此我们必须在学校中努力去"创建一个类似我们希望实现的社会类型的方案,并且形成与此方案一致的思想,从而逐渐地修正成年人在社会中存在的各种越来越大、越来越多的顽疾"(MW 9:326)。在这样的以共同体为导向的学校中,孩子们"能够作为共同体的成员去行动,摆脱他的行动和感觉的原初的狭隘性,从他自己所属的群体的福祉出发去构想自己"(EW 5:84)。倘若一所学校中的教育是按照"共享行动原则"的思路来组织的(MW 9:18),那么,我们就期望对一种孤立化的学校教育带来一种完全不同的总体冲击。在这种孤立化的学校教育中,"一个孩子把帮助另外一个孩子列入自己的任务,将被视为一种教育犯罪"(MW 1:11)。共享行动的教育使得"每一个个人成为联合行动中的分享者或伙伴。这样,他将联合行动的成功看作是自己的成功,将联合行动的失败看作是自己的失败……"(MW 9:18; cf. EW 5:88),并产生出一种使得民主的共同体生活更有可能的意义共享的感觉。

纵观杜威对民主教育的讨论,他都非常严肃地对待指导的责任。虽然杜威承认这里存在着操纵的可能性,但是他拒绝认可所有受到操纵的教育活动。他强调要在将学生从所有控制中解放出来与试图严格地控制他们这两种极端立场之间进退有据（cf. MW 1：90；2：279—283；LW 5：319—325；13：8—10）。当然，从历史上看，教育的趋势，特别是价值教育的趋势是朝着后一立场，即朝着严格教化的方向发展的。杜威认为，年幼孩子们最初是一个个高度可塑的个体，但是对于许多教育者来说，这种可塑性"并不意味着自由地、广泛地学习的能力，而是意味着学习成年人群体的风俗习惯的能力，意味着那些有权有势的人希望教给他们的学习特别事物的能力"。这种教育概念"巧妙利用了青年人的无助，它所形成的各种习惯有助于维护社会规范的界限"（MW 14：70，47）。杜威继续提出，这种"外在的强制灌输"是操纵性的，它与指导无关。他所谓的指导是指"为了最充分地实现自身的解放生命过程"（MW 2：281）。这种意义上的指导是"对自由的帮助，而非对它加以限制"（LW 13：46）；他坚持认为，教师通过指导学生思考所谓"我们文明中的根本性的社会问题"（LW 5：102），可能防止学生们因为各种偏见而偏离对共同善的追寻。

由此可见，任何指导都必须依赖于对构成人类充分发展的东西的理解。如果学生们能够自发地寻求他们的善，那么他们就没有必要得到指导。充分发展的概念必须由教师、学校董事会、家庭教师协会以及其他成年人团体来选择。教师和其他团体指导学生选择的这些目标必须是能促进共同善的目标。在杜威看来，教师在学校中起到的作用近似于专家在更大的社会中所起到的作用。虽然学生们至今仍然仅仅是不全面地发展的，但他们正在学习履行他们今后在社会中作为他人意见评价者的角色。

最后，杜威对民主与教育关系的强调，重点不在于学校教育而在于对参与公民的不断教育。他认为，"在探究与探究结论的传播中的思想自由，是民主制度的神经中枢"。（LW 11：375）对民主社会中知识共享的强调要求我们抛弃"理智的纯粹个人主义观点"，以及"将理智看作是个人所有物的顽习"（LW 11：38，47）。通过共同生活中人类的合作努力，我们就能获得作为社会所有物的知识。"禁锢于私人意识中的知识是一种神话。社会现象的知识特别依赖于传播，因为只有通过传播，知识才能被获取或检验"（LW 2：345）。作为合作性探究的民主要取得成功，就必须借助于大范围的公共性互动以及共享生活的持续过程。因为这就是作为一种生活方式的民主之要义所在。

模仿在杜威定性思维理论中的角色

吉姆·加里森(Jim Garrison)著　徐先艳编译

　　学者们已经确定了"性质"在杜威的美学和"定性思维"在杜威的探究理论（逻辑学）中的至关重要性。当我们掌握了存在的性质和杜威对模仿的含蓄理解的理想化过程之间关系的时候，我们就能更好地理解杜威的美学和逻辑学。然而，杜威并未提出明确的模仿理论，因此在他的美学中留下了一个重大的缺口。但是，通过搜集杜威就相关主题所作的那些分散言论来建构出这一理论的轮廓，似乎并不太困难。

　　模仿的理想化这一理论对美学和逻辑学都做出了贡献，这一事实有助于我们理解创造性的探究艺术和艺术创造的逻辑。模仿没有在这两个领域之间搭起桥梁，而是将二者糅合在一起。它也将美学、逻辑学与道德整合起来，但是本文只提示前述的糅合整体。虽然最后的结论是思考模仿的整合对哲学文化功能的杜威式改造意味着什么。

　　大多数艺术理论都认为模仿是对自然的复制或符合。然而，杜威所理解的模仿是对正在发生情形的性质中发现的自然活力之仿效；性质本身作为力量的汇流，产生一种自然的综合统一体。对杜威来说，模仿不是与已经存在的静态的粗糙物质相类似。在杜威的哲学中，"价值的基础和实现价值的努力都是在自然中被发现的，因为当自然被看作是由事件而非物质组成的时候，它的特征就是历史纪事。"根据杜威的观点，古代人"没有愚蠢到认为艺术是对惰性事物的模仿的地步。他们认为艺术是对在人类的经历和命运范围内的关键的、达到顶点的自然力量和行为的模仿……它允许理想化，然而是对自然事件的理想化"①。杜威隐含的模仿理论使我们

---

① LW 1：77.

得以很自然地理解理想化的过程，而不用求助于某些超自然的、超验或先验的东西。

杜威强调，"由于自然存在于一个给定的时间内，因此对艺术来说是与之有关且等待重塑的材料，而不是一件已经完成的艺术作品。"① 自然是一个事件而不是一件完工的艺术作品。自然作为艺术的材料在定性经验中被给定。自然力量的运行带来没有人类参与的综合。当人性的事件及其力量和自然的其他力量融合在一起的时候，就出现了另一种综合，虽然对我们来说那种综合可能引起需要和怀疑的混乱。悲剧、喜剧和探究出自这样的境况。由于被给定，这些境况各自有着独特性质。"唯一没有在性质上被给定的东西是总体的弥漫的质。"②

当模仿进入人类行动戏剧般的场景时，它们复制着这些自然的行动③。然而，就像杜威所指出的那样，"这样的复制自然地是通过一种新的和自由的中介进行的。"④ 在一个自由的中介中对自然力量的模仿释放出了现实存在中的潜能，它允许戏剧化的、逻辑的和道德的理想化。模仿、包括选择性的兴趣和想象——通过一种相对无摩擦的中介复制着自然的力量。它允许可能的想法、理想和价值的创造，使得我们能够自由利用它们的逻辑结果，而不受现实存在的约束。

通过艺术，人类本性创造性地干预了自然事件，可以根据需要、欲望和目的，统一那种不断变化并使之理想化。杜威坚持认为，"科学本身就是一种中心的艺术，它是其他艺术的产生和使用的补充"。这个时候，杜威是将科学等同于自然存在中理想可能性的艺术化实现。⑤ 但是，所有艺术化的建构、探究都和直接给定的定性整体相分离。杜威强调："一种经历有一个统一体……这个统一体的存在由一种单一性质所组成，这种性质遍及整个经验而与组成部分的变化无关。这个统一体既不是感情的、实践的，也不是理智的，因为这些术语指定了反思可以在统一体中做出的区

① LW 4：81.
② LW 5：254.
③ LW 10：341.
④ LW 10：341.
⑤ LW 10：33.

别。"① 利益、想象和理智可以及时将它们的区别引入一种给定性质中。艺术——包括探究的艺术——迂回地将区别导向创造性地改变和实现这些艺术家所憧憬和向往的可能性。

模仿对自然力量的复制是在一种给定的、现实的定性统一体中操作的，通过一种将艺术家解放出来的中介，它让他们充满想象力地去探索可选择的可能性，而且有可能创造性地实现那些他们认为是理想的东西。通过一种解放性的中介来模仿自然力量，我们能够感受到自然的影响，同时摆脱了当下反应的需要。感同身受地经历这些力量，我们能更深刻地反思这些包括人类本性的自然的力量。我们可以在想象中感知和利用诸多可能性，检查实现的结果。有趣的感知有助于我们从有时疯狂的状态中创造出理想的形式。杜威写道："'理性'不能达到完全的把握和自足的保证。它必须依靠想象——依靠在受情感控制的感觉里观念的具体化。"② 理性、科学、多产的艺术和模仿都是一个更大整体的各个部分。人类努力争取以创造性的行动将思想和感受统一起来。我们可以在功能上区别被称作人类创造力的那颗珠宝的不同方面，但是我们无法在不弄碎这块石头的情况下将它们分开。对美的属性的直觉、模仿、选择性的兴趣、想象、探究、理智和实践都是创造性的艺术活动——包括定性思维的一部分。

定性思维：对二元论、理智主义的哲学
教条和哲学谬误的挑战

杜威的文章《定性思维》对许多强有力的哲学偏见提出了挑战。我们只讨论其中的三种。第一种是二元论。杜威把第二种偏见称作"理智主义"，即"这样一种理论：所有的经验是一种认知模式，所有的主体、所有的自然物在原则上要被还原和转变，直到它被和科学提炼出的结果所呈现出特征一样的术语所定义"③。虔诚的理智主义者将模仿视作一种外来的危险。然而在杜威看来，经验在被知晓之前就已存在着了；审美和道

---

① LW 10：44.

② LW 10：40.

③ LW 1：28.

德经验对现实特征的揭示和理智经验一样真实，"诗歌和科学一样具有形而上学的重要性。"① 当自然的力量参与到人类经验的每一个领域的时候，模仿就仿效这些力量。在他看来，我们和现实的最初关系是直接的、审美的直觉的和定性的；知识是间接的和不得要领的②。理智主义的一个困难，在于它经常尤其是在唯心主义的伪装下——混淆本体论的东西和逻辑的东西。

杜威认真地区分了形而上的存在（现实）和逻辑本质（包括观念和理想）。对他来说，"所有存在都是一个事件。"③ 杜威主张："本质从来就不是存在，既然是本质，那它就是存在萃取后的重要性，是有关存在的重要的东西。"④ 存在是怎样和本质联系在一起的？杜威回答道："在存在和本质之间有一座填补间隙的自然的桥梁，即交流、语言和谈论。"⑤ 语言的意义在存在和被称作逻辑本质的高度精练意义之间进行着协调。我们可以通过类比方式来理解杜威想要表明的观点：存在就像自然发生着的事情，我们以葡萄为喻。语言将葡萄压成果汁，逻辑本质则是从果汁中巧妙地提取出来的酒。从葡萄中提取酒的过程模仿了已经在运转的自然力量，即将单个葡萄挤压成酒的自然力量。当相同的力量在艺术中——包括方法论探究艺术——起作用的时候，我们就将自然理想化了。我们的事件的经验也从我们身上挤压出意义和本质。艺术利用自然力量，这样我们就可以将事件转化为审美需要的对象。一些对象从张力中破裂出来。模仿在悲剧中记录了这些力量的破坏性结果，一如在喜剧中记录了它们的合理释放一样。

杜威将第三种偏见标记为"哲学的谬误"。此谬误涉及"最终的功能向先行存在的转化"⑥。知识作为有根据的断言探究艺术的人工制品和最终功效。哲学的谬误包括没能理解到，在没有艺术过程的情况下，我们不可能会有认知产物，与之相伴的是经常将最终功能实体化。哲学的谬误和

---

① LW 1：27.

② MW 3：158—183.

③ LW 1：63.

④ LW 1：144.

⑤ LW 1：13.

⑥ LW 1：34.

实体化使我们容易将探究的逻辑产物和当下的存在视为同一，也使我们容易将真实的存在和理想的存在视为同一。杜威的艺术和探究理论和别人的不同之处，就在于他小心翼翼地避免了这个混乱。一切探究皆有一个语境。杜威后来主张"最普遍的哲学思维的谬误可反溯到对语境的忽略"①。语言的意义、对象和逻辑的本质来源于并受制于一个统一的定性的整体，它是所有探究的最终语境。

杜威的模仿涉及在一种理想的却是自然的领域内将存在的事件重新语境化②。这种路径克服了认为理想化需要某种非语境化、超自然的"实在"的诱惑。杜威的逻辑及其艺术探究理论同样使得克服理智主义和二元论的诱惑变得很容易了。作为艺术重建的探究的理想化阶段，模仿对这种节制做出了最大的贡献。

杜威很清楚自己写作《定性思维》的目的，他声称"本文的主题是一种潜在的、弥漫的质所设定的规范"③。探究巧妙地将真实的、在存在意义上给定的定性情境转变为人所向往的美学对象和理想目标。首先只是通过一种更自由（更解放）的中介，模仿已经在情境中起作用的自然力量。思考、反思和探究随后就能自由地、游戏般地处理和探索情境的理想化的可能性。改变情境来满足需要、欲望和目的要求艺术家最终要对世界实施具体的存在性措施。然而，本文的首要关注点是，模仿在使用不受约束的中介再造自然力量的过程中所扮演的角色。

《定性思维》:杜威的模仿理论

针对二元论、理智主义的哲学诱惑和对背景的忽略，《定性思想》提供了另一个简单易懂的选择：通过定性综合取代唯心主义的差异的同一，使用一种解放性的中介，以模仿再造自然，发挥语言和探究在产生意义、对象和本质过程中所扮演的角色。

理解杜威性质理论的关键，是认识到它源自皮尔士的第一性（First-

---

① LW 6：5.

② LW 11：109—110。

③ LW 5：246.

ness）理论。根据杜威的观点，皮尔士对经验作出了逻辑的而非形而上学的分析。其分析建基于："第一性，或者纯粹的总体性和在经历的所有事情中的弥漫的质的统一体……第二性（Secondness），存在性或者单一的事件；第三性（Thirdness），中介或连续性。"① 杜威和皮尔士都认为第三性是语言的意义和知识的范畴，是探究的产物。存在着第三性的第一性，但是，我们的关注点是第一性本身，即"总体化的统一的性质"和第二性的第一性，即存在的性质②。

定性的统一体能够脱离存在、"物质的潜能或力量"和普遍性而独立③。杜威主张：

> 第二性在逻辑上以性质为先行条件。普遍性不属于任何发生中的现象，但是经验的内容因为第一性或总体未分开的性质的共在而获得普遍性。性质或第一性既不是个别的也不是一般的。但是作为第二性的第一性，它给后者提供了普遍性。④ 除非人们清楚地意识到如下事实：皮尔士既通过第一性自身——指出它的外延——来处理它，也通过作为第二性的第一性（以及第三性）来处理它，否则，他所说的更不一致了。⑤

杜威在这篇文章中使用了"在逻辑上以……为条件"，他是想说在分析的顺序中性质在存在的前面。所有的存在必然要展示一种性质，而性质能脱离存在呈现自身（比如在想象中）。这就是它允许理想化的原因。潜能和普遍性都是存在的。我们不应该将它们同"逻辑的可能性或共相"⑥相混淆。我们可能会脱离存在（第二性）和语言的意义、知识或逻辑（第三性）来经历定性的统一。

---

① LW 11：86.

② LW 11：90.

③ LW 11：86.

④ LW 11：87.

⑤ LW 11：87—88.

⑥ 杜威认真区别了存在的潜能和存在的普遍性，后者是性质所有的具有第二性的第一性的东西，它从纯粹的逻辑可能性和逻辑普遍性中来。关于这个区别更多的内容参见杜威的《特征和个性：类别和级别》，LW 11：105—114。

当自然力量进入人类历史和命运领域的时候，模仿效仿这些自然力量。那么，我们的首要关注点是自然的潜能、力量和存在性质的力量、第二性的第一性。但是对于理解杜威的模仿理论，尤其是当它涉及想象的时候，与存在无关的性质的经验就很重要。将一种给定的存在的性质当作"自身完全独立于存在的东西"允许了事件的理想化，这种做法就是模仿①。性质在逻辑上还是意义或本质，即第三性（Thirds）的条件，因此假设"在其自身"，一种本质的给定性质同样涉及了模仿。

理想化、模仿，尤其是将第二性的第一性或第三性的第一性视为独立于存在或本质，是杜威哲学改造的一个重要阶段。我们的主要兴趣在于，模仿在从存在性的性质和第二性的第一性到语言的意义或逻辑本质（第三性）的运动中所扮演的角色，以及性质在贯穿整个过程中的控制作用。

杜威说道："形而上学一直关注定性对象的存在性地位。"② 存在性质和任何性质一样是给定的，实际上"唯一没有绝对被给定的东西是总体的弥漫的质"③。在艺术创造之前，艺术家像一件完成的艺术作品的观众一样，必须审美地感知性质的存在整体。杜威认为："艺术家和感知者一样都是从所谓的总体攫取出发，这是一种包罗万象的定性的整体，但还未清楚地表述出来，也没有区分成分。"④ 在这种感知中，艺术家被那种性质所吸引和束缚。在自然主义者杜威看来，我们发现自己处于一个直觉地、非认知地被给定的直接的存在整体中。理智主义忽略了这个非认知的整体。

经验的"未界定的弥漫的质"将所有得到定义的思维观念联系在一起。在杜威看来，"每个主体的一切思维就是开始于这种未经分析的整体。"⑤ 杜威进一步指出，"性质虽不声不响，但它的复杂性质中的一部分却朝着某种方向运动或转变。因此，它可以被理智地符号化，并被转化成

---

① 杜威认真区别了存在的潜能和存在的普遍性，后者是性质所有的具有第二性的第一性的东西，它从纯粹的逻辑可能性和逻辑普遍性中来。关于这个区别更多的内容参见杜威的《特征和个性：类别和级别》，LW 11：92.

② LW 5：243，244.

③ LW 5：254.

④ LW 10：195.

⑤ LW 5：249.

为思维的对象。"① 虽然作为结果的对象从未完全逃离原初性质所强加的约束，但是对象、意义和本质却从性质中显现出来了。

回想一下，《定性思维》的基本论点，是通过一种全面弥漫的质的整体对思维进行规范。影响我们的存在性质的给定统一体规范着所有的艺术创造。杜威提醒我们："说到科学思维，它是艺术的一种特殊形式，有着它自己的定性控制。"② 而且杜威声明："艺术代表做或制造的过程。这对美术和技术艺术一样适用。"③ 科学探究这一技术艺术的任务就是从给定的东西里创造出意义（比如，客体、事物、观念、理想或同一性）。为了说明他用规范要表达的意思，杜威指出了"所谓'情境'的东西和被称作'客体'的东西之间的区别"④。这是他对情境的定义："情境这个术语……是表示这样一个事实：在存在命题中最终被谈及的主体是一种复杂的存在，尽管内部复杂，却是由一种单一的性质所支配并自始至终以此为特征，这一点将它聚合在一起成为一种复杂的存在。"⑤

杜威将当下给定的存在的情境或语境和一个被创造的对象区分开来。对象是探究艺术的逻辑制品：

> "客体"指复杂整体中的一个元素，它从整体中得到抽象的定义，是整体的一个特点。特别之处在于，选择性的决定和思维中客体之间的关系受到对一种情境的指称所控制……未能认识这个情境最终会让客体的逻辑力量和它们之间的关系难以理解。⑥

在杜威看来，第三性、语言的意义、客体，包括后来精炼成逻辑本质

---

① LW 5：254.

② LW 5：252. 在这篇文章的后面杜威重复了这一点：性质的直接存在及占支配地位的弥漫的质的直接存在是背景，是出发点，是所有思维的规范原则。因此，否认定性事物的存在现实的思维在自我矛盾和否认自我中和目标相连。"科学的"思维表现在物理科学中，从未脱离定性的存在（LW 5：262）。

③ LW 10：53.

④ LW 10：246.

⑤ LW 10：246.

⑥ LW 5：246.

和同一性的那些意义，借助于抽象和理想化的过程，从一种最初的定性统一体中显露出来。情境像自然生长的葡萄，客体像压挤后的语言果汁，或者是从中提取出来的逻辑的酒。情境像葡萄规定着后来的过程，是限制一切可能的现实。

只有存在的命题指称存在的主体。[①] 杜威认为，这种指称和语境最初涉及的是世界上的客体和意义，虽然最终的指称涉及的是在存在意义上给定的定性整体，客体的意义是从它们中出现的。一个先行给定的情境是当下真实的，尽管它不确定。把它和由它而来的逻辑和理想结果相混淆是没有好处的。杜威讨论了任何一种情境都有的两个方面，第一方面把我们带离"葡萄"隐喻的界限。

"这样的情境没有、也不能被陈述或澄清……情境不能将自己作为命题的一个因素呈现出来，一个论域只能体现为领域中的一个话语成员。"[②]因为自然发生的"葡萄"在我们的类比中得到清楚的陈述，所以这个类比是不完善的。存在的经验是我们所有和所是的东西。至于那些影响我们的情境自身，我们没有什么可说的。所有随后的思维，包括想要改善破裂的情境的方法论研究，都仍被最初影响我们的性质所控制着。我们和实在的原初关系不是理智上的，实际上，前认知的性质控制着思维的每一个阶段。

至于第二方面，杜威坚持认为，"情境控制着思维的条件，因为这些条件是情境的特性，对情境的适应性是条件合法性的最终测试。前面有关'弥漫的潜在的质'的观念的运用表明了这一阶段。"[③] 这是对杜威基本论点的重申。在情境的活力经一种不受约束的中介被模仿地再造之后，它们才能间接地发挥控制力。

在讨论模仿在定性思维中的角色之前，让我们进一步审视一下杜威眼里"中介"的意义，这将有助于我们勾画出杜威模仿理论的轮廓。在《作为经验的艺术》中，杜威在高雅艺术的语境中讨论了中介问题，但是我们已经看出，对他来说，艺术代表任何一种做或制造的过程。杜威

---

① 参见杜威《排中律运用的范围》（LW 5：197—202）。

② LW 5：247.

③ LW5：247.

写道：

> 在每一种经验里，都存在弥漫的潜在的质的整体，它展现了构成
> 神秘的人类结构的行为的整体组织，并与之保持一致……高雅艺术中
> 的"中介"代表着如下事实：经验的特定结构的这种特殊化和个别
> 化达到了所有的可能性都被挖掘到的地步。①

存在的性质是一般的，包含着大量待探索的潜能。通过一种相对无摩擦、可能性的理想中介——在其中，艺术家可以从容地处理这些可能性——模仿再造了在给定的定性统一体力量范围内发现的潜能。

杜威进一步指出，中介是一种过渡，是通向某种结果的方式。他区分了外在于结果的方式——比如建筑用的脚手架——和他称之为"中介的内在方式"，比如，砖块、灰泥和劳动力，这些东西部分地构成了最终的建筑物②。杜威得出结论："作为一种中介的敏感性是所有艺术创造和审美感知的中心。"③ 在他看来，经一种理想化的中介模仿的再造协调着所有存在的艺术生产，包括科学生产。

模仿的第一步涉及对选择性兴趣的抽象。杜威坚持认为，"兴趣是选择和材料聚集中的活力。"④ 当中止于存在的定性整体的自然力量遇上人类本性的活力的时候，自然力量达到顶点。选择性兴趣的决定是将探究从现实带向理想，从本体带向最终的逻辑本质的第一步。

杜威指出："选择的直接来源是兴趣……艺术家在选择的时候遵循着自己兴趣的逻辑，因而是无情的……绝不能被忽视的一个限制，是环境中涉及事物性质和结构的一些关系仍被保留着。"⑤ 在一些给定的定性情境和客体之间，选择性的兴趣是协调的第一步。兴趣选择了复杂整体的方方面面；它们产生探究的数据，这种探究是定性事件和最终客体之间的过渡。

---

① 参见杜威《排中律运用的范围》，LW 10：200—201.
② LW 10：201.
③ LW 10：203.
④ LW 10：271.
⑤ LW 10：100—101.

　　杜威在考虑这个问题："新的实验法对普通经验的定性客体做了什么？"[①] 他的回答是，它"用数据取代了客体"[②]。这些数据来源于"原初的那个数据"，它"总是一种定性的整体"。[③] 这些数据凭借让自然从现实存在的情境的直接性中解放出来的中介来再造自然的力量，从而来模仿自然。这样探究者就可以探索理想的可能性。和直接给定的存在性质不一样，数据是稳定和可动的。探究者可以将之带入到别的语境，在其中对它们进行进一步的处理。这些相对无摩擦的处理会涉及想象、抽象的观点，甚至抽象的符号操作，也可能包括更耐久、具体的存在性实验过程[④]。为了在存在的意义上更为多产，通过一种不受约束的中介在数据上进行的理想化的抽象处理，必须归结为巧妙地改变原初情境的存在性操作[⑤]。

　　与葡萄汁的隐喻相似，数据协调着给定的性质和目标，包括可能的客体。杜威是这样总结数据的地位和进一步的定位的：

　　　　数据代表着有待进一步解释的主体，是一种需要思考的东西。客体是结果。它们是完整的和完成了的。它们要求以定义、分类、逻辑安排等方式被思考，但是数据代表"提供服务的材料"。它们是获得某种结果的暗示、证据、标记、线索；它们是中间性的过渡，不是最后的结果；是方式，而不是定局。[⑥]

　　当人类本性的活力及其选择性兴趣和其他自然力量混合在一起的时候，数据就出现了。客体、语言的意义，比如水、运动逻辑本质和等式，比如 H_2O，$F=ma$，都是探究的产物。第三性涉及语言的和逻辑的创造。在杜威看来它们不是给定的。数据和事实是抽象的艺术制品，实现了再造的模仿。

---

① 参见杜威：《排中律运用的范围》，LW 4：79.

② LW 4：79.

③ LW 5：250.

④ 所谓"思维试验"发生在不受约束的中介中，在其中研究人员可以自由处理各种可能性。

⑤ 参见《杜威对探究中操作的角色的讨论》（LW 12：22—23）。

⑥ LW 12：80.

　　一旦在存在的性质中发现的潜能、力量、自然力通过一种解放性的中介经历再造，就产生了理想化。理想化涉及"逻辑的可能性"而不是自然力量的"物质的潜能"。理想化涉及观念。杜威指出："观念首先是对可能发生事情的期待。它标志着一种可能性。"① 理想化还涉及标准化理想的处理，包括行为的理想，比如预期中的结果（ends - in - view），不管是美学、认识论的还是伦理的。当观念接受了抽象的符号化表达，进入诗歌、戏剧和科学中符号化表现的戏剧化中介时，中介就扩张了。杜威声称："简单地说，观念是艺术和艺术作品。作为一件艺术作品，它直接解放了随后的行动，使之在更多意义［客体、意义、本质，等等］和理解的创造中更有成果。"② 现在，很容易看出为什么理性在它的高度上必需依赖想象。

　　观念是一种情境的想象中的变化的可能性。观念（或理想）脱离具体现实，在它们自己独立的中介中运转，所以想象可以处理观念的多种可能性，将之和其他观念相联系。杜威说道：

　　　　因此，任何纯粹想象的事物的经验，比如人马座，和马棚里的马一样有它自己弥漫和统一的性质。这个性质就存在来说没有明显的价值，却是存在经验的一个条件，因此也是一种现象的经验的条件（"清楚可见的东西"）。③

　　被解放的中介自身是免于存在的束缚的第一性的中介。杜威主张，想象"选定了一种遍及所有制作和观察过程并赋予其活力的性质。它是看和感受事物的方式，而事物构成一个完整的整体。这是兴趣在理智和世界发生联系的地方发生的大规模的和大方的混合"④。杜威想让我们逐字地理解这一点。

　　下面的术语的区别尤其和我们的讨论有关：

---

① 参见《杜威对探究中操作的角色的讨论》，LW 12：113.
② LW 1：278.
③ LW 11：90—91.
④ LW 10：271.

　　作为正在进行中的探究，材料有着与探究结果不同的逻辑含义。考虑到它最初的能力和地位，它一般被称作主体……只要客体这个名字通过探究的手段产生并以固定的方式规定下来，它就会为主体保留下来；在预想中，客体是探究的目标。①

　　记住，最后的主体——物质尽管内部复杂，却是由一种单一的性质（第一性）所支配并自始至终以之为特征，这一点将它聚合在一起成为一种复杂的存在（第二性）。

　　为了进行探究，为了在构成一种情境的物质力量的范围内探索潜能，有必要通过被解放的和解放性的中介——在其中我们可以处理各种可能性，再造存在性的主体。在探究结束时出现的最终的意义、客体和本质是艺术化的探究的整个协调过程的产物。本质就是一个例子；杜威很清楚，它们是艺术化探究的产物。他说道："本质和必要的东西还与目的有关……因为出于表达本质的需要出现了选择和还原……我们现在对人和物的本质特征所拥有的感觉的很大部分来自艺术的结果。"② 探究艺术的产物和目标是意义、客体和本质，或者简单地说是第三性。

　　杜威强调，"客体是有意义的事件。"它们是探究的事件（包括交际）的最终结果。客体从一种给定的定性事件中来，并受到后者的规范③。当一个人认为作为结果的客体是"好的"的时候，对探究者来说，它们就具备了认识论的、道德的或审美的"理想性质"④。但是杜威提醒我们，当他说"同样的存在性事件具有无数的意义"⑤ 的时候，在任何一种存在的性质中有着无穷潜能。不同的选择性兴趣对一种给定性质带来不同决定，进而导致不同的想象变化、不同的观念或理想，以及观念不同的表现。最终，不同的处理——包括不同的谈话，产生不同的意义⑥。当这些处理是存在性时，它们改变了世界。

---

　①　参见《杜威对探究中操作的角色的讨论》，LW 12：122.

　②　LW 10：298.

　③　LW 1：240.

　④　LW 1：57.

　⑤　LW 1：241.

　⑥　参见《杜威对探究中操作的角色的讨论》，MW 11：45.

纯粹的想象是一种定位于未来的理智思维和探究的功能。商议是通过戏剧化的模仿这一自由中介来探索可能性的一个例子①。杜威宣布："商议是不同的、相互竞争的、可能的行为排列的一种戏剧化排练（在想象中）……商议是找出可能的行为的不同排列到底是什么样的实验。"② 商议假设之前区别的模仿行为，包括选择性的兴趣、数据决定和想象的可能性（观念和理想）及其后续整个探究过程。通过一种不受束缚的中介进行处理，可以让我们避免承受公开实施行为带来的存在性结果。杜威指出："在想象中执行的一个行为不是无法改变的或致命的，它是可以弥补的。"③ 存在性的实验操作是不可弥补的，虽然它经常是可挽回的。在一种理想中介的保障下充满想象地探索观念或理想的可能结果，对我们人类生存和繁荣的能力有启发。我们这种物种被称作人类（homo poeta）。

杜威似乎很看重坚巴蒂斯塔·维柯（Giambattista Vico）的制作者的知识的理论："如果我们知道它是怎样被制造，而且我们是在自己制造它的程度上知道它是怎样被制造的，我们就了解了一个客体。"④ 杜威借用了古希腊的技艺（techne）（手工艺、技巧、制作艺术）概念。杜威写道："在希腊早期历史中，反思、艺术或技术和科学是同义的。"⑤ 杜威没有明确表达的模仿理论有助于恢复早期希腊科学与艺术在意义上的同一性。

后来的希腊思想把艺术和科学以及实践理性区分开来。亚里士多德在将理论（theoria）及其知识形式（认识论）（episteme）和制作（poiesis）及其知识形式（技艺），以及将二者与实践（praxis）及其知识形式（实践智慧）（phronesis）区别开来的时候做出了经典的表述。杜威拒绝了对促成了理论和认识论见解的确定性的追求，对确定性的追求要断言："科学知识的客体是必要的。因此是永久的。"⑥ 杜威进而拒斥这种观点："艺术［制作和技艺］必须是制造而非行为的东西"，"制造［包括制作和技艺］有一个不同于自己的目标，而行为［包括实践和实践智慧］没有，

---

① LW 1：77.

② MW 14：132.

③ MW 14：13.

④ LW 1：319.

⑤ LW 12：77.

⑥ 参见《杜威对探究中操作的角色的讨论》，1139b 20—25.

因为好的行为自身就是它的目标。"① 杜威拒斥这样的立场，很大原因在于他不认为有什么最终的目标，因此杜威没有像亚里士多德在《诗学》中那样将模仿限制于艺术。我相信，杜威发现亚里士多德的区分很有用，但被固化为二元论的三位一体却是危险的。将三种价值领域结合起来的模仿的理想化理论，有助于治愈亚里士多德的分割所留下的伤痕。同样的理论在科学、美学和道德学中有力地支持了现代的、大部分是康德式的分割。

记住前面的讨论将有助于我们更好地理解下面的话：

> 艺术建构和审美欣赏的逻辑尤其重要，因为它们举例说明了……通过定性整体对细节选择和关系模式或整合模式的控制……就科学思维来说，它是一种特殊的艺术形式，有着它自己的定性控制。②

这个陈述把我们带回到《定性思维》的基本论点。科学思维和其他任何一种思维一样，开始于并受控于一种定性直觉。杜威强调："科学属于艺术和艺术作品的一种。"③

现在我们可以理解杜威对探究的美学定义了："探究是受控制或受指导的转化，从一种模糊的情境转化到这样的情境：它对自己的组成成分的特点和关系非常确定，这样，原初情境的元素转化为一个统一的整体。"④最后的统一体不是我们由之出发的那个统一体；情境和探究者都在过程中经历了转化。杜威提醒我们，创造出来的最终的统一体在存在性上和定义探究背景的那个原初的定性的统一体是一样的："转化是存在性的，因此是暂时的。只有通过修正其组成成分，先认知的未被解决的情境才得到解决。实验性的操作改变现存的条件。如此这般，推论（经一种解放性的中介）对影响条件的变化提供了手段，但是，它自身是不可能影响到它自己的。"⑤ 选择性兴趣的决定、数据、想象中的对观念可能性结果的处

---

① 　分别是 1140a 15—20 和 1140b5—8。
② 　LW 5：251—252.
③ 　LW 1：287.
④ 　LW 12：108.
⑤ 　参见《杜威对探究中操作的角色的讨论》，LW 12：121.

理，以及对"抽象"理性的操作都是模仿性的。它们通过一种不受约束的中介而产生，在其中，探究者可以研究从现实性质的约束中释放出来的定性情境的所有可能性。不过，为了转化情境，艺术家必须通过一种稳定的存在性中介进行活动。

探究的艺术化的转化也是交互性的，因为"人类本性至少是一个对形式有贡献的因素，甚至自然科学也都会采用这个形式"①。当艺术家在杜威的意义上模仿自然的时候，她自己是由之而来的存在性综合的一个部分，是被创造出来的"客体"之一，是存在之多样化的一方面，存在统一于探究结束时新出现的定性整体之中。杜威做出结论："自我在客体的创造中被创造。"② 模仿是使我们能够探索理想可能性的艺术阶段。

我们怎样思维:对客体及其关系的逻辑力量的解释

客体从构成存在性统一体———一种给定的定性整体———的力量中诞生。杜威由此出发，追溯了客体（意义、本质和同一性）的出现。模仿以选择性的兴趣和想象进行，通过一种不受约束的纯第一性及其产物再造了这些力量。在其中，思维对独立于存在的数据、观念（或理想）和符号进行处理，但是最后艺术家必须在存在的客体上实施操作，将原初的情境转化为一个新的审美统一体，这个统一体有着能满足他们的需要和目的、同时能消除他们的疑问的独特性质。这一追溯揭示了潜在的弥漫的质是怎样规范所有思维的。

一旦我们理解了思维的定性规则，就有必要重新考虑思维是什么的问题了。杜威文章的结尾是对思维这个概念的改造。他接受了大多数人所持的观点：思维是联想的过程。杜威强调："作为存在性过程的思维通过联想发生；存在意义上的思维在其受控制的范围内是联想的。"③ 对他来说，一种"联想是一种理智的联系，这样就将联想和思维联系在一起了"④。当联想受到控制的时候，尤其是当它处于逻辑结构和功能的控制之下的时

①　MW 14：229.

②　LW 10：286.

③　参见《杜威对探究中操作的角色的讨论》，MW 5：255.

④　MW 5：257.

候，理智的联系就成为思维了。①

思维活动通过一种自由的中介处理着观念。在杜威看来，"观念表明客体不是物质实体，而是可能会被指称的意义。"② 举例来说，当一个人看到烟而想到火的时候，联想到的是存在的客体，而不仅仅是思维状态。但是记住，我们是怎样获得客体的。杜威坚决地宣称："因此，当联想采取思维的形式或受到控制而不是随随便便的白日梦的时候，它是对客体之间的一种联系的称呼，或者是对有着一个定性统一体的整体情境元素之间关系的称呼。"③ 最初，在预先存在意义上给定的定性整体范围内、在许多别的可能的区别中，烟和火是作为烟火统一起来的。这些区别首先是通过模仿从这个存在统一体中抽象出来，发展成为观念或理想，它通过的是这样一种自由中介：因为这些区别的存在的起源，因此可以用存在的指称往回指向客体。那么什么是联想的基础？答案很容易被猜到："作为一个整体情境的性质，操作起来产生了一个功能性的联系。"④

杜威提到，在所有联想的形式中，"相近或相似具有突出的重要性。"⑤ 通过接近和相似，联想支配着我们怎样看待现代哲学这个问题。然而，杜威直截了当地提出：

> 我们不是通过接近来联想，因为对一个整体——在其中元素在空间或现实的秩序上是并列的——的认识是暗示的结果。当用于相似性的时候，介词"通过"的荒谬性更为明显。这就是为什么一些作家将相似性还原为具有差异的同一性的原因……真正的问题在于指出，为什么曾经在一个整体中结合起来的客体现在被区分为两个客体。⑥

这个真正问题的正确答案是，通过模仿，探索要去追溯被产生客体的起源：它们起源于构成一个在存在意义上给定的定性的统一体的力量。因

---

① 参看 LW：12. 尤其是 11—13。

② LW 5：255.

③ LW 5：256.

④ LW 5：257.

⑤ LW 5：260.

⑥ 参见《杜威对探究中操作的角色的讨论》，LW 5：256.

此，模仿是此问题答案的一大部分：我们怎样思维？潜在的弥漫的质当然规范着整个过程，以至于"甚至在看似随意的联想中，都有潜在的质控制着被思考客体间的联系"①。

什么东西构成了相似性？这个问题把两个划分了现代性的主要哲学流派区别开来。杜威对两者各打五十大板：

> 处理它（相似性）的困难在于，一方面，让我们认为它在性质上是纯物质的；另一方面，让我们认为它凭借具有差异的同一性原则，进行本体论的和逻辑的唯心主义的证明。对弥漫的质的认识使我们能够避免这两个极端。②

不管在哪方面，我们都发现了理智主义的腐烂果实。英国经验主义未能理解观念怎样"表明客体非物质实体"，使自身深陷棘手的二元论③。同时，绝对唯心主义将存在和本质（葡萄和酒）合并。杜威特别提到F. H. 布拉德利，在后者看来"同一性是联想的结果，而不是联想的前提"④。这个观点认为，"在所谓的相似性中有一个实际存在的同一性（它存在于诸多差异中），这个同一性发挥作用，然后通过接近而恢复差异。"⑤ 在杜威看来，正如我们所见的那样，逻辑的同一性、客体、本质、事物、一般意义上的意义，以及包括逻辑本身，都是受一种弥漫的潜在的质所规范的艺术和艺术探究的制成品。把同一性（第三性）归结为作为前提的存在（第二性）是一个忽略语境实体化的例子；它导致高度理智化的、具有差异的同一性的原则。甚至有人类本性与自然二元论相对的线索，因为提供了联想力的先验主体的中心，看起来存在于事件的流变和自然力量之外。杜威提醒我们，起作用的"不是在两事物之间永恒的存在的同一性，而是在场的当下性质"⑥。

---

① LW 5：258.
② LW 5：258.
③ LW 5：255.
④ LW 5：258.
⑤ LW 5：258.
⑥ 参见《杜威对探究中操作的角色的讨论》，LW 5：259.

　　杜威坚持认为，"在接近时空中的纯粹的并列上，没有理智和逻辑的东西。如果联想或者是接近或者要借助于接近，那么联想就不会有任何逻辑力量，不会有任何与思维的联系。"① 接近在联想思维中可能有的任何力量都来自别的地方。一开始，单一的弥漫的质将客体统一起来，这些客体在探究之后要求理智的联系甚至逻辑的关联以便进行联想。客体和关系的逻辑力量反过来依赖于在模仿再造的原初性质中起作用的自然力量。这些力量和受艺术家控制的人性的力量、对语言的需要、工具和劳动结合在一起，最终产生思维的客体②。客体和关系的逻辑力量最终来源于受到前提性定性统一体所规范的思维原则。逻辑的力量不是超验的、先验的，或者远离最初的性质和生产性的探究。

　　为了克服接近性和相似性的了无生气，英国经验主义假定了联想原理，和牛顿原理不同，它缺乏物质自然的活力。同时，作为对休谟的回应，唯心主义早就醒悟过来，它假定了能够把不同点强行统一起来的先验同一性。但是力量从何而来再次成为一个谜。杜威的自然主义，通过展示当自然力量进入人类事务的时候自然的人类兴趣活力怎样通过解放性中介和别的自然力量混合在一起，从而规避了这个谜。

　　对杜威对整个近代哲学——不管它是洛克还是康德的遗产——的改造来说，模仿极其重要。我们已经看出，杜威没有明确表述的模仿理论使得我们能够很自然地理解理想化的过程，而不用求助于一些先验或超验的领域。该理论在抵制理智主义、二元论的教条和对背景的忽略方面也扮演着重要角色。

　　在杜威看来，在模仿怎样发挥作用将创造性的思维理想化，与怎样将在伦理学、科学或美学领域中的行动理想化之间没有区别。通过帮助整合三者功能的理想化，它对所谓的杜威对现代性的改造有所贡献。现代性划分了三个价值领域；分别是伦理学、科学和美学。这些区分已经固化为滴水不漏的文化分割，是一种二元论的三位一体。占主流地位的现代性观点设想了一个科学处于顶端的等级层次。后现代追寻尼采，试图通过一两种

---

　　① LW 5：257.
　　② 杜威意味深长地提到"语言、工具的工具"和"作为工具的工具的自我、在所有方法使用中的方法"（LW 1：134，189）。

方式将美学推向高峰。除了这一点颠覆，后现代在接受二元的三位一体方面是彻底现代的。在《经验和自然》的最后一章，杜威将哲学定义为"批判的批判"，批判的主题是有关"好与价值"的"差别判断"。杜威的模仿理论不仅仅限于艺术。它可以通过帮助整合所有三个价值领域而对哲学批判有所贡献，从而促进相互的批判、审问和合作。

杜威的探究理论

拉里·希克曼(Larry A. Hickman)著　林建武译

尽管杜威严厉批评所谓的"知识论的事业"（MW 1：122），但他因为毕生致力于发展一种探究的理论而享有盛名（MW 1：122）。杜威坚持认为，他所处时代的主流知识论本身就包含着失败的萌芽，因为它预设了知识是脱离了实际的探究发生的语境的东西。"知识论中构想的知识的问题，就是普遍性的知识的问题——普遍知识的可能性、程度及有效性的问题。'普遍的'到底是什么意思？在日常生活中，许多特定的知识都有问题；我们试图得出的每个结论，不管是理论上的还是实践上的，都会面临这样一个问题。但是，没有普遍意义上的知识问题。"（MW 10：23）

杜威认为，当认识论者们进行研究的时候——通过设定"特定的"知识或"被证明的真信念"（就像他们通常做的那样）的情形，并进而试图发现它是怎样被证明的——他们往往让事态逆向发展了。杜威建议说，更有成效的方法是考察探究的实际情形之间是如何相互联系的，以及它们如何增加了我们对未来行动的指导资本。换句话说，分析本身不是目的，它应该是能生产出令人满意的结果的工具。在杜威看来，通常所实践的认识论一方面是被证实的和相应逻辑工具相冲突的混合体；另一方面，它又是不相关的心理学和形而上学成见的混合体。如果这些成见能被抛弃的话，认识论就可以自由地起到作为一种探究理论所要真正发挥的作用。到那时，"认识论"和"逻辑"这两个术语就能变成同义语了。

尽管杜威事实上频繁地使用"知识"这个词，但他认为，这个词有太多不恰当的内涵，因此，它有必要被替代。为此，杜威尝试了用两种方法。首先，就像我刚才表明的那样，他经常用动名词"知道"（knowing）来取代实体性的术语"知识"（knowledge），以便强调认识总是更大的探究过程的一部分的事实。

但是，即便如此也不能完全传达杜威的思想，所以他发明了短语"有根据的断言"（warranted assertibility）。这个短语的两个部分有些啰唆，但描述性的短语指向不同的方向。"有根据的"意指一个个体性的结果，并因此在时间维度上指向已经完成了的某物。有根据的东西是反思的结果，在某个具体的疑问或困难已经被解决的意义上说，它已经是有效的了。"断言"在时间上指向还没有完成的事物。可断言的事物是某种普遍的事物，因而也是潜在的适用于未来情况的事物，这些未来情况类似于因之而被产生的事物。然而，不像那些被许多认识论者研究的所谓的知识（或被证明的真信念），有根据的断言既不要求确定也不主张永恒。它能提供的最好的东西就是在一个不确定的世界里寻求稳定性的尺度。

作为有机体行为的探究

从 19 世纪 70 年代杜威还是本科生时起一直到 1952 年杜威去世，达尔文的著作对杜威的思想产生了极为深刻的影响。1909 年，为了纪念《物种起源》发表 50 周年，杜威写了一篇短文。在这篇短文里，杜威把自己的工作对哲学所做的贡献刻画成像达尔文对生物学所做的贡献。正像达尔文已经证明固定的生物物种观念是站不住脚的一样，杜威将要试着表明根本没有固定不变的或必然的哲学本质或真理。与杜威的一些批评家们所声称的正好相反，这一提议既不是被怀疑主义推动，也不是被虚无主义倡导。它基于对一个可观察到的事实的坦率地承认：生物都必须不断地适应变化着的环境。尽管为了自身的持续存在，它们需要重叠及互相贯穿的稳定样式，但是从根本上及长远的角度来看，它们的生活是高度不稳定的。

杜威把探究看作是反思性的有机体力图通过适应而寻求稳定性的首要手段。正是通过探究，人类才能够对自己习惯的形成加以控制，并由此创造新的工具。从短期来看，这些工具能够使我们改善我们不满意的状况。从长远来看，它们可以影响到我们自身进化的进程。

因为探究是一种有机活动，并且因为有机体不仅会遇到便利，还会遇到限制，所以，断言必须接受持续的检验，根据也必须得到时常的更新。

成功的生活需要对被经验的情景进行积极的和持续的重构。因此，杜威有根据的断言的观念不像在柏拉图、笛卡儿及许多当代哲学家的思想体系中起作用的知识概念，它不是一个想要对已经"存在在那里"的固定不变事物获得一个更好看法的旁观者。

杜威总是提醒他的读者们，如果说当代科学教会了我们什么，那就是没有什么已经"在那"的东西——在永恒意义上"在那"的东西。这样我们才能获得更好的见解。在直接的或未经反思的经验水平上，我们所认为的"在那"的东西总是处于变化中。在反思的或有组织的经验水平上，我们所认为的在任何给定时间下"在那"的东西是人类智力活动的结果，因为这种活动考虑到它在直接经验里发现的材料以及当前使用的工具。探究的目标，就是使用能够使它们变得更有丰富意义的方式，重构已被发现的材料和可利用的工具。

作为工具的探究

杜威拒斥质朴的实在论的观点，这种观点声称事物已经像它们最终将要成为的那样呈现给我们了，甚至在我们把它们纳入考虑范围之前就已经那样存在了。他也反对科学实在论的见解，这种观点宣称存在一种确定的现实，这种现实很容易被科学家们发现，并因此与科学的"规律"相符合。结果，一些早先的评论家将杜威解读为推进了观念论的这个或那个变种：诸如科学规律或逻辑在人或者神的心灵中都是连贯的观点。

新近，一些杜威思想的阐释者争辩说，杜威持有一种与一些法国后现代主义者相似的相对主义。这些法国后现代主义者认为，人类作为语言的使用者，反而被困于无限的隐喻和比喻的网中，其中没有任何一个隐喻比其他隐喻更有特权或更受到保障。例如，理查德·罗蒂就主张，杜威在推进如下观点方面的权威性：科学与艺术之间没有实质的区别，它们都是文学的不同类型。杜威将科学实在论和极端相对主义都视为带有缺陷，他不遗余力地反对它们。

杜威将自己的一个观点命名为"工具主义"。1903 年，他和他在芝加哥大学的学生和同事一起出版了一本名为《逻辑理论研究》（Studies in Logical Theory）的文集。该文集宣告了作为思想流派的工具主义的出现，并试图阐释工具主义的内涵。

在杜威工具主义的语境中看，有根据的断言发端于工具和材料的实验性操作，以及它们所经历到的情境。而实验法的全部要点，在于通过调查我们所经历过的情境（当然我们自己也是这一情境的组成部分）是如何被重构的，来看看能否使事情变得更好。

与很多传统哲学所提出的观点相反，杜威确信，我们用于探究的工具不是先验给定的。它们是在已被证明为成功的探究过程中被发展出来的工具。探究也因此成为反思性的活动，在该活动中，现存的工具和材料（它们可能是切实的，也可能只是概念上的）得到新颖的和创造性的重新安排，以便生产出某种新的东西。这一过程的副产品常常包括得到改良的工具和材料，这些工具和材料可以被用于接下来需要探究的场合。

忽略这点就会从根本上误解杜威探究理论的激进本性。杜威的观点是，逻辑形式能够通过其讨论的主题和获得根据的结论来促进探究。在1938 年出版的《逻辑：探究的理论》（*Logic*，*The Theory of Inquiry*）这本书中，他很精确地谈到了这个问题。（LW 12：370）

使这个断言极富争议的原因之一是，传统的逻辑恰恰做出了相反断言：逻辑形式被强加于探究的主体之上。杜威因此关注到了传统的逻辑。这是极端重要的一点，稍后我将在本文中再次提到它。

先验在探究中的角色

尤其自康德以来，先验的概念在哲学话语中扮演了一个十分重要的角色。因此，理解杜威使用这个术语的两层含意也是十分重要的。他所谓的"外在先验"的概念与康德使用这个术语的方式，以及后来英美分析逻辑和认识论使用这个术语的方式是相符合的。在这个意义上，先验严格来说是先于任何经验的。例如，在康德那里，先验所提供的恰恰是经验得以可能的条件。康德因此把时空看作是先验的形式，为了获得任何经验，都必须给被感知到的东西赋予这样的先验形式。杜威否认存在着这种意义上的先验。例如，在他看来，时空不是被带入经验的形式，而是在经验基础之上得到建构的概念。

然而，杜威真正允许的是他所谓的"操作性的先验"。（LW 12：21）

他观察到，我们在探究中发展了被称为"推理规律"的行动习惯。由于它们是习惯而非具体的行动，它们因此是普遍的。和其他类型的习惯一样，它们已经随着时间的推移而被接受，因为它们已经被发现产生了成功的后果。杜威在精确的工具主义和实用主义的意义上使用了"成功的"这个术语。他写道，当推理规律"以一个长远的或探究连续性的方式，产生出来或在进一步的探究中得到确证，或在同样程序的使用中得到纠正的结果，它就是成功的"（LW 12：21）。当然，在这个问题上，杜威利用了皮尔士的工作作为他的出发点。

杜威提供了几个很好例子来说明他的这个观点。他建议做一个逻辑上的定式，比如"排中律"（即陈述一个事物或是 A 或非 A，但是不能既是 A 又是非 A。例如，或者是液体或者非液体，但不能既是液体也是非液体）。在我们要推理的意义上，这就是一条逻辑法则，这样，我们必须把它和其他逻辑规律一起进行考虑。但是，并没有外在的或康德意义上先验的规律。杜威把这种规律称为"约束"或"需要满足的形式条件的系统表述"（LW 12：345）。同样，杜威说过，这些规律"像指导性原则和探究规则性的有限理想一样有效"（LW 12：345）。比如，杜威提醒我们注意一个显而易见的事实：在接近冰点的一个特定温度时，水既不是精确的液态，也不是精确的非液态。

正如合同的法则是一种规范商业安排的契约那样，杜威认为这些法则在同样意义上也是一种契约。如果我们要做生意，我们必须重视被证实为成功的"指示原则"的某种形式。也即是重视那些被证实可以规范很大范围内特殊事务，以维持商业共同体运行的方式 。如果我们要着手进行探究，我们必须又得考虑"指示原则"，即在同样精确的意义上被证实为成功的、特定的合乎逻辑的形式。

但是，这些"规律"并不是在不顾及主体关系就可以应用的意义上是先天的。正是因为其与主体有关，这些规律促进了探究。它们源于主体性质，又作为检验我们关于它的概念的工具回到主体性上：如此，它们也是需要满足的条件。例如，在他讨论排中律时，杜威指出："曾经被认为是既穷尽也必然的选言判断后来才被发现是不完全的（有时候甚至是完全不相关的）。这个事实在很久以前就应该是一个警告：在探究的连续性过程中，排中律原则提出了一个能够满足的逻辑条件"。它阐明了完全满

足逻辑条件的探究的最终目标。为了确定主体，缺少可替代性可能是探究的最困难任务。(LW 12：344)

可操作意义上的先天性（这也是杜威承认的唯一的一种先天性）就是那些被作为先天探究的副产品而被代入到眼前的探究中的东西。不存在康德意义上的先天，没有绝对在先或外在于经验的"先天"。

常识和科学

杜威认为，大多数哲学家——特别是自笛卡儿以来的哲学家——所预设的经验内部的分裂不但毫无根据，而且软弱无力。杜威认为，由哲学家们的怀疑论倾向造成的科学探究和常识之间的分裂也毫不例外。杜威将常识规定为人类经验的一部分，是人们作为对他们周围环境的反应而做出的必须的行为调整。换句话说，常识涉及日常的用途和享乐，并且关心实际的东西。

杜威拒斥这样的一般性的观点：在常识和科学之间存在着形而上学或本体论的差异。然而，他确实认为这两种类型的探究之间有着逻辑上的区别：它们使用不同的逻辑形式。随着科学的探究工具变得更加精致，科学从常识中成长出来，但是科学并不是作为探究终结或结束点意义上的"最终"。它并不能在任何最终意义上告诉我们世界"真正"是怎样的，它也不是所有其他经验形式的范式。用一个最近因让－弗朗索瓦·利奥塔（Jean－François Lyotard）而变得很流行的词语来说，它不是一个"统治性叙事"。按照杜威的观点，科学探究是探究"为了"。它是最终必须回到效用和快乐的世界以检验其结果的理论事业。

历史上一个重大的哲学错误，是把从常识经验抽象而来的对象当作仿佛先于和独立于它从中抽象而来的经验。它们然后被说成存在于一个与常识分离并优于常识的领域之中。在经验中造成这样的分裂后，一些哲学家花费了大量的时间试图表明这两个领域应该是相关的。

杜威认为这种做法毫无意义，并将之称为"哲学的谬误"。杜威的建议是，一旦常识和科学之间的连续性得到承认，探究领域的这些不可靠的分裂将暴露其本来面目——它们的差异仅仅是逻辑形式上的不同。形而上学或本体论的分裂本来就不应发生。

逻辑的对象

　　杜威于 1916 年在哥伦比亚大学哲学俱乐部的演讲中指明了关于这些问题的解决方法。他谈论的主题是所谓的"逻辑对象"或"逻辑实体"。这些主题据说包含了诸如"之间"、"如果"、数字和实质等这样的术语。杜威观察到，从历史上看，这些实体往往被处理为：（1）对象的物理属性；（2）智力或精神属性；（3）某种既非物理也非精神而是"形而上学"的中间物。

　　杜威反对以上所有三种观点。他认为，逻辑的对象只是逻辑的。他以此意味着，它们都是推论的副产品。因此它们是"当且仅当推论被发现时才会被发现的事物或事物的特质"（MW 10：90）。

　　理解杜威在这些问题上的激进革新的关键点，在于他的论证：逻辑的问题应该从更合适地体现为精神或灵魂特征的问题中分离开来。当然，杜威并不希望否定探究包括精神的过程或者探究中出现心理的因素。其关键点，是坚持认为探究是具有反思能力的生物体对其周边环境的行为反应。同样地，杜威写道，探究属于"发生在这个世界上而非仅发生在心灵或意识之中的行动或行为"（LW 10：90）。这就意味着，不论什么样的精神过程都伴随着特定的探究，它是其行为的结果，而不是某种伴随着的精神或心灵过程，这一点决定了它是探究。探究，就如同走路和吃饭一样，是杜威所称呼的"外部事实"。

　　杜威对这一问题的处理方式符合其宽广哲学视野的显著特征。他削弱了这一逻辑对象问题的习惯的本体论路径（这一路径依赖于将逻辑对象化归为先前存在的范畴），他认为应当按照逻辑对象的功能来对待它们。因此，杜威把探究看作是一门艺术，它的产品和副产品（包括逻辑的连词如"和"、"或"和数字）是被制造的物品。杜威提醒我们，这些物品的制造是有某种目的的，或者它们至少是和某些过程相联系的。将其视为具有某种独立于目的和过程的存在是向旧有做法的倒退，这个旧有做法赋予其一个不合逻辑的本体论地位。

　　几何点、瞬间，甚至逻辑分类，都为杜威的观点提供了极好的例证。它们指称一种既非物理和心理，也非形而上学的实在。这种确实被指称的实在只是受到控制的探究行为的实在。如果像传统所做的那样，把它们看作某种独立于探究的东西，就将会与这样一位生物学家犯同样类型的错误：他或她相信可从一条在水中之鱼的状况，推出在不在水中之鱼的状况。

抽象化

杜威之所以用这个特殊的比喻——水里和水外的鱼——作为他对抽象对象讨论的一部分，也许源于他对詹姆士的解读。詹姆士观察到，任何人在沿着水族箱的一边看过去时，都能看到一个跨过这个房间的对象，正如由水底反射到水面的烛光又反射到水中一样。他提出，水就像是可感觉事实的世界，而水上的空气则像是抽象观念的世界。

当然，两个世界都是真实并相互作用的，但是，它们只是在彼此的边界处相互作用。任何生命的轨迹以及我们人类生活的地方，只要有完善的经验存在，就是水。我们就像在感觉的海洋里游泳的鱼，被更高级的成分包围着，但是却不能呼吸到这种纯而又纯的成分或穿透它。然而，我们从中获取氧气，不间断地与其进行接触，一会儿接触这部分，一会儿接触那部分，我们时时刻刻都在接触它，我们以新的路径和新的活力返回水中。空气所包含的抽象观念是生命所不可或缺的，但是，它们自身是不适于呼吸的，只具有重新引导的积极作用。一切比喻都停止，只有这一个迎合我的爱好，它说明对生活本身来说不充分的事物仍可有效决定其他生命。

杜威在其自己对抽象观念的论述中详细说明了詹姆士的比喻。第一，在抽象和具体之间存在着活生生的交互关系。正像鱼通过日常生活环境之上的空气来获取氧气一样，人类经验从抽象的实体和关系中吸收营养。当这个活生生的关系遭到忽视的时候，抽象往往变成某种否定的东西，甚至也许成为某种拙劣的模仿品。它成为某种独断的和远离日常经验的东西。

第二，抽象和具体之间的活生生的关系的维系要借助于实验。抽象并非目的自身，而是发展新方法的工具，这一方法可以应用于具体的领域和存在的经验。探究总是涉及抽象，因为它总是涉及把一连串可供选择的行动过程清除表达出来的假设。它也依赖于先前探究的副产品——关系（以及关系的关系）。然而，探究最终是为影响到具体的、经验世界的变化而得以实施的；在此并只有在此，抽象才能被决定是成功或失败，是有用的还是无用的。

　　第三，与西方哲学的悠久传统背道而驰，抽象并不属于比具体经验更高级或尊贵的形而上学的或本体论秩序。詹姆士在他指明空间位置的类推中使用了"高级的"术语，而非形而上学的卓越性。杜威的解释使得这一点更加明确：抽象和具体是探究之中具有同等地位的阶段或状态。在讨论抽象历史的过程中，杜威提醒我们，苏格拉底通过督促雅典人避免过度依赖具体——即避免通过简单的枚举而进行推论——为他的雅典同胞做出了巨大的贡献。苏格拉底促使他的雅典同胞从事假设性推论的努力在探究历史上是一次巨大飞跃。然而，柏拉图却犯了相反的错误：当他开始将抽象作为形而上学的实体加以对待时，他开启了西方哲学 2500 年的不幸历程。

　　自柏拉图以来的哲学家们往往将抽象认为是高于或优于具体经验的原因之一，在于抽象被说成提供了普通经验无法提供的"确定性"水平。例如，"2＋3＝5"这一数学命题由于其无论何时何地的适用性而被认为是一个永恒的真理，具有形而上学的优越性。但是杜威却不这么看。数学命题之所以经常被认为是永恒的真理，其原因在于：

　　　　数学免于要求任何有限的解释的条件。它们除了只是满足系统内部转换的条件的需要而在形式上产生影响之外，没有任何意义和解释，不会有任何系统之外的指称。不存在包含任何具有（甚至是）间接存在的指称的概念中的意义上的"意义"，这个事实可能解释了数学问题只是一系列任意符号的观点。但是，在更宽广的逻辑意义上，它们具有一种由对转换条件的满足所决定的关系所排他性地和完整体地构成的意义。（LW 12：396）

　　换言之，数学命题在上述两个意义的任何一个中，可能都是有意义的。根据它们与一个形式系统其他成分的关系而言，由于它们满足了系统内部转换的条件，它们是有意义的。正是在这个意义上，它们显得无论何时何地都是真的。它们在形式系统内的位置是稳固的，并且，它们在系统内的转换结果在那个有限区域内是一致和可靠的。在此意义上，数学命题不指称存在的个体。

然而，在另外一种意义上，即在数学命题指称某个存在的个体或另一个体的意义上，它们并不具有独立的应用性。司空见惯的是，在实验科学以及日常经验中，抽象的数学命题过于"细致"，无法运用到粗犷经验中。但是，重要的是注意到杜威并不认为数学命题或任何其他类型的命题会因此而或真或假。我将在后面关于命题的部分更详细地讨论这个问题。

探究中的质料与形式

现在该回到探究中材料与形式的关系问题了。在杜威的批评者看来，杜威《逻辑：探究的理论》的一个污点是它缺少符号。他们会问，在一个逻辑越来越符号化的时代，我们会期望人们严肃地阅读一本只有寥寥无几符号的逻辑著作吗？

杜威在这本著作的导言中讨论了这个问题。他坚持认为，许多逻辑问题都是质料与形式相分离的结果，而这也转而成为在缺乏"形式与质料不相脱离的一般语言理论"的情况下盲目追求符号化的结果。（LW 12：4）

杜威认为，逻辑形式随着探究的展开而显现出来。不过更为重要的是，他认为逻辑形式是伴随探究而生的副产品。为了理解这一点，有必要区分探究与逻辑，杜威有时将前者称为"初级"探究，将后者称为探究的"理论"。他这样写道："初级探究本身是对探究（或逻辑）进行探究所揭示出来的形式的本质。"初级探究的功能是把它的主题安排进既定的形式中。而对探究的探究（逻辑）的功能，是探讨这些形式，揭示它们与其他形式的关系并合理地安排它们，以方便其在未来探究中的使用。当这些东西（既定的形式）被应用于未来的探究中时，它们便成为得出进一步结论的手段。反过来看，它们也成为了对象。于是，杜威实现了一个极端的转变：他依据对象在连续探究中的作用来描述其特征，从而规定对象的功能。他写道："对象是探究的客体。"（LW 12：12）

一旦既定的对象确定下来，对象（或既定的形式）往往在它们初始的主题发生变化之后，还要持续下去。旧的形式会被强加于新的主题上。在一些情况下，这样做效果会很好，但是，在其他情况下，旧的形式并不能与新的主题相关。杜威认为，这恰恰就是亚里士多德三段论所发生的情形。杜威争辩说："随着对作为形式的主题的拒斥，亚里士多德传统的形式的不朽也将探究从逻辑的适当的范围中排除出去。作为逻辑学的源头的三段论绝不是推理的形式。它曾是对包含和排他关系的当下的把握，而这种关系在本质上属于真正的全体。"（LW 12：93）

杜威一贯认为，逻辑必须处置形式的关系，而且，他接受了一个广为流行的观念：正是这种关系使得逻辑与其他科学分道扬镳。但他也注意到，逻辑学家们在关系意味着什么这个问题上往往存在着分歧，而且，就逻辑形式如何与主题关联问题上，他们间的争论尤为尖锐。比如，逻辑上的形式主义者往往认为逻辑形式与主题之间没有任何关系。但是，在如何解释这个结论问题上，他们自身并没有获得一致意见。例如，其中一些人认为，形式构成了形而上学可能性（可能世界）的独立王国。而另外一些神秘主义气质淡薄的人则认为，逻辑是研究句子或命题的形式的句法属性。依然还有另外一些持较现实观点的逻辑学家对以上两种形式主义都存在疑问。他们认为逻辑形式是从先前存在的材料中抽象出来的，而不是亚里士多德的"可辨析的种"。

杜威反对上述所有观点。正像我已提到的，他主张，逻辑形式在不断探究过程中日趋接近主题。主题不具有先于探究的逻辑形式。

为了阐明这些观点，杜威将我们的关注点引向法理学史。他观察到，存在着大量的情形：

> 程序的形式已经取代了内容而成为主导性的因素。在这些案例中，它们不再是内容的形式，它们如此地孤立以致变成了纯粹的形式——这个事实包含的意义可能对逻辑学有指导性。之所以如此，是因为法律形式显然应为设法结束争论的目的提供服务……这些法律规则提供了五花八门的方式的范例，在这些范例中，行为的"自然"模式由于服从于规则中所产生的条件而采取了新的形式。随着新的社会交相作用模式和交往模式产生新的条件，随着新的社会条件安置新

的交相作用，新的形式便产生出来，以便满足社会的需要。例如，当一种新型的工商企业需要大规模资本时，所谓的有限责任性便会影响构成伙伴关系的逻辑规则形式。（LW 12：370—371）

正是得到控制的探究工作，通过允许新的逻辑形式接近主题而来掌控它。这些新的形式产生之后，逻辑所需要做的事情便是揭示它们之间相互关联的方式，进而决定它们在以后探究中的可能的用途。

判　断

关于逻辑的著作经常开始于对词项的讨论。它们接下来要考察那些将词项联合起来以组成命题或判断的各种方式，以及将这些命题或判断组合成论证的各种形式。比如，亚里士多德曾经把词项组合成四种判断形式，即：所有的 S 是 P，某些 S 是 P，所有的 S 都不是 P，某些 S 不是 P。他通过推演证明了当这些判断构成包含两个前提和一个结论（三段论）的形式时，有些由这些形式所建构的论证有效，有些则是无效的。

杜威以不同的方式开始讨论逻辑。在他看来，词项和命题只能被理解为是与判断相关的东西，他将其称之为“探究的既定结果”（LW 12：123）。就像我们已表明的那样，探究开始于可疑的或有问题的情境。各种工具和材料被用来处理有疑问的情境。假说得以形成并在他所称的“戏剧演练”中加以尝试，以减缓情境的不利因素。沿用这样的方式，评价（appraisal）被制定出来。最后，在探究获得成功之处，这一情况被以一种保持稳定并且无疑问的方式记录下来。

因此，在杜威的用法中，判断与命题不是等同的。命题只是作为探究一个间环节的提议。另一方面，判断则带有他所称的“存在的含义”（existential import）。命题“肯定”（affirm），而判断“断定”（assert）。杜威使用了棒球的隐喻来澄清这一点。他用当时的俚语写道：“投出的棒球对击球手来说是“命题”，它表明在当时的情境（surrounding）和暂时无关的环境（circumstance）下，他下一步应该如何处理”（MW 10：365）。进一步延伸这个类比，我们可以说判断是棒球手通过关于是否挥棒击球的（快速）思考所做出的。可见，投出的球是命题，而挥动的球棒是判断。在这种情况下，精心思考将被观察到的状况（conditions）和被确定的规则——如那些决定击打区的规则———同计算在内。

换一个类比，我们可以说，法庭上的命题是各方中的一方对一个争议的肯定，而判断是法庭根据证据和该证据与已确定的法律先例的关系进行思考后所下达的"断言"（assertion）。当然，中间的判断或者如杜威所称的"评价"（appraisal）——例如决定证据的可接受性的判断——同样也是以在法庭上对某事做出最终判断或解决为终结探究的一部分。但是，虽然命题和中间判断（评价）都是中间环节，前者比后者更不确定。

许多逻辑学文本把命题的主项当作以一种确定方式给予意义的东西，而把谓项当作以判断的方式为已确定的主项提供属性的某种概念性的东西。杜威拒斥这种观点。他争辩说，判断的主项和谓项是作为探究过程的一部分而交互决定的（LW 12：128）。他认为命题的主项并不是已被决定意义上的给定，因为如果是这样的话，在一开始就不存在探究的机缘了。既然探究的要义是"找出"，那么命题的主项就是某种模糊的并需要进一步确认的东西。

情况很可能是，在探究的先天例子中，命题的主项会获得确定的形式；但这并不能确保它会与当下的探究有关。科学以及在常识探究中的进步，都要求我们把以前的探究结果当作进一步探究的原材料，而不是可一劳永逸地接受的确定结果。

人们有时会认为对命题主项的纯粹指称可以仅仅通过指向某物并把它称为"这"来确定。但杜威认为不存在纯粹的指称性（referentiality）。他指出，即便是指向的行为也并不确立纯粹指称，因为对象的任何感官特征（包括它的时间阶段）也可能是指向的对象。事实上，命题的主项和谓项是交互决定的，它们的界定通过相互磨合而得以修正和完善。要首先建立"这"，须要在谓项中建立。也就是说，这是一个特殊的暂时性的步骤。要首先建立"这"，也就是建立"预先"，也就是假定的某特殊一类的例子。因而，把主项和谓项联结起来的命题是不确定的。这就是要进行测试和进行操作的标志。

杜威的观点在判断要完成的目标方面也与主流逻辑理论格格不入。一般理论认为，判断的意义是使判断的主体精神状态或态度发生变化。但是，杜威认为这种观点向主观主义做出了太多让步。根据他自己的观点，判断的作用是使以结束为最终判断的探究存在状态发生变化。肯定地说，在更广的存在状态下发生的改变，可能要涉及精神状态和态度的改变，因为它们也是存在性的（existential）。但是，忽视更广泛的存在状态而专一地关注精神状态和态度，就是为纯粹的幻想打开了大门。

这在杜威所谓的"实践判断"或涉及价值因素的判断中尤其明显。道德决定的目的不是从某些前定目的中进行选择并从而改变一个人的精神状态，而应是评估一种存在状况，用当下可以支配的最好工具来处理它并达到一个判断，这一判断将中间性的情境加以转变，使得其构成成分的差异和关系变得非常确定，以便把初始情境中的要素转化为一个统一的整体（LW 12：108）。

命题及其关系

正如我已经所说明的那样，杜威在如下意义上把命题与判断相区别：命题是中间性的，即命题是一个特殊个案最终解决（判断）的工具性东西。除此之外，杜威把命题分为两种不同但却相关联的类型。他所说的存在性命题必须处理与"实验性观察所确定的实际条件"；他所说的理念性的或概念性的命题必须处理"相互关联的意义，它在内容上并不直接指称存在，而是通过对表现出来的可能性操作而可运用于存在"。（LW 12：284）像我们指望的那样，在先前关于抽象性的讨论中，杜威说明了这两种命题具有相关性，它们无优劣之分，而是平等的伙伴关系。他认为，两种命题在探究中展示了一种"劳动分工"。

按照一些逻辑教科书的观点，杜威关于命题既不真也不假的主张是一种无稽之谈。但当我们一旦记起他是把命题当作手段而不是目的时，他的主张就足够明确了。作为手段，我们能够谈论它们有效或无效、强或弱，甚至相关或不相关；但是，我们却不能说它们真或假。那些有效的、强的并与促进探究相关的命题才是正确的，而那些无效的、弱的并与促进探究无关的命题则是错误的。在判断涉及有根据断言的程度上，它才被说成有真或假。论证也被说成形式上的正确或错误。这样的用法大大地触怒了某些主流逻辑学家，这些人习惯于把命题归为或真或假，把论证归为或有效和或无效。

为澄清这些问题,杜威举了一个例子:"三段论'所有的卫星都是由绿奶酪做成的;月亮是一个卫星;因此,月亮是由绿奶酪构成的'是形式上的正确。然而,这里所包含的命题是无效的,不仅因为它们'内容上的假',也因为它们不是推进探究,而是'阻止和误导了探究'"。(LW 12:288)在此系列里,判断"月亮是由奶酪构成的"被认为已经解决了问题,然而,这样的判断在是否"有根据的断言"的意义上是错误的。

杜威对命题的完全解决十分复杂,所以对它的完整讨论超出了这篇文章的范围。然而,在结束之前,我想把注意力聚焦于几个我所感兴趣的要点上。

首先,杜威区分了特称命题与单称命题。由于这两种命题有时具有同样的语法形式,所以它们二者经常被混淆。一个特称命题(例如,"这是坚硬的")会让人注意到一些变化,即一些感官作用的变化而引起的新事件(LW 12:289)。这种命题在它们对特定时间和地点的指向的意义上是特称的,它们自身并无进一步的指称。杜威告诉我们,特称命题"代表一个问题之确定(determination of a problem)的第一个阶段,它们提供了一组资料,当与其他资料相混合的时候,这组资料则说明这样的情境表现出哪种类型的问题,并因而提供了一种指向和检验一个预定的解决方式的证据"。(LW 12:290)

虽然从语法形式上看一种单称命题等同于特称命题(还是"这是坚硬的"例子),但两种命题在探究中发挥着不同的作用。一个特称命题仅仅表明一个变化出现了并可能因此形成一个问题,而一个单称命题则决定了"这个"是一个特定种类中的一个例子。在"这是一块宝石"例子中,单称命题的逻辑结构更为明确,因为,这个命题断定了"当下发生的事是作为描述一种类别永恒特征的证据"。(LW 12:291)由于它们断定了推论可以超越此时此地,获得人们不能在下断言时刻所体验到的"恒久的"或"普遍的"的特征,单称命题因此被认为具有一种特定的表现性的性质。

为了澄清他对此问题的处理方法,杜威引入了几个技术性的术语。他提出,当在某一刻仅仅注意到某物是硬的时候,我就意识到一些性质。但是由于我们的经验是复杂的和交叠的,在一个给定的时段内,我们可能会体验到许多不同的性质。在存在的意义上,一些性质涉及另一些性质。但是，仅停留于对这种存在性关联的认知对推进探究并无大用。依然需要发现哪些性质在当前问题情境中是彼此密切关联的以及是如何关联的。就像杜威所说的那样，"推论和计算是确定具体关联的必要工具。"（LW 12：277）

换句话说，推理是必需的。探究是一种干涉活动，它必须弄明白哪一相关关系与某一特定问题的解决方案有关。例如，命题"这是一个钻石"还可以使我们合理地推论出一些其他的性质，比如，其中的"这"就不是指金属。在这种情况下，一种属性成了固定不变的特点或特征。因此，推理能够使存在意义上相互关联的性质转换成一种对推理有用的形式。它们被用来指示某些不在场的东西。

全称命题，如"凡是钻石的东西都是属于玻璃划不破的东西"就是种类之间关系的一种表达。全称题不是像单称命题那样意指某物是某个种中的一个，而是意指一种类在另一个更具有包容性种类之中的成员身份。杜威在这里不是简单地建立一种关于命题种类的分类学，他实际上旨在阐明不同类型命题是如何以使得判断成为可能方式而发挥不同功能的。

全称命题扩大了推理的范围。它们使得推理从一种特质扩展到另一种特质。甚至更为重要的是，它们为单称命题提供了逻辑的基础。在缺乏进一步条件的情况下说某物是某种类中的一个，则很不明智。也就是说，"还有别的种类与这一具体的东西相关"。（LW 12：294）

全称命题是存在性的。与全称命题不一样，普遍命题是概念性的。它们表达一些可执行也可不执行的可能行为。如果这样的话，它们甚至不用假装含有存在的含义，它们是与探究存在相关的。（LW 12：303）在这里，就像别的地方一样，语法形式是会使人受误导的。"所有"这个词（与"任何东西"具有相关性）可能指示出在表达更高一级可能性存在命题（如"所有的钻石都是水晶"）之间的存在关系。另一方面，它可以表达"一种可以通过定义从概念分析得出的必然关系"（LW 12：296）（"如果任何一个东西是钻石，那么它就是一个水晶"）这一语法形式更明显。在第一种情况中，这种说法是全称的，是因为它关涉的是属于一个更具包容性的特定种类存在性的单称（这个钻石，那个钻石，等等）。在第二种情况下，这种说法关涉的是意义之间的联系，这种意义可与存在事件相关也可以不与存在事件相关。我们也许会（从理论上）做出这样的判断：如果所有的钻石都消失了，那么所有的水晶也都消失了。普遍命题根据一个意义相关系统来表达意义。它们首先启动程序去查明某些与存在的事态相关的东西，而不是断定存在的关系。所以，杜威称全称命题和普遍命题为"词的变化形式"。当探究在它们之间来回摆动时，它们在一系列探究中像伙伴一样相互作用。

　　普遍命题展示蕴意（implication）。当被经验到的彼此相关联的存在性质被看作特质和特征（借助于单称命题和全称命题，使用与正在进行的探究有关的方法）时，这些特质和特征会得到进一步的抽象。"这是一个钻石"便成了其他的、联合的特色的——诸如"这是一个水晶"——可靠的标志。或者，"如果一件东西是钻石，那么它就是水晶"。一旦用这种方式进行抽象，前面作为特质和特征起作用的、允许合理地确定推论的东西便可被称作属性（property）。

　　虽然存在的东西或质量是相互关联的，虽然一个特定种类的确定是推论的事情，但是完全抽象的（非存在的）属性，也以蕴意所给定的概念系统标志的形式互相关联着。然而，就像杜威留意到的那样，这样的系统不会"从天上掉下来"。它们是在"由处理人类行为的实际情况需要而建立起的状况中，逐渐演化并得到明确阐述的"。（LW 12：278）

　　杜威承认了两种普遍命题的逻辑形式：一种是含有部分或有限存在的含义的命题；另一种是没有存在的含义的命题。第一种类型的普遍命题的一个范例，就是牛顿的万有引力定律。杜威说，即使它与质量和距离那样的特质相关，它也是"以对最终存在的应用可能性指称为框架的，（因此）其内容受到了意旨的影响。像这样的假设的普遍性，不能穷尽它们可能被应用其上的存在的事务，结果是，它们必须被抛弃掉，以迎合更充分、更适合当下对象的其他的假设的普遍性。这可以从牛顿万有引力定律到爱因斯坦公式的变化中得到说明"（LW 12：395）。

　　另外一种普遍命题可以用数学公式来说明。命题"$2+2=5$"纯粹是一个确立的意义系统中的意义关系，因此，它免于任何"特权的解释"。（LW 12：395）用技术的用语来说，不管怎么说它没有超出概念体系的推理。

　　我们需要对最后一个逻辑关系进行讨论。除了关联、推理和蕴意之外，有序的逻辑话语还包括杜威所谓的"指称"。为了反对逻辑形式主义者，杜威认为探究的要点在于对存在层面难题的解决。因此，他认为谨慎思考的补给应包括概念性东西的操作。也就是说，普遍命题中符号之间的含义关系的确定，需要被一种"补给"完成和完善，这种补给能够把抽象思考的结果带回到存在意义的疑难情境中，而疑难情境产生了某一特定结果的问题探究现场。由于在普遍命题和全称命题之间存在着联结关系，这是可能的。换句话说，探究中使用的符号关系必须是对存在事务的指称。需要重申的是，探究的意义在于以这样一种方式重新梳理关联关系：依靠承载着有根据断言的判断，一个有问题的情境得到最终的解决。同时，很有趣的是，虽然逻辑标准的处理往往以指称开始——一个命题的主项有着确定的指称，但是，杜威的探究理论却是以确定性的指称为结束的，即作为探究的结果如何应用到以及检验存在事物的一个名词。因此，指称对杜威来说是接近终点的探究内部的一种关系，而不是一种启动了探究但又与探究分离的关系。

作为社会探究的逻辑

假定这样的事实：把命题概括为两大类——存在性的命题和概念性的命题。杜威意识到，他的读者可能想知道到底是哪一个在先，话语中抽象的意义关系的构成，还是存在性的意义关系的构成。杜威对这一问题的回答可以分成两部分：首先，由于存在的命题和概念的命题作为探究中相结合的方面的共同作用，他认为这一问题带有"修辞的"色彩。因此他强调所谓探究中的"补给"活动。

> 如果符号不能够使我们标记和保持作为推理基础的那些事物的特征，将事物处理为符号的能力则不会持久。例如，如果没有可以区分和表现构成"烟"的这一东西（它又是火的信号）的可被经验到的视觉和嗅觉性质的语词和符号，我们对那些性质的反应，很可能就像动物一样，只是模仿与之相类似的活动。但是，不会产生没有错误的和不盲目的推论。而且，既然它所指称的火并不是当前能够被观察到的，那么任何关于火的预期都将是模糊和不确定的，甚至可以设定一个这样的预期。（LW 12：61—62）

　　即使这个首先性的问题是"修辞性"的，它也会导致硕果累累的思考。探究的互相结合的不同方面共同起作用的语境在来源和含义上都有着深刻的社会性。存在的东西所具有表征力量这一事实并非自然的本性，而只是附加其上的文化的事实。交往包括本文章中所描述的探究工作的各个方面，是具有反思能力的人的联合活动结果。这些活动包括协作活动和竞争活动。因此，文化既是语言的条件，又是语言的结果。（LW 12：62）

　　探究促进了反思性有机体间的协作，因为这使它们在对一个明显行动作出最终不可逆的承诺之前能进行预演或尝试。在非常原始的层次上，动物使用威胁的手势来取代和回避攻击。在一个更高的组织层次上，两个朋友更愿意就不同意见进行"商议"，而不冒断绝友谊关系的危险。在更成熟的层次上，复杂的政治和经济行动计划是民主选举和有序改变所谨慎思考的主题。这些都是探究发展的阶段。就如杜威所说的那样，"推论的习惯一旦养成，它就有其自身发展的无限能力。这种彼此之间的意义的有序发展有着引人入胜的兴趣。当这一切发生时，模糊的逻辑条件变得清楚了，一种逻辑理论由此而产生了。"（LW 12：63）

　　至此，应该非常清楚，杜威否认作为目的自身终结的探究这一观点，他同时也否认探究的理论（逻辑）作为一门严格的正式的学科是自足的，是与日常生活事件没有相关性的。正是由于以上理由，杜威认为，下一次的科学技术革命如果可能发生，会涉及社会科学的进步。在杜威看来，探究以及探究理论是最重要的工具之一，这一工具帮助我们处理如何共同生活、考察我们环境条件的约束，以及人类方方面面的需要和热望。

代议制民主、参与式民主和社会变革的轨道

拉里·希克曼(Larry A. Hickman)著　何涌泉译

一　导言

在 21 世纪，因为争夺资源的步伐和改变地缘政治联盟的节奏都加快了，与之相对应的社会变革——无论是好还是坏——也似乎不可避免地加速了。我们将以"车尾贴"般精确的方式陈述我们的总体见解：社会变革来临了。

一个亟须人们思考的议题要涉及两个重大而又常常富有对抗性的观念——代议制民主和参与式民主——将会在多大程度上影响我们社会结构的变化的轨道。这不是一个崭新的问题。它植根于古希腊雅典人的政治实验中，而且它也激起了 20 世纪 20 年代期间的沃尔特·李普曼（Walter Lipman）和约翰·杜威之间的一场重大辩论。随着社会变革步伐加快，这个问题变得越来越重要。

二　"普通"公民在民主社会中的角色

20 世纪 20 年代，李普曼是美国最有影响力的新闻记者之一，而杜威是美国最有影响力的公共哲学家之一。李普曼的《幽灵公众》一书发表于 1925 年，在这本书中，他为代议制民主的精英形式进行辩护。他认为，在这种形式中，普通公民要最低限度地介入治理的过程①。他认为，普通

---

① 沃尔特·李普曼：《幽灵公众》，纽约：麦克米兰 1925 年版（Walter Lippman, The Phantom Public, New York: Macmillan, 1925）。

公民既缺少政治决策所需的各种技能，又在任何情况下总是忙碌于其他事情（很有可能更多的是这些合法追求，诸如挣钱糊口和休闲娱乐）。因此，政治决策更适合由统治精英所做出，而这些统治精英是由包括社会科学家在内的一群专家组成的。普通公民的角色将仅被降低到这样的境地：当事情一帆风顺时，为执政党投票；当事情变得糟糕时，替反对党投票。这里有两个关键点：其一，就普通公民而言，政治参与不仅是不必要的，而且甚至是不值得追求的；其二，专家的职责不是为普通市民服务而是为统治精英服务。

李普曼的挑战恰好切入到杜威民主观念的核心。如同李普曼一样，杜威长期以来一直认为，社会科学家的工作对理智的规划（包括在民主制度和统治层面的规划）来说是至关重要的。然而，与李普曼不同的是，杜威也论证了民主在参与式维度和代议制维度之间的平衡或者相互作用，这预见了当代政治理论家在讨论"协商民主"时使用的一些基本概念。但是，我确信，杜威远远超越了当代对协商民主的大多数的处理方式；这些方式预见了参与式民主方面更为激进的实验（如发生在巴西的阿雷格里港的参与式预算运动，关于这点，稍后我会做更多阐述）背后的一些想法。当然，对杜威来说，并没有"普通的"公民。在他看来，每一个人都是一个拥有多种兴趣、天赋和能力的综合体，因而每一个人都与众不同。然而，杜威的教育目标是让每一个个体把自己看作一个充分参与的公民。

在访问中国期间（1919—1921 年），杜威发表了一系列演讲，它们触及民主的诸多方面。这些演讲持续地引起人们浓厚的兴趣。例如，1998年，美国前总统比尔·克林顿访华，在进行准备期间，美国国务院打电话给"杜威研究中心"办公室，要求提供那些演讲的副本。

杜威围绕着四个主题组织了他的演讲。第一个主题是他所谓的"政治民主"："政府的权力受到宪法的限制和监管，人民的公共意志通过他们所选举的议员们来得到表达。"第二个主题被杜威称为"权利的民主"："所有的人都确保享有一定的权利，如言论自由、出版自由、宗教自由和迁徙自由以及其他方面的自由。"第三个主题是"社会民主"："民主意味着平等，民主要求废除不平等的社会区分；它要求在法律面前和人与人之间的关系中实现人与人之间的平等。"第四个是"经济民主"：民主要求每个人享有过上体面生活的权利，民主旨在于清除富人和穷人在享用资源方面所产生的明显的差异①。"

关于这四个主题，有几件值得注意的事情。第一，它们远远超越了当时和现在的任何社会所具有的现实条件，因而表达了一套理想。差不多在杜威发表演讲的三十年后，这些理想中的许多成分都被《联合国世界人权宣言》奉为圭臬。第二，它们含蓄地唤醒人们注意财团资本主义主导下的社会制度的某些不足。作为一名社会主义者，杜威对财团资本主义做出了严厉批评。第三，它们为社会救济提供了间接的方案。它们的着重点很清楚：第一个主题揭示了代议制民主的基础，而余下的三个主题则展示了参与式民主得以产生和建立所需要的诸条件。

《公众及其问题》② 一书发表于 1927 年，在它所做的讨论中，我们可以看到杜威回应李普曼的种子。杜威主张，借助于强有力且独立的每日新闻和表达清晰且传播广泛的舆论杂志等渠道，社会科学的硕果应该提供给每一位公民。因此，他对李普曼的回应，驳斥了这样一种想法，即公民们的理智和技巧不足以（或者不必需）为选择提供基础，而这些选择会决定共同体生活的形式和不同的群体（包括国家）的活动。杜威也呼吁，增加新闻报道者和其他类型记者的自由，以免其受到商业利益和政治控制带来的限制。

然而，也许甚至更为重要的是，他呼吁要更加注重公立教育。这种教育让每一个个体能决定那些方式，而以这些方式多种交叉群体的利益能够被认同、被表达和产生相关性。这种教育使得每一个个体能够分析和决定那些方式，而以这些方式政府、公司和其他机构的官员能够对这样的群体的形成设置结构性障碍。

杜威的回应嘲讽了李普曼的精英式的代议制理论。首先，杜威指出，如果市民是如同李普曼宣称的那样在理智上迟钝或者无能，那么，他们无

---

① 参阅罗伯特 W. 克洛普顿和欧存成：《约翰·杜威：来华讲演录，1919—1920》，火奴鲁鲁：夏威夷大学出版社，1973 年版，第 3 页（Robert W. Clopton and Tsuin—Chen Ou, John Dewy: Lectures in China, 1919—1920, Honolulu: University Press of Hawaii）。

② 约翰·杜威：《公众及其问题》（原载《杜威作品全集》（晚期作品，卷二），卡本代尔：南伊利诺伊大学出版社 1984 年版，第 235—372 页（John Dewy, The Public and Its Problems, in The Collected Works of John Dewy, Later Works, Volume 2, Carbondale: Southern Illinois University Press）。

论如何都几乎难以被统治精英管理。其次，如果专家们因只对统治精英服务而不知道公民的利益和需求，那么，他们将不再能够起到专家的作用。杜威因而指责李普曼墨守成规，也低估了公民们处理与他们自身利益相关的事务的潜能。

值得注意的是，在杜威看来，扩大公民参与民主进程的范围的企图，并不妨碍民主的代议制形式本身（per se），尽管它确实妨碍一些特定的代议制政治体制的根深蒂固的实践。更为准确地说，杜威试图在民主的参与式维度和代议制维度之间实现一种动态的平衡。

杜威主张，只有凭借发挥实验性的潜能，构成和服务于民主的代议制维度的制度才能在民主的参与式维度里得到不断地更新。此外，如果这样的制度想要继续对公民日益变化的需求进行回应，而且如果这样的制度想要继续对它们自己所组织的参与式的公共机构（这些公共机构能够与那些因为地理、宗教、经济等因素而产生利益差异的公共机构之间产生交互作用）所凭借的手段进行回应，那么，对代议制的结构和功能进行持续更新就是必不可少的。

从另一方面看，只有使用实验性的潜能，长远而大规模的计划才能得到制定和实施，民主的参与式维度的机制与机遇因此得以扩大。

三　杜威与协商民主

正如我说过的那样，杜威预见到了许多观念，这些观念现在可以被归入到协商民主的名称下。艾米·古特曼（Amy Gutmann）和邓尼斯·汤普森（Dennis Thompson）为这种立场提供了最为清晰的陈述。在他们看来，协商民主是一种政府形式，"在这样一种政府形态中，自由和平等的公民（以及他们的议员）在一个他们给出各种能够被互相接受和广泛认同的理由的过程中，为各种决策辩护；其目的在于达成眼下对所有公民具有约束力而在未来能够接受挑战的共识①"。

---

① 参阅艾米·古特曼和邓尼斯·汤普森：《为什么要协商民主?》，普林斯顿：普林斯顿大学出版社 2004 年版，第 7 页（Amy Gutmann and Dennis Thompson, Why Deliberative Democracy? Princeton：Princeton University Press）。

从杜威哲学的角度看，这个说法有几点值得注意的地方。尽管杜威是协商民主形式的支持者，但是，他与我们这个时代的多数支持者的立场迥然不同。简单地说，杜威认为，协商必须超越对话和辩论，以至包括从基本上说是技术性科学的议题。尽管当代人对协商民主的多数讨论往往忽视了那些客观、可检验和可证实的测试结果所带给协商的问题，杜威却认为，在技术性科学中所发展出来的实验性探究方法能够用来指导民主实践，并且如果不承认生活的技术性科学状况，那么协商也是无效的。杜威的协商民主观念厚重而充满实验上的信息量；与之相比，许多其他协商民主论者的观点显得单薄且缺少力量。例如，人们能够在古特曼和汤普森的出色著作中找到这个困难。人们也能在当代为协商民主而呐喊的最为著名的学者之一尤尔根·哈贝马斯的著作中找到这个困难。我在其他地方提出，哈贝马斯没有涉及民主实践的技术科学性维度，这导致他的思想产生了一个致命的分裂——一方面，他把技术性科学作为事实的监管人；另一方面，他把交往性和解放性的行为看作对它们进行解释的代理人。

杜威呼唤一种可以平衡民主生活的参与式维度和代议制维度的协商民主，他因此致力于将实验性方法运用于科学、教育和日常生活。虽然杜威的实用主义者同仁查尔斯·皮尔士已经把实验性探究首要地当作他狭义上的科学共同体的一种活动，但是，杜威认为，科学的方法论意义上的成功，在很大程度上取决于参与和代议之间的动态的相互作用，这一点能够被延伸至其他类型的群体。简言之，实验科学的方法能够为探究广泛的公共事务提供一种典范。

四　作为典范的好科学

首先，显而易见的是，在原则上，科学研究共同体内的参与要对那些拥有天赋并愿意开发进行研究工作所必需的技能的人开放。另外一方面，正是科学共同体中更有建树的议员，往往去制定对有关科学研究事务进行讨论的条款，并通过为专业学会和政府机构提供可操作层面的服务，将科学与公共相关的那一面展现出来。

显然地，杜威在这里对公共领域内的相互作用关系作了一个类比。在各式协商民主中，对多种公共生活的参与，并非义不容辞。杜威认识到，全民参与市民事务不是一个现实的目标。但是，杜威式民主的准则要求，这种协商内的参与应当对那些愿意开发介入公共决策中所需技能的任何人敞开大门。与此同时，单个的议员们要提出各种各样的议程，以便应对公民参与，并且展现各种各样的选民们的公共面貌。

第二，更为特别的是，在科学共同体内的参与取决于信奉一种作为科学方法的本质部分的可错论。在原则上，即便是最低水平的研究生助理也能够操作和发表一些实验结果，而这些实验结果可以挑战甚至驳斥最高水平的科学共同体的议员所作的研究工作。比如，冷聚变的失败和韩国克隆研究流产的案例都显示了科学界欺骗性宣传的脆弱性。

相同的情形适用于协商民主。即便是那些仅有极少或者根本没有政治经验的参与者，仍能够挑战最老练圆滑的议员们，甚至有时会取得引人瞩目的成功。

第三，与之相关的一点是，科学共同体的成员会盲审他们同行的工作，甚至包括科学共同体的高级议员的工作。用政治色彩的术语说，这样的方式为科学共同体不同群体之间提供了一定的监察和平衡。这就阻止了一些批评家所说的"卡壳"现象，即没有通过不同层次的专家来充分检测实验结果而将一种观点发布或作为公共政策而接受。

参与和代议之间的相互关系可能会相当复杂。对科学共同体中的一些议员而言，由于他们服务于专业协会、智库和政府性机构，他们已经为科学政策的长远战略的规划施加了影响。而科学协会内的一些参与者一直因为直接挑战那些科学机构中的高级议员而出名；在这些挑战者眼里，那些高级议员已经跨界，成为政治的代言人，这些人允许政治的权宜之计战胜好的科学。"科学家关注联盟"的成员所收集的关于布什政府期间科学政策腐败的大量证据，充当了这种现象的令人悲伤的例子。就我所知，超过12000名科学家，其中包括52名诺贝尔奖获得者，63名国家科学奖章获得者以及195名美国国家科学院院士，参与了签署针对布什政府企图削弱科学的整合力的提案①。

因此，重要的是要注意到，在科学界以及社会和政治治理中，协商民

① 参阅 http：//www.ucsusa.org/scientific－integrity/interference/scientists－signon－statement.html.

主在多大程度上揭示了争论的复杂性，这种争论引发了参与式功能和代议式功能的动态平衡。因为不仅在参与者和代议者之间存在着分歧，而且在不同的参与者个体和集团之间，以及在不同的代议者个体和集团之间，也存在着争论。

如果技术性科学能够为公共生活中的参与和代议之间的动态平衡提供典范，那么，我们的技术性科学环境确实是决定民主社会内的协商的结构和功能时的一种不可或缺的却经常被人忽略的决定性因素。尽管我将没有时间适当地展开这个主题，但是我会提醒你们注意我在杜威的著作中所发现的，在启蒙运动的 17 世纪和 18 世纪的欧洲阶段（它在康德的理性主义那里登峰造极）和英国阶段（它在皇家学会的工作中得到例证）之间进行的对比。由于强调为理性对话提供充分基础，哈贝马斯是欧洲阶段的最重要的继承者之一。但是，对杜威而言，他也强调以"不接受任何基于权威的东西"[1] 为座右铭的皇家学会的工作。如果说，因提出普遍协商和永久和平的建议，欧洲拥有了康德，那么，英国有罗伯特·波义耳（Robert Boyle），因为他发展了允许那些对象（人类一直在使用这些对象，它们也影响着协商；但是，由于使用中的透明，它们常遭到人们的忽视）进行表达的方法。法国社会学家布鲁诺·拉托（Bruno Latour）新近推进了杜威对民主生活的技术性科学维度的洞见[2]。

杜威主张，实验科学的方法适用于其他类型的群体，包括我们称为国家的公共机构的全球性交互作用。杜威的这个主张并非没有遭到批评。例如，人们可能争辩说，即便科学共同体组合了既是参与性的也是代议性的元素，但它依然是一个相对狭隘的共同体，它或多或少具有有限的利益，或多或少具有精确的标准；但是，对那些需要代议制治理的公共生活的各种利益和标准，我们几乎就不能这样说了。恰恰是这种不规则的政治情

---

① 原文为 "Nullius in Verba' or 'On no man' s word"，这句话是英国皇家学会的座右铭，源自《荷马史诗》的名言：Ac ne forte roges，quo me duce，quo lare tuter，Nullius addictus iurare in verba magistri。这句话的意思是："任何场合都不必问我追随哪位首领，或者何方神祇庇佑我，我不必尊崇任何大师的圣言。"对这个座右铭，译者见到两种译法：一是"我不相信你所说的，不管你有多么了不起"；一是"不接受任何基于权威的东西"。基于中文表达，译者选择了后者。——译注

② 布鲁诺·拉托：《重组社会》，牛津：牛津大学出版社 2005 年版，第 115 页（Brunuo Latour，Reassembling the Social，Oxford：Oxford University Press）。

境，导致李普曼摈弃杜威所赞成的协商民主的理想类型；李普曼认为，这样的理想或者是不相关的，或者是乌托邦。李普曼隐含的论证是，协商民主过于倾向参与并由此会滋生菲利普·基彻（Phillip Kitcher）所称作的"无知者的暴政"的风险[①]。

在基彻看来，这种"无知者的暴政"对科学界来说是一种危险。它牵扯到这样的风险："重要的问题……可能会遭到低估。因为社会的大多数成员无法明鉴使那些问题显得具有重要性的因素"[②]。问题的另一面是（这是基彻没有发挥出来的，因而我在我的限度内说明）具有这种可能性：可能会终结协商的方法将会获得人们的重视，因为社会的大多数成员并不明鉴那些导致从根本上削弱了富有成效的政治协商的因素。

五　平衡排除和包容

既然杜威确实是一个试图在民主的参与和代议两个维度之间寻求平衡的协商民主者，值得思考的是，他会如何避免"无知者的暴政"。实际上，他对这个难题提出了至少两种答案。第一种是否定性的、排除性的建议，而第二种是肯定性、包容性的论证。

排除性的观点断言，不是每一个声称是协商过程的参与者的人都事实上由此被这样对待。例如，杜威反对美国共产党于1993年接管美国教师协会第五片区的做法，这导致了他退出了那个协会并参与组建纽约教师协会。他反对美国共产党的"要么统治，要么毁坏"的策略以及他们的以结果证明手段合理性的教条。正如古特曼和汤普森所阐述的那样，协商民主要求公民"在一个他们给出各种能够被互相接受和广泛认同的理由的过程中，证明决策的合理性，它的目的在于达成眼下对所有公民具有约束力，但在未来能够接受挑战的共识"。恰恰是这种失败，导致杜威谴责美国共产党，当然也确实谴责了苏联。

这限制了参与协商民主的范围吗？一言以蔽之，是的。如果协商要发

---

① 菲利普·基彻：《科学、真理和民主》，牛津：牛津大学出版社2003年版，第130页（Philip Kitcher, Science, Truth, and Democracy, Oxford: Oxford University Press）。

② 同上书，第10页。

生的话，那么人们必须尊重参与协商过程所需的标准。针对这些标准是什么和怎么产生等更为精细的问题，政治哲学家们产生了分歧。尤尔根·哈贝马斯的大部分生涯致力于解释这些问题，而阿克塞尔·霍耐特对探究政治权力及其认可和尊重的维度做出了杰出的贡献。杜威自己的立场很明确：民主协商的标准来源于民主实践，它们为实践所检验并被证明是行之有效的。当然，这并不否认，它们在经过适当考虑后是可以被修改的。排除性措施必须小心翼翼地被运用，它们可以接受历史的和文化条件的影响。

杜威的肯定性的或包容性的举动当然表现在他的教育哲学中。他呼吁一种会成为民主交流的滋生地并且可以服务于强化民主的制度的公共教育。他的学校不仅仅传播已经被接受的价值观，而且会积极地重建那些价值观。杜威在 20 世纪 20 年代写道，教育科学的来源将不会在教育哲学里或者在管理者、教师或者学生中间被发现。教育科学的来源——并且他不妨称之为民主——是在每个层次和每一年龄群体的教育过程中发展起来的。

我强调科学和民主方法在杜威那里的联系，这并非信口雌黄，这是他思想的中心。尽管民主生活的第一缕曙光似乎出现在古希腊雅典人中，直到 17 世纪——这是一个或多或少发明了系统性的技术性科学的实验方法的世纪——当代形式的民主才开始成形。对于杜威来说，关键是抵制那些外在于人类经验本身发展的先天知识或者权威观念的妄言。正如他在 1939 年指出的那样，对民主的信仰，就是相信人类经验具有去发展各种目标和各种方法（借此，更多经验得以有序而丰富地发展起来）的能力。

六　结论：一个个案研究

众所周知，关于平衡参与和代议两个维度的那些方式（并由此导致了积极的社会变革），人们已经做出了极有价值的经验性研究。巴西阿雷格里港的参与式预算过程就是这样的案例。人们可以在贝傲奇①（Gianpa-

———————

① 吉安保罗·贝傲奇：《阿雷格里港的公民》，波士顿：《波士顿评论》，2006 年 3/4 月（Gianpaolo Baiocchi, "The Citizens in Porto Alegre", Boston Review, March/April 2006）。

olo Baiocchi）的著作中找到对这一现象所做出的出色研究。

例如，贝傲奇讲述了一个名叫马可的手艺人的故事，在他30多岁的时候，他从乡下迁移到阿雷格里港。和许多巴西人一样，他几乎没有受过教育，居住在城郊的小屋子或者非法栖居在这个城市的市郊。然而，他因他做的活的质量和可靠性而在他的社区逐渐有了知名度。后来，他的一个邻居鼓励他去参加市政府的一个讨论财政预算的会议。鉴于政治腐败是巴西的常态这个事实，他起初迟疑不定。但是，他很快意识到，这次情形大为不同了。他的邻居们有秩序地就先前的工程和当今的预算质询市长。会后，这群人选举了本年余下时间的代表，马可也是当选人之一。马可开始研究会议规则，并开始定期参与巴西200多个区域参与式预算活动中的一个。最终，资金被投票给改善马可邻居的街道和下水道。他和他的公民同伴拥有允许他们对公共资金如何开支做出真正决定的真正的投票权。

尽管我可以对这个故事讲得更多，但是它与我的发言的主题相关的是这一点：阿雷格里港和其他城市的参与式预算活动，为杜威作品中所预示的协商民主的一种维度（对协商民主的一般研究缺少这样一点）提供了一个例子。

首先，这里存在着实验性的成分。阿雷格里港的参与式预算活动不仅仅是一个协商的问题，但是更为重要的，是一个具体结果的问题。尽管为参与和达成共识建立基本规则这一点是很重要的，即便根据需要去修正那些基本的规则也很关键，但是，参与式预算包含了额外的成分，这个成分也是杜威民主概念的一个关键性要素：易于证实而又可量化的结果。城郊的居民参与他们将居住的房屋和为他们社区服务的公路的建设。他们因此对结果的质量抱有既定的兴趣。他们能以很具体的条目（道路、住房和公共建筑完成情况）去测量他们参与的成功度。通过达成共识，他们能年年看到因坚持不懈的努力带给他们自己和他们的社区的种种好处。

第二，这里存在着教育的成分。杜威主张，学习是或者应该是一个把参与者的能力和兴趣作为起点的终生活动的过程。参与式预算的教育性成分要把参与者的利益和需求作为它的起点。可行的设定是，鉴于一种现实的进步的可能性，参与者将被激励，以便发展因这个过程的协商阶段而实现他们自己所树立的目标所需的技能。

至文章末尾处，我已经描述了一些在杜威看来可以在民主的参与式和代议制维度之间实现动态平衡的方式。我强调他的这个观点，即民主的实践植根于技术性科学的成功，因为那是在对协商民主进行最为知名的学术讨论中缺少的一个成分。并且我已经建议说，由于它强调可检验的实验性结果和强烈的教育性成分，阿雷格里港对参与式预算的使用，扩大了大多数以杜威所提出的方式对协商民主进行当代解释的范围。因此，它似乎可以用作一个案例，去展现一个杜威的视界：民主的代议制形式和参与式形式之间的动态平衡，如何有助于先前被动的个体成为在民主过程中不断涌现的活跃的参与者，并由此有助于积极的社会变革。

古典实用主义、后现代主义与新实用主义

拉里·希克曼(Larry A. Hickman)著　吴清原译

对于那些乐于解决日益增长的科技文化问题与期望的人而言，古典实用主义看起来比一些新近出现的新实用主义的流行说法显得更有优势。[①]然而，杜威所推进的实验主义的实用主义尊重艺术与技术科学在诸如社会重建中所扮演的不同角色，罗蒂的新实用主义则往往在模糊这一区别和将技术科学描绘成仅仅是文学艺术的一种表现这两方面之间进行转换。此外，尽管杜威的实用主义观点强调了通过应用他所谓的"直指的方法"所得到的结果的客观性，一些新实用主义的观点坚持个人与文化偏好的相对主义。它们因此试图取代古典实用主义的活跃的实验分析的厚重工作，以轻松的计划加以重建。轻松的计划呈现出希望，以及作为进步的可能的最佳成果加以处理的东西。

在杜威的实用主义的经典版本——杜威在不同场合称之为"工具主义"或"经验主义"——与实用主义的新近版本（它们被集体称作新实用主义）之间，存在着一系列意义重大的差异。在那些用这一实用主义的新版本加以定位的人中，有"法学实用主义者"（如理查德·波斯纳），"文学实用主义者"（如斯坦利·费什），等等。然而，在哲学领域内，新实用主义最为明确的阐释来自于理查德·罗蒂的工作。

现在很清楚的是，罗蒂对 20 世纪晚期及 21 世纪早期的哲学产生了巨

---

① 在 2003 年 8 月 13 日于土耳其首都伊斯坦布尔举行的世界哲学大会上，我曾经递交了这节的一个早期版本。它发展了我的一篇更早的论文即《艺术、技术性科学和社会行动》的一些主题，而我曾经把这篇论文作为第四节发表于《面向科技文化的哲学工具：把实用主义应用于工作》（*Philosophical Tools for Technological Culture：Putting Pragmatism to Work，Minneapolis：University of Minnesota Press*，2001）一书中。

大的影响。其中有两方面的工作尤为突出：首先，他的努力对于皮尔士、
詹姆士、杜威以及乔治·赫尔伯特·米德等人的古典实用主义的复兴起到
了重要作用。罗蒂于 1979 年在美国东区哲学学会所做的题为"实用主义、
相对主义和反理性主义"的主席发言，在当时被作为对主流英美哲学的
激动人心的干预而引起了注意①。在今天，它仅仅会被看作一场分水岭式
的事件，或说得更好一点，它是一项挖掘工作，以清除那些阻止主流哲学
直面杜威在今日可能会称为男人和女人问题的阻碍。美国实用主义的复兴
可能会因任何事件而发生，因为新一代哲学家们正在将其注意力引向那些
通常被称为"应用"的事件。但可以确信的是，罗蒂的工作为当前状况
的发生扫清了道路。

　　第二项突出的事实是，罗蒂构建了一种新型实用主义，这种实用主义
将古典实用主义的各种分支与当代（以法国为主）后现代主义的论题编
织在一起。②

　　在认可这一点上，罗蒂从没有羞羞答答。事实上，在古典实用主义与
后现代思想之间的关系方面，罗蒂进行了深入的研究。总体而言，我们可
以公正地说，罗蒂认为古典实用主义不仅预期了一些继续困扰后现代主义
的问题，而且同时提出了针对这些问题的解决方案。譬如，罗蒂在 1982
年写道："詹姆士和杜威不仅是在分析哲学旅行过的逻辑之路的尽头等待
着，同时也是在诸如福柯和德勒兹等人正在行进之路的尽头等待着。"③
在同一本书稍后关于这一主题更为详尽阐释的地方，罗蒂补充说："我们
应该把杜威看作已经走上了福柯正在行走的路线，并且已经达到了福柯依
旧在尝试触碰的点——在这一点上，我们可以形成哲学的及历史的（'谱
系的'）反思，借用福柯的话说，这些反思对于那些'为权力之网的精细

---

　　①　罗蒂的演说曾经以"实用主义、相对主义和非理性主义"（Pragmatism, Relativism, and
Irrationalism）为题发表于《实用主义的后果》（Consequences of Pragmatism, Minneapolis：Univer-
sity of Minnesota Press, 1982, 160—175）一书中。

　　②　当然，"后现代主义"这个术语的含义是众所周知的含混不清。读者可以参阅本书（指
的是《作为后—后现代主义的实用主义》）第一和第二两节对该术语的含义所作的讨论。

　　③　理查德·罗蒂：《实用主义的后果》，明尼阿波利斯：明尼苏达大学出版社 1982 年版，
第 18 页（Richard Rorty, Consequences of Pragmatism, Minneapolis：University of Minnesota Press,
1982）。

筛孔中的位置进行斗争'的人们，是有用的"。①

　　那些细心的读者会发现，这些段落可能会引发如下问题：在罗蒂的思想中是有价值的，但与詹姆士与杜威的古典实用主义有区别的后现代主义是什么？对此问题的一个恰当回答，将需要迂回穿过一些现代主义和后现代的主要观点。

　　就这一方面，历史学家詹姆士·利文斯顿提供了一系列很有帮助的路标，所以我将较为详细地引述他的观点。在利文斯顿看来，詹姆士和杜威的实用主义认可了这样一种个性，即"既符合感受又让人反感，既不可避免又不可能实现"②。根据利文斯顿的描述，就如下意义上而言，古典实用主义者"已经"成为了后现代主义者，因为他们不相信思想与事物居于不同的本体论秩序中：他们不承认一个客体的外在的或本质的流域，即自在之物的流域。这一流域不受观念或思想或意识的影响，或者说从根本上不同于它们。因此，它们逃离了围绕现代主体性而构建起来的意义的结构，而现代主体性预先假定了自我与具体化的客体是分离的或保持认知的距离。更为重要的是，这些理论家们被不必要地困在了现代主体性设立的认识论两端的中间——被困在了"浪漫主义"与"实证主义"之间。浪漫主义的典型特点在于以"有机的"或"主观的"内在自我为荣，以此来对抗构成了外在存在的"机械的"或"客观的"环境；"实证主义"的典型特点在于提倡一种外在的不断增长的事物的密度，这些事物具有诸如客体的流域以及关于事物不断进步的证据，这些进步通向物种的自然霸权③。

　　为何这种状况在有些人看来既"符合感受又让人反感"，既"不可避免又不可能实现"？简单地说：古典实用主义者们在对技术性科学仍保持和推进一种实证性看法的同时，能够重申精神与物质、事实与价值以

---

① 理查德·罗蒂：《实用主义的后果》，明尼阿波利斯：明尼苏达大学出版社 1982 年版，第 207 页（Richard Rorty, Consequences of Pragmatism, Minneapolis: University of Minnesota Press, 1982）。

② 詹姆士·利文斯顿：《实用主义与从 1850 到 1940 年的文化变革下的政治经济学》，查普希尔：北卡莱纳大学出版社 1997 年版，第 214 页（James Livingston, Pragmatism and the Political Economy of Cultural Revolution, 1850—1940, Chapel Hill: The University of North Carolina Press, 1997）。

③ 同上。

及——可能更为重要的——过去与现在之间的、在此之前已经被中断了的连续性。古典实用主义者争辩说，人们可以根据过去来评判未来的可能性。这种评判方法超越了对过去做出的选择和现在的替代的状况的一味的批判或抵抗。因此，古典实用主义将一种厚重的社会行为主义的德性类型（因而一种以实验方法为基础的厚重的社会和政治参与类型）引入人类事件的进程中，它拒斥事实与价值之间的传统的分裂，因而它是与现代主义模式中起作用的东西格格不入的。

尽管古典实用主义可能被正当地赋予"后现代主义"[①] 的名头，但是，它并没有做后现代主义这个名头给它指定的那些工作——比如，认可那些被称为"判断的"或"认知的"相对主义的激进的相对主义形式。从古典实用主义的立场看，现代主义的模式局限于一种实证主义的视界，这个视界神化了物理学家和其他人为他们所做的工作提供一个哲学基础的尝试。因此，作为一种激进的实证主义，现代主义理所应当的以一种还原的方式将大部分文化和道德生活看作工具主义的东西，或是以先验为根据的东西，或者是其他的可划入简单的不可知论的东西。另一方面，根据古典实用主义者的观点，后现代思想家的解释已然倒转了这一模式，他们似乎把已经得到证实的物理科学方法看作一系列无限自反的文学描述和再描述的集合，这些描述和再描述相当于不确定的话语回避，这些回避并没有提供坚固的行为和指称性的立足点。

在这种后现代模式中，文化与道德生活同样变得相对破碎化了，正如一位后现代思想家所讨论的那样，既然"所有判断的真值是与某个特殊的立场（也可以被称为理论框架、概念模型、透视图景或观点指向）具有相关性，没有任何立场是独一无二地或优越性地凌驾于所有其他立场之上的"[②]。

当然，从某种意义上讲，这种说法是平凡意义上的真实。假定的绝对事物都与这个或那个东西相关。然而，在一种更为重要的意义上说，如果

---

① 或许人们也可以主张，实用主义是一种"后—后现代主义"，即它已经不得不屈服于许多问题，而这些问题继续困扰着公认的后现代主义。对于这个议题所作的深入讨论，读者可以参阅《作为后—后现代主义的实用主义》（Pragmatism as Post - Postmodernism ）第一节。

② 埃姆瑞斯·维斯塔卡特：《相对主义与自律》，载《哲学论坛》，1996 年第 2 期，第 133 页（Emrys Westacott, Relativism and Autonomy, in The Philosophical Forum, no. 2 (1996)）。

它是不平凡意义上的真实，那么，它就是无作为的，因为，它只适用于作者的特殊立场、理论框架、概念模型、透视图景或观点。并且，从一个更为重要的意义上说，如果我们接受了被古典实用主义发展了的经验自然主义和社会行为主义模式，这一说法显然是错的。一方面，它将相对主义提升到了绝对的层面。另一方面，它的错误可以被诸多自然科学中的反例所证明。其中包括杜威自己曾经使用过的范例——譬如，纯锡在一个标准大气压下的熔点是232℃。在杜威的"得到保证的确定性"意义上，它是真实的，除非将虚假的成分建构在得到保证的确定性的概念之内，否则，它无需从属于无尽的重述。此外，我们无论在堪萨斯城、科隆、坎大哈还是巴黎进行这一实验，结果都会符合这一事实。

早先，在19世纪最后几十年和20世纪最初几十年期间，在"后现代"一词被铸造出来之前很久，古典实用主义从界定上说，是后现代主义。一方面，它是后现代主义，因为它拒绝了多种形式的二元论，而二元论激活了现代主义思想。只要我们大致回顾一下皮尔士分别发表于1877年和1878年的文章《信仰的确定》和《怎样使我们的观念清楚》，便可以看出古典实用主义对笛卡儿式现代主义的批判是多么地猛烈。

在现代主义的领域内，古典实用主义推进了一种对人类情境及参与的阐明，它强调了来自于对事实案例的不间断的经验参与的责任的客观性。但可能更为重要的是，古典实用主义强调了行为可以被改变的真实的可能性，强调了这种行为上的变化可以同时在个体的和制度性的习惯中得到表现。可以将这一点进行略为不同的表达：古典实用主义在以下意义上是后现代主义。它拒斥笛卡尔式的及其他任何试图提供知识的最终根基的说法，转而选择一种知识的获得过程的观点。知识的获得过程涉及建构和再建构暂时性的有区别的行动平台，而从这些平台出发，又可以建构未来的平台，一直无限延续下去。

古典实用主义拒斥知识的旁观性理论。根据知识的旁观者理论，真实的知识由对一个外在事实的精确的内在表现所构成。古典实用主义因而选取一种知识获得的视角观点，这一观点强调了认识的主题与扩大民主的参与和对文化差异的欣赏的企图之间的相关性，或杜威所称的"互相关联的生存"。

古典实用主义并不认为，知识的来源及标准来自于经验自身之外。换言之，工具主义/经验主义的解释拒斥超自然主义的和多种形式的柏拉图主义的先验解释，以及康德对知识获得过程的解释（康德的解释依靠一种先验的自我）。根据工具主义/经验主义的解释，标准与其他类型的工具一样，是在遭遇、分析和解决问题的经验过程中被发展起来的。

古典实用主义也不认为，人类的认识能力可以获得绝对的确定性，而是代之以各种可错论见解。根据可错论，正在其作用的假设、凭借经验的方法，甚至是已经得到很好证明的工具，都要在适当的情况下接受修订。同时，它还反驳宏大叙事的可能性，代之以一种渐进社会改良主义中的情境化的、语境化的尝试。

现代思想的中心问题及关键难题由此在古典实用主义的文本中得到了彻底的解决。杜威所说的"对确定性的要求"——它最终立足于对怀疑论的着迷，而怀疑论似乎一直是现代主义思想的主旋律——因被视为是非生产性的而遭到拒斥。对于它的地位，人们很有信心：解决问题的方法——这种方法在自然科学领域中享有巨大的成就——构成了获得知识的最可行的手段。

现代主义的主体性也得到了解决。古典实用主义的自我不再是被作为与客体和（可能也是）其他思维实体的外在世界的对立面而被孤立出来，成为一种自我包含的独立的思维实体——比如一种先验的自我。古典实用主义的自我是冲动、能力、习惯和行为的有机复合体，它深入地根植于人类有机体的自然历史中，并依赖于复杂的社会环境而生长和发展。尽管如此，古典实用主义的自我并不像一些后现代主义作者所描述的那样边缘化，以至于无法被人所把握。

综上所述，我试图说明从 1870 年开始的古典实用主义是如何反驳现代哲学的核心主张的。这不是一种无谓的抵抗，不是在主流哲学体系面前的晃动拳头。古典实用主义用一种积极的、详尽的和一贯的转向取代了现代主义的进程。

如果古典实用主义被界定为后现代主义，如果我前文中所指出的方式确实具有后现代主义的特征，那么，它与"后现代主义"这个名称有某种先天的联系。但是，晚一些的后现代主义该怎么办呢？为了清楚起见，我将晚一点的后现代主义称为"正统的后现代主义"。正统的（主要来自法国）后现代主义又将如何呢？为了产生他的新实用主义，罗蒂已经将后现代主义与古典实用主义的主流编织在一起。我将从两个方面考虑这个问题，尽管还有与当下的讨论相关的其他因素。

首先，法国正统的后现代主义有争辩性地颠覆了对科学与艺术之间关系的现代主义描述，在这一点上，罗蒂的新实用主义与法国正统的后现代主义有共同点。现代主义在数量与质量之间偏好数量，在初级质量与第二级的质量之间偏好初级质量，它往往因而将艺术视为低于或从属于科学。这一现象直到 20 世纪中期还较为明显，我们在这个时期目睹了逻辑实证主义的工作最后的挣扎。

但是，如今现代主义的实证主义工作似乎被正统的后现代主义所颠覆了。在这个方面，物理学家艾伦·索卡尔所主导的那场著名的恶作剧可能再明显不过了。1996 年，索卡尔向文化研究领域中颇具影响力的杂志《社会文本》提交了一篇论文。索卡尔在论文中争辩说，"物理的实在"充其量只是一种社会建构，包括数学在内的自然科学对象是由文化决定的。他写的这篇文章本出自对正统的后现代主义文本的恶搞，可是却被该杂志接受并发表了。当索卡尔揭穿自己的恶作剧时，杂志的编辑那边以及其他受到他戏弄的对象表示了极大愤慨。索卡尔随后出版了一本书加以回应，在其中，他倾其所有，试图揭露他在最有影响力的正统的后现代主义拥趸的文本里发现的伪科学的部分[1]。雅克·拉康、朱丽娅·克利斯蒂娃、卢斯·伊利格瑞、吉尔·德勒兹和让·波德里亚都在他的目标范围内。一位评论家试图评估这一损害："这里的罪责是什么？最糟糕的评估是，这些法国理论家在'哗众取宠'，他们并不憎恨科学，他们太爱科学以至于想要把自己包裹在其帷幔之中。"[2]

对此，我有不同的说法。在研读了索卡尔对自己的辩护之后，我认为，它们表明了对实证主义的镜像或倒置，即技术科学同艺术的主观性方面的一种具有浪漫主义色彩的包容，涉及自反的、定性的话语蚕茧内的技术科学的直指特征的尝试。在这些文本中，技术科学首先被根除，之后又

---

① 阿兰·索卡尔和简·布里克蒙：《时髦的废话：后现代的知识分子对科学的滥用》，纽约：皮卡多出版社 1998 年版（Alan Sokal and Jean Bricmont, Fashionable Nonsense: Postmodern Intellectuals' Abuse of Science, New York: Pecador USA, 1998）。

② 吉姆·霍特：《时髦的无知》，《纽约时报·图书评论》，1998 年 11 月 15 日，第 8 期（Jim Holt, "Fashionable Nonsense", New York Times Book Review, November 15, 1998, 8）。

被召唤来服务于高级的文学风格的需求。

为公平起见，我们应该指出，罗蒂并没有像人们在某些正统的后现代主义文本中所发现的那样走极端。但是，我相信罗蒂在相当程度上追随着正统的后现代主义的足迹。譬如，他把杜威解释为力图"抹去"艺术、科学技术和哲学之间的区别，代之以一个"模糊而没有争议的智慧的观念"[1]。但是，正如我在别处指出的那样，罗蒂似乎也认为，技术性的科学正在退入背景中，占优势的正是诗人。至于哲学，他建议"最好避免将哲学视为具有一种'核心问题'或社会功能的'学科'"[2]。归根结底，诗人是"使事物新鲜的人"[3]。

当然，杜威没有试图"抹去"艺术与科学之间的区别。在那一点上，他很清楚。从这个意义上讲，古典实用主义既不同意实证主义的模式，也不同意它的标准的后现代主义的颠覆。对杜威而言，艺术的工作是表达意义，而科学的职责在于陈述意义。用具体的术语来说，这意味着杜威意识到了，人类解决问题的历史已经发展了至少两种互补的路径类型，用以解决悬置的情境。既没有给艺术赋予特权，也没有给科学赋予特权，杜威争辩说，它们能够给需要解决的情境带来的方法不仅仅彼此之间有所差异，不仅仅是合作性的，而且会根据需要解决的问题的性质而产生不同的应用比率。如果科学技术的公开声明或被审查或被忽视，那么，艺术经常可能促进社会变革。当然截然相反的情境也可以产生，即当艺术遭到审查或被忽视时，自然或社会科学作为问题情境的解决媒介而被利用。这方面的例子数不胜数。当然，理想的状态应当是，艺术与科学像伙伴那样发挥作用。

其次，关于哲学作为社会参与变革的工具角色方面，在杜威的实用主义与罗蒂的新实用主义之间也存在着不那么理想的匹配。在《实现我们的国家》中，罗蒂一般性地建议说，自由主义者可以而且应该更加爱国，更少着迷于过度的理论，并且对作为非专家性的平民在社会改良中所扮演的角色具有更多的想象力，此外，他的工作与杜威对作为哲学家的哲学家

---

① 罗蒂：《实用主义的后果》，第51页。

② 理查德·罗蒂：《偶然、反讽与团结》，剑桥：剑桥大学出版社1989年版，第83页（Richard Rorty, Contingency, Irony, and Solidarity, Cambridge: Cambridge University Press, 1989）。

③ 同上书，第13页。

所承担的试验性工作所做的承诺，几乎没有相似之处。

当两位哲学家对话语在社会与政治改良中扮演角色分别加以阐释时，这个情境变得尤为明显。杜威认为，话语是他所谓的"直指的"复杂方法中的一个非常重要的"短语"，而罗蒂关于话语的观点与哈贝马斯的观点更为同源：关于杜威直指的方法的经验维度的讨论就到此为止了，它被深埋在关于话语和交往行为的讨论中①。

然而，这个一般性评价不应该被看作试图模糊以下事实：罗蒂关于社会及政治事务的观点似乎在过去二十年中发生了改变。

对罗蒂的工作所给出的回应大概出现在 1985 年。例如，拉尔夫·斯利珀特别批评了罗蒂的"无根基的社会希望"的观点。

（罗蒂）告诉我们，留给我们的只是"无根基的社会希望"，是一种只能提供给我们偶尔的光明来驱散聚集的阴霾的哲学。根据罗蒂的说法，哲学要给予"教化"。但是，罗蒂将哲学的功能加以稀释，使之与文学评论的功能难以区分，这个时候，哲学似乎与教化没有什么关系了。使得我们痛苦的东西是罗蒂的漫不经心的还原论。实用主义——至少是杜威式的实用主义——似乎提供给了我们更多的东西。它似乎在教我们如何改变我们周围正在衰败的文化，而不只是如何"应对"它的塌陷。②

罗蒂大约在 1990 年的工作让我自己的想法③也脱颖而出：罗蒂的自由主义的反讽者规划非常类似于一种世俗的加尔文主义。像加尔文主义者一样，自由的反讽者们对工具的使用效果持怀疑态度；据说，哲学在关于我们如何规划我们自己的生活世界方面，无法提供很多帮助。对自由主义的反讽者们和加尔文主义者而言，所强调的东西都依靠个体的再生，这进而可能是，提供的条件都是有利的，它也许会在社会领域中找到表达的方式。

当然，这一类比远远谈不上完善：加尔文主义依靠上帝救赎的恩典，

---

①　对于哈贝马斯的著作所作的深入性的实用主义式批判，读者可以参阅本书第四节。

②　拉尔夫·斯利珀：《实用主义的必然性》，纽黑文：耶鲁大学出版社 1986 年版，第 1 页（Ralph Sleeper, The Necessity of Pragmatism, New Haven: Yale University Press, 1986）。

③　拉里·A. 希克曼：《面向技术文化的哲学工具：把实用主义应用于工作》，布鲁明顿：印第安纳大学出版社 2001 年版，第 98 页（Larry A. Hickman, Philosophical Tools for Technological Culture: Putting Pragmatism to Work, Bloomington: Indiana University Press, 2001）。

而自由主义的反讽者们依靠冥想、朋友和书籍来激发他或她的想象。自由主义的反讽者们希望从书籍和朋友那里得到一种文学重述，而这些重述将会给无根据希望的摇曳之火增加燃料。除此之外，我们应该想到，加尔文主义假定一个自我（可以解读为灵魂），而这个自我显然是除实体之外的所有东西，相比之下，罗蒂的非中心化的自我是变色龙式的。在特定的时候，它似乎类似于正统的后现代主义的碎片式自我或休谟的无中心的自我①。然而，在其他时候，它以一种杜威在《人类本性与控制》中提出的更坚实、更积极和更具有整合性的自我为外衣。譬如，杜威在那本书里谈到一种"自我，通过对把自己与任何我们可以称为我自己的东西同一起来的东西的擅用，而获得坚固性和形式"。

再后来，尤其是在《实现我们的国家》和于 1996 年和 1997 年间发表的几篇文章以及《罗蒂与实用主义》对他的批评者的回应中②，社会及政治已经在罗蒂的工作中占据了更大的维度。譬如，在《全球化、认同政治学与社会希望》一文中，罗蒂采取了一个似乎是哈贝马斯的回声的立场，即没有任何东西"可以优先于由民主共同体的成员所自由达成的一致意见的结果"③。

这篇文章更贴近我的论证要点的是，罗蒂将这一看法归于杜威。罗蒂提议说，对于哈贝马斯和杜威两人，"简而言之，这类哲学与政治相关的原因，在于它鼓励人们拥有一幅自我的图像，而他们真实的或被想象的公民身份居于这幅图像的中心位置……可以说，这种类型的哲学将哲学清除出去，以使想象力在实现一种乌托邦式的未来的可能性上发挥作用。"④

罗蒂将哲学清除出去的社会和政治程序的偏好，同样为史蒂芬·沙平留意到了。他对罗蒂的解读是，罗蒂建议说，"哲学家们应该或者歇业或

---

① 康斯坦丁·科伦达：《罗蒂的人道主义的实用主义：哲学民主化》，坦帕：南佛罗里达大学出版社 1990 年版，第 37 页（Konstantin Kolenda, Rorty's Humanistic Pragmatism: Philosophy Democratized, Tampa: University of South Florida Press, 2001）。

② 理查德·罗蒂：《罗蒂与实用主义》，赫尔曼 J. 萨特康普编，纳什维尔：范德堡大学出版社 1995 年版（Richard Rorty, Rorty & Pragmatism, ed. Herman J. Saatkamp, Jr., Nashville: Vanderbilt University Press, 1995）。

③ 理查德·罗蒂：《哲学与社会希望》，纽约：企鹅出版社 1999 年版，第 237 页（Richard Rorty, Philosophy and Social Hope, New York: Penguin, 1999）。

④ 同上书，第 238—239 页。

者搬到更卑微一点的社会学系、历史系和心理学系：'哲学对我们的实践没有产生多大的区别，它也不应该被允许这样做……对于大部分目的而言，我们身边有无哲学家并没有什么关系。'"①

在这些方面，罗蒂可能会将自己描述为杜威的"追随者"，但是，罗蒂的杜威不是我所认可的杜威。根据我所做的解读，杜威认为哲学和哲学家们仍然有重要的工作去做，并且其中的大部分工作能在社会和政治工作中得到清楚的表达。根据我对杜威的解读，杜威认为"直指的方法"是哲学探究的中心。下文是杜威于1925年在《经验与自然》第一章中写到的：

经验的方法指出，一种被指定的描述的事物是在什么时候、什么地方以及怎样获得。它在其他人面前之前放置了一幅已经旅行过的道路的路线图。因而，别人——如果他们愿意的话——可以重新走一次这条道路，自己去检验勘察路上的风景。因此，一个人的发现可以为其他人的发现所修正和扩展——依照人类的确证、延伸和纠正的可能性而尽可能得到确实性。采纳经验的或直指方法因此设法对获得共识的合作性趋势——在自然科学中，这标志着探究——进行某种哲学的反思。科学的探究者不仅是通过他的界定的合理性和辩证的说服力来让别人信服的，而且也是通过把探索、做事和发现的特殊的经验过程——结果是某些事物被发现了——置于人们的面前而让别人信服的。他祈求别人也走一个相似的过程，以便验证他们的发现是如何与他的发现相符合的。

这段引文从几个方面展现出杜威的想法之重要以及与罗蒂新实用主义的区别。首先，与罗蒂和哈贝马斯形成鲜明对比的是，杜威不同意将定义和辩证法（话语）与实验法中存在但仍被湮没了的实践看作是基本的甚至是中心的地位。杜威的解释恰好相反。话语（定义与辩证法）是一个包括更大的实验活动或探究活动的一个阶段。既然杜威和罗蒂都是后现代主义思想家，他们两人也因此都认为我们此时恰恰应该放弃古典的、中世纪的和现代主义的形而上学的东西。但是，与罗蒂不同的是，杜威认为，决定处置部落的偶像的方法以及寻求替代这些偶像的东西，应当是哲学家

---

① 斯蒂文·夏平：《昂贵的审慎》，载《伦敦图书评论》，2002年1月24日，第25版（Steven Shapin, "Dear Prudence", in London Review of Books, January 24, 2002, 25）。

的任务的一部分。并且，由于每一代人都有其自身的形而上盲点，哲学和
哲学家们依然要做一些不能被归为社会学、历史学、心理学乃至比较文学
这些学科中的事情。

　　所有这些并非是说罗蒂的目标不令人钦佩，因为它们确实如此。也正
是因为与实验重构的健壮的计划（这是杜威所推进的古典实用主义的一
部分）相比，罗蒂的新实用主义看似有些胆怯甚至还有点含混不清。

　　我已经在别的地方讨论了杜威对实验主义的承诺，以及罗蒂对它的不
敬①。这也正是詹姆士·戈恩洛克在其出色的论文《什么才是工具主义的
遗产》② 中所提讨论的问题。我认为，戈恩洛克将杜威解读为坚持科学方
法同民主方法不可分，这个时候，戈恩洛克抓住了杜威的要害。戈恩洛克
认为"科学的准则已被整合进民主的准则当中"③。此外，"学校的职责就
是提供一个环境，让科学—民主的美德能够成为学习过程的一个有机的部
分"④。简言之，戈恩洛克认为，杜威对科学—民主的承诺，比毫无基础
的社会希望可以提供更多的东西。在对于戈恩洛克的回应中，罗蒂承认，
他发现科学方法这个概念"相当无用"⑤。而且，"方法"这个术语本身
就"不是什么幸运的选择。'方法'所答应的东西超过了他（杜威）所能
提供的东西——要提供某种积极的东西事物，而不仅仅是不要陷入过去的
忠告"。⑥ 另外，"假定杜威从来没有停止谈论'科学方法'，我认为，杜
威关于'科学方法'本身，从来没有什么有用的东西可说"。⑦

　　即使面对戈恩洛克的直接质疑，罗蒂仍坚持关于所谓指示方法或科学
方法是一种模糊的提法的立场。罗蒂认为，除非人们在处理伯克式的保守

---

　　①　希克曼：《面向科技文化的哲学工具》。

　　②　詹姆士·戈恩洛克：《什么才是工具主义的遗产？罗蒂对杜威的解读》，载《罗蒂与实用
主义》，赫尔曼·萨特康普编，纳什维尔：范德堡大学出版社 1995 年版，第 72—90 页（James
Gouinlock, "What is the Legacy of Instrumentalism？Rorty's Interpretation of Dewy," in Rorty &
Pragmatism, ed. Herman J. Saatkamp, Jr., Nashville：Vanderbilt University Press, 1995）。

　　③　同上书，第 88 页。

　　④　同上书，第 89 页。

　　⑤　理查德·罗蒂：《回应詹姆士·戈恩洛克》，载《罗蒂与实用主义》，赫尔曼 J. 萨特康
普编，纳什维尔：范德堡大学出版社 1995 年版，第 92 页。

　　⑥　同上。

　　⑦　同上书，第 94 页。

主义者或者是其他宗教原教旨主义者，否则，方法这个词实在是"太没有争议以至于不能小题大做"。此外，在先验推理方法与科学方法之间，"前者反对大胆新奇的思辨推测，而后者鼓励大胆新奇的思辨"①，除此之外，二者之间并没有太多的不同。

罗蒂在这些问题上的立场几乎无法与杜威看待实用主义的视角相匹配。在我们的时代，就像在杜威的时代一样，学校董事会开会时某些最热烈的争论其实发生在那些主张教授科学方法和内容的人与那些鼓吹反科学方法和内容的人之间。杜威非常反对主张神创论的人，今天的教育者们也会反对智能设计论。

这些个争论一定不只是关于不要沉湎于过去之类的负面训告，它们也会有关直指方法在根除疾病、迷信和坏的政府方面所表现出来的成功。它们还涉及有关科学研究共同体、教育实践共同体乃至相互治疗兴趣共同体的组织方法的改进。总之，这不单纯是不陷入过去的问题，这更是一个有关应该从过去中学到什么并在此基础上加以发展的问题。杜威关于指示方法的丰富阐述很好地纳入了这一方法本身的进化。他正确地指出，直指方法是唯一一种已被设计出来但却可以自我修正的方法。

罗蒂是对的，但只有在肤浅的意义上，即杜威所说的方法实际上是方法的整体综合的时候，罗蒂才是对的。然而，杜威意识到了这一事实，而且这种意识在其出版的著作中是很明显的。例如，在《经验与自然》一书的最后一章中，杜威讨论了艺术、科学、技术性学科、人文、法学等方法虽具有独一无二性，但却在方法和内容上有所重叠。杜威还指出，哲学最重要的一个功能是扮演联络官这个见解会使得各学科之间的语言可以相互理解。

与罗蒂不同，杜威认为方法很重要，并且哲学继续与之相关。这是古典实用主义和新实用主义之间的重大区别之一。这也可能是罗蒂的新实用主义之所以被与无根据的社会希望一起留下来的原因之一。

---

① 理查德·罗蒂：《回应詹姆士·戈恩洛克》，载《罗蒂与实用主义》，赫尔曼 J. 萨特康普编，纳什维尔：范德堡大学出版社 1995 年版，第 93 页。

介于哈贝马斯与罗蒂之间的伯恩斯坦：
一种杜威式的重建

拉里·希克曼（Larry A. Hickman）著　　张力文译

20多年前，现已被奉为经典的《超越客观主义与相对主义》一书刚刚出版，我在美国哲学学会的东部分会发表了一篇关于杜威技术哲学的论文。幸运的是，伯恩斯坦正是我这篇论文的评论人。几年之后，在贝勒大学召开的表彰伯恩斯坦当选为卓越教师的大会上，我再次发表了一篇有关杜威技术哲学的论文。幸运的是，伯恩斯坦也恰巧再一次成为我论文的评论人。

我提及这些往事，并非想用我的自传来烦扰诸位，我也还没到给大家讲自己生平趣事的年龄。我的目的其实在于说明：由于哈贝马斯和罗蒂对技术所做的不同处理，他们都不能恰如其分地评论我在这些方面所做的工作。从他们两人已出版的论著来看，无论是哈贝马斯还是罗蒂都未曾写过类似于伯恩斯坦写给我的那种评论。为何如此呢？与哈贝马斯不同——哈贝马斯经常在其理论中将技术性科学边缘化；也与罗蒂不同——罗蒂似乎已经颠覆了20世纪30年代至50年代的实证主义立场，将以事实为基础（以及实验室中的事实）的实验主义边缘化，而更倾向于分析语言与文学主题；伯恩斯坦向来严肃地对待技术性科学。他曾参照杜威给书籍的命名而称自己处理的是"男人与女人的问题"。按照伯恩斯坦的理解，只有将当下技术性科学环境纳入思考范围之内，才能够对这个时代的饮食男女问题进行有意义的清楚表述。上述观点并非意在指责伯恩斯坦，而忽视了哈贝马斯与罗蒂所主张的实证方面。这是我稍后将要进行说明的内容。然而就此而言，伯恩斯坦非常敏感地注意到了一个普遍存在于我们当前环境中的重要方面，而这一方面却被哈贝马斯与罗蒂所忽视。正是这份敏感造就了伯恩斯坦的社会哲学。

我曾经在一篇文章中提到①，对于哈贝马斯而言，尽管其极佳地分析了民主社会及那些渴望民主社会的人们交往发生或受阻的方式，然而他工作中一个未解决的漏洞却削弱了其庞大的计划。一方面，正如伯恩斯坦在他《一则现代性与后现代性的寓言：哈贝马斯与德里达》② 一文中所言，哈贝马斯"拒绝了传统的基础主义与超验性论证"③，而成为了一个易谬主义者。伯恩斯坦认为，哈贝马斯的易谬主义"不相容于我们当下做出的普遍性断言及为此所能补充的最强有力的论据，而这一切却正是他构建其交往行为理论的真正方式"④。然而另一方面，哈贝马斯似乎为我们展示了实验手段的成功并提供了其所追寻的普遍有效论据（当然与易谬主义相一致），如此这般，哈贝马斯似乎将技术科学降低至"工具合理性"的领域。

上述都归功于哈贝马斯（至少我和伯恩斯坦均如此认为）拒斥德里达哲学的如下观念："我们可以通过无休无止的文本解构来直面当前所有的政治、伦理及司法问题"。但是也很清楚的是，在哈贝马斯看来，交往与解放行为要完成一项双重任务：（1）它为保护我们的生活世界不受所谓技术科学的入侵而建立起一面坚固壁垒；（2）它也能够有效对抗其所带来的影响。我还需要补充说明的是，新一代批判理论家们——在此我特别指马尔库塞的学生安德鲁·芬伯格（Andrew Feenberg）——均反对哈贝马斯哲学中的多数观点。我曾在另一篇文章中提到，相比其老师马尔库塞而言，如今芬伯格的计划在此方面更接近杜威⑤。

---

① 拉里·A. 希克曼：《哈贝马斯未解决的二元论》，载《透视哈贝马斯》，刘易斯·埃德温·哈恩主编，芝加哥 2000 年版，第 501—514 页（Larry A. Hickman，"Habermas's Unresolved Dualism"，in Perspectives on Habermas，edited by Lewis Edwin Hahn，Chicago，2000）。

② 理查德·伯恩斯坦：《新荟萃：伦理—政治视野下的现代性与后现代性》，坎布里奇：麻省理工大学出版社 1991 年版，第 199—299 页（Richard Bernstein，The New Constellation：The Ethical – Political Horizons of Modernity/Postmodernity，Cambridge：MIT Press，1991）。

③ 同上书，第 206 页。

④ 同上。

⑤ 拉里·A. 希克曼：《从批判理论到实用主义》，载《作为后现代主义的实用主义》，纽约：福特汉姆大学出版社 2007 年版，第 79—91 页（Larry A. Hickman，From Critical Theory to Pragmatism，in Pragmatism as Post Modernism，New York，Fordham University Press，2007）。

因此，令人难过的事实是，在哈贝马斯的哲学中出现了事实与价值之间的分离，而这种分离导致了技术性科学的作用（提供事实）与人文科学的作用（产生并培育意义）之间的间隙。至少在我看来，这使得哈贝马斯在尝试完成欧洲启蒙所未解决的问题时顾此失彼。我自己对于哈贝马斯的批评并非意在强调，他必须完成启蒙运动所未完成的任务。与许多曾受法国风格的后现代主义影响的哲学家们不同，我事实上为他的做法喝彩。我只是认为，如果哈贝马斯的计划能够追随杜威的脚步，以弥合事实与价值之间的分离为核心，那么，他的理论将会得到更多的支持，而这一点也正是启蒙运动的大纲离开了实用主义重建就无法完成的原因之一。

沿着这条道路向前迈进，我们就会发现，康德的欧洲启蒙——他试图为永久和平确立基础，将科学规律理论化……——这不仅是启蒙，它也促使英国成立了以形式与活动自身为研究中心的实验主义者联盟——英国皇家学会。在皇家学会之中，理论化的工作当然也十分重要。然而，皇家学会的中心特征仍是为一种普遍性的可能提供了平台的实验主义，时至今日，我们依然享用这些可能的普遍性。科学继续为跨文化交往（尤其是为做出跨文化的客观判断）建立模型。这种"被打磨过的科学"与"美国式的科学"仅在研究纲领的选择以及获取研究经费的途径层面存在差异。而就其所产生结果的可证伪性、可重复性及可验证性的价值判断层面而言，则只存在着一种科学。

因此，这种举动（将价值与英国启蒙运动的视角相融合）在哈贝马斯的计划中引入了明显的实验主义成分。在我看来，这也为更广泛意义上构建的启蒙工作中有利方面的发展做出了积极贡献。正如杜威所理解的那样，实验主义者拒绝在事实与价值之间建立一道鸿沟。它反对将有形工具与无形工具做僵硬的本体论区分。同时需要注意的一个事实是，一项成功的研究不仅关涉抽象领域，而且更离不开作为问题形成与检测源头的那些不十分抽象的材料。正如杜威写给他同事摩尔（A. W. Moore）的一封信中所说的那样，实验主义是"一切功能的价值测试"①。

---

① 拉里·A. 希克曼主编：《约翰·杜威致艾迪生·韦伯斯特·摩尔》，原载《杜威书信集》，弗吉尼亚：因特雷克斯公司 2005 年版（Edited by Larry A. Hickman, John Dewy to Addison Webster Moore, in The Correspondence of John Dewy, Virginia: Intelex Corporation, 2005）。

　　尽管出于不同的原因，罗蒂似乎并未像人们所预期的那样看待技术性科学。就如他的一句名言所说，罗蒂认为杜威试图"抹去"艺术与科学之间的差异。当然，这意味着罗蒂断言"杜威将科学看作一种文学"论点的权威性。但是，杜威当然从未做过诸如此类的论述。诚然，杜威曾强调科学的美学程度与其发挥作用的持久性必然相关。但是，杜威也曾用截然不同的术语去刻画艺术与科学所各自具有的特点：艺术表达意义，而科学陈述意义。二者的区别正如一名雕刻家视界中表达材料与陈述意义之间的差别。前者涉及大理石的材质及其文化含义，而后者则呈现材料的最大程度可塑性。

　　进一步而言，罗蒂强调以协同性来取代实验主义，这一点现在已广为人知，在此将不作赘述。杜威对"语词"与"重述"的强调可能表明，尽管罗蒂已明确偏离了语言分析的重心，但他仍旧在更广泛意义上的语言转向范围内持续行进。在与语言哲学的英语语系分析传统中某些走极端的同志们分道扬镳时，罗蒂对语言转向的疏离可能并未像我们想的那样遥远。事实上，罗蒂似乎加入到了英语语系语言哲学家们的欧洲近亲当中，这些欧洲哲学家们身处后结构主义，在面对自身视角下的语言转向时自得其乐，他们当中有的人摒弃了修辞，也有人将其神话。罗蒂的新同志们并未像对待文学修辞的可能世界那样热情地对待语义学的可能世界。

　　基于这样的情境，我们不要对罗蒂为相对主义所做的庇护感到吃惊，罗蒂的这种做法是与他所推崇的英雄杜威不相容的。这正是遗失了对实验主义的信奉，如杜威所言，实验主义是"一切功能的价值测试"①。考量技术性科学处理当代饮食男女问题时所采用的手段与所处的地位，似乎均脱离了杜威的视域。因此，伯恩斯坦正是在这两极之中定位了自己的理论方向。这两极并不足以被称为两个极端，因为哈贝马斯在寻求普遍可能性的过程中并未走得足够远，以达到实证主义科学论的境地，而且，罗蒂对词语重述的探究也并未使他掉入相对主义的鲍德里亚兔子洞里，在这个洞中，实在变得如此易变而不可预知，以至于科学规律也是可逆的——这显

---

① 拉里·A. 希克曼主编：《约翰·杜威致艾迪生·韦伯斯特·摩尔》，原载《杜威书信集》，弗吉尼亚：因特雷克斯公司 2005 年版（Edited by Larry A. Hickman, John Dewy to Addison Webster Moore, in The Correspondence of John Dewy, Virginia: Intelex Corporation, 2005）。

然十分荒谬①。罗蒂也许可以被视为持有保守的真理观，但是与鲍德里亚不同，罗蒂似乎总知道真理之路究竟在何方。正如我所说过的那样，与哈贝马斯、罗蒂相比，伯恩斯坦的观点更为中立，他在这两极理论中找到了一个中间地带。

比如，重读伯恩斯坦的经典文章《科学、合理性与不可通约性》（该文是《超越客观主义与相对主义》一书的第二部分）以及《不可通约性与重返差异性》（刊载于《新星》），我都会被他出色的温和立场所打动，也会为他与另一位因精心设计立场而闻名的哲学家相呼应而触动。当然，我提到的这位哲学家正是被伯恩斯坦视为智慧英雄之一的约翰·杜威。

再如，重新解读伯恩斯坦对托马斯·库恩（Thomas Kuhn）工作的处理，我发现他信奉以下观念：由于对"不可通约性"的讨论总是发生在语言学承诺已经替代了实验数据的语境之中，因此，这样的讨论常常误入歧途。基于语言学实践而讨论不可通约性，这是上佳的选择，我似乎听到他有过这样的说法，但是应当远不止如此。

我将尝试对这一主题做更加专门的论述。在杜威某次关于发展实质问题的课堂演讲中②，他似乎曾有过与此类似的说法。假如一名持进步观点的人士从"贫民窟"问题的概念入手来尝试解决贫民窟问题，无论他或她的动机是如何善良，该活动从一开始就注定了即将产生的结果。为何如此呢？因为若试图更好地解决"贫民窟"问题，需要从一开始就清楚"贫民窟"问题究竟是什么。这正是社会科学与自然科学发挥作用时所要做的事，也就是说，此时它们是实验的而非经验的。杜威认为，哲学也必须如此行事。我将在稍后讨论其中的区别。

对库恩著作中关于不可通约性所做的讨论，伯恩斯坦显然做出了恰当的回应。假如我们从一开始就只假设某种通常意义上的不可通约性，

---

① 阿兰·索卡尔和简·布里克蒙：《时髦的废话：后现代的知识分子对科学的滥用》，纽约：皮卡多出版社 1998 年版（Alan Sokal and Jean Bricmont, Fashionable Nonsense: Postmodern Intellectual's Abuse of Science, New York: Picador, 1998）。

② 约翰·杜威：《政治哲学》，载《杜威课堂讲稿》（卷一，第一部分），拉里·A. 希克曼主编，夏洛茨维尔：因特雷克斯公司 2010 年版，第 310—311 页（John Dewy, "Political Philosophy, 1893—1994", in The Class Lecture Notes of John Dewy, vol 1, part 1, edited by Larry A. Hickman, Charlottesville: Intelex Corporation, 2010）。

而忽视了那些能够保证这些术语使用的特殊矛盾，那么我们就已步入歧途。我假定杜威会这样认为：我们被困在了某种问题的原初阶段，停滞于一个不确定的情境当中。我们对此问题还未形成一个恰当的定义。我在此列举伯恩斯坦对伽利略和贝拉明之间冲突的看法，意在证明我对于他就该问题的理解。此处，伯恩斯坦在客观主义与相对主义之间找到了一个严密且稳妥的地带，以避免他所担忧的两难选择，即所谓"笛卡儿式的焦虑"①。

进一步而言，注意到伯恩斯坦对技术性科学的处理态度对我们大有益处。伯恩斯坦认为，对技术性科学而言，关乎事实的案例应被视为比仅在语言分析中进行操作的纯粹研究（现已日渐衰微）更具优势。例如，在《海德格尔的沉默》一文中，伯恩斯坦特别批判了海德格尔"神谕启示录式的风格，奇怪并生硬的词源，句法与语法上的暴力"②。他尤其拒斥海德格尔的二分法。简而言之，海德格尔"排除并隐瞒了实践智慧及实践本身所可能给予的回应"③。

重返杜威对我们具有积极的意义：这不仅能够帮助我们看清海德格尔的解释中所遗失的东西，还能够使我们明白伯恩斯坦对海德格尔批判的回应。伯恩斯坦当然讨论了海德格尔所遗失的有关实践本身的内容。但是，当这一点被广泛地理解为包括技术性生产在内的实践类型时（即所有产生新结果的生产实验手段），我们将会得到如杜威在《伦理学》(1908) 一书中所做的关于经验方法与实验方法之间的区分。（此处，杜威在这一观点明了之前的 30 年就预言了对海德格尔"静观"手段的批判。）

杜威如此说道："经验方法不可避免地扩大了过去的影响；而实验手段则指望未来的可能性。经验方法认为'我们需等待足够多的案例'；实验手段则说'让我们创造案例'。前者依据自然发生的偶然事件为我们展示事件之间的必然联系；后者则意在努力创制联系。正是通过这种方法使

---

① 伯恩斯坦：《超越客观主义和相对主义》，第 68 页（Bernstein, Beyond Objectivism and Relativism, 68）。

② 伯恩斯坦：《新荟萃》，第 118 页。

③ 同上。

得概念的发展保证了科学的确定性。"①

伯恩斯坦能否将他对海德格尔的批判更推进一步呢？他能否将实践本身的生产性方面表述得更为清晰呢？或者他能否更接近杜威，将理论与实践看作支持生产的两个方面呢？也许能够如此。这将取决于他在何等宽泛的意义上理解实践本身，这也将是影响我们理解他身处哈贝马斯与罗蒂之间位置的关键因素。因此，我将就他的这一问题做更多论述②。

我在不同场合都曾说过，海德格尔与杜威对亚里士多德科学分层理论的看法影响了他们各自庞大的哲学工作。亚里士多德的独特理论依据重要性的递减程度将实践及其成果依次排序。在其早年关于技术的现象学研究中，海德格尔似乎想颠倒这个次序，将生产置于首要地位。然而，在二战结束之后，也许由于自身的挫败感，也许由于他本人与纳粹主义臭名昭著的联系，海德格尔似乎想将其之前颠倒的次序再次颠倒过来，他不仅将理论（即思维）重新置于首要地位，还将实践及生产以某种方式从对存在本身的全部思考中完全驱除出去。伯恩斯坦不仅注意到了海德格尔的这次转变，还曾就此展开过较为深入的讨论。

就杜威而言，他也曾认为亚里士多德的层级理论需要做以调整。但与海德格尔早期不同，他并未简单地将其颠倒过来。他将理论与实践均视为一个广义的探究类型中的某个阶段，其目的在于生产性成果。大约在 15 年前的"哲学与技术协会"会议上，我的发言就想尝试捕捉这种杜威式的图景。我将理论与实践比作一对生意伙伴，而它们在此处共同投身于探究事业。

在生产性的实用主义者手中……理论与实践成了探究过程中的平等伙伴。它们一起工作，不只指向对过去或当下的分析，而意在计划未来。它们就像一对默契合作的商业伙伴，总是在与对方协商着潜在产品的可行性、设计、成本及市场适应能力。理论密切留意着实践，以确保选择的开放性，确保设计富有想象力，同时还要保证潜在产品与公司总目标相一致。实践也密切注意着理论，它将确保设计或目标避免好高骛远，确保产

---

① 约翰·杜威：《杜威全集》（中期作品，卷3，第300页），乔·安·博伊兹顿主编，卡本代尔：南伊利诺伊大学出版社（John Dewy, The Collected Works of John Dewy, 1882—1953, edited by Jo Ann Boydston, Carbondale：South Illinois University Press, 1969—1991）。

② 伯恩斯坦：《新荟萃》，第 122 页。

品符合市场需求，确保留有库存货物及备用配件，同时还应保证充足的流动资金以使下一个计划能够实行。理论与实践所展开的对话使对未来的预期方式得以不断调整，而对未来的预期则决定了现在所应采取的办法。伙伴关系的目标不仅在于有效行动，而且在于顺利生产。伙伴关系的目标在于通过开发有效工具与新产品，使之不断适应日新月异的情境。①

　　尽管伯恩斯坦明确强调实践及其智慧，我仍认为他极为认同杜威式图景中的相关观点：研究的重心不仅在于实用性，而且在于（如杜威所言）更广泛意义上的生产性。我以此为依据认为，伯恩斯坦追随杜威肯定技术性科学在人类事务中所扮演的角色——在某种程度上，哈贝马斯或罗蒂的观点里均未出现过此类痕迹。例如，在《约翰·杜威的民主主义》一文中，伯恩斯坦写道："当杜威谈及'科学的方法'时，他强调的正是科学探究的开放性及其成功实践所需要的想象力，和将研究假设提供给公众进行测试、批判的意愿，还有科学探究的共同体合作特性。假如我们致力于实现具体的'创造性民主'，那么我们应在日常道德生活与政治生活中发展并培养上述美德。"②

　　我在哈贝马斯的文章中并未发现与此相似的论断。哈贝马斯认为，技术性科学仅仅是为强调顺利交往的基础理论之利而去发现事实的。我在罗蒂的文章中也未找到类似的观点，罗蒂更倾向于赋予文字优于其他表达方式的特殊地位，以至于在讨论所有实践目的时将技术性科学逐渐淡化。因此，伯恩斯坦的确在哈贝马斯与罗蒂均未完成的领域里找到了一个中间地带。

　　然而，从一个更积极的角度看，伯恩斯坦也是在哈贝马斯与罗蒂均做出积极贡献（尽管只是局部的）的领域里找到了一个中间地带，他期望能够继续他们的工作并产生好的效果。按他自己的说法，伯恩斯坦要寻求一个现代性中介于"永恒基础与基本制约"之间的地带。这意味着什么呢？我大胆预言，此处的恰当平衡将会对未来哲学发展产生巨大影响。像哈贝马斯那样，重要的是，我们承认普遍性的可能性与现实性。从杜威哲

---

① 拉里·A. 希克曼：《为技术文化所提供的哲学工具》，布鲁明顿：印第安纳大学出版社2001 年版，第 180 页（Larry A. Hickman, Philosophical Tools for a Technological Culture, Bloomington: Indiana University Press, 2001）。

② 伯恩斯坦：《新荟萃》，第 265 页。

学的视角来看，不幸的是，哈贝马斯将普遍性限制为交往与开放行为，这使得他在恢复、推进对启蒙思想至关重要的方面时，尚未集中于哲学重建所必须的要素。这涉及强调除自然之外的人类经验的普遍性与连续性。除了在某种程度上将哲学视为弱化的物理学或语言学的黑暗时期外，哲学家们长久以来都与人类学家和进化论生物学家们一起恰当地分享对于该问题的兴趣。

　　展望未来，当哲学家们借助所谓普遍性与持续性进行思考时，仍将会在认知神经学领域中找到盟友。如此是否可以延伸到以下观点：马克·约翰逊（Mark Johnson）、蒂德·洛克威尔（Teed Rockwell）及其他哲学家们的工作——废弃了古老的笛卡儿心灵哲学模式——但仍被如杰里·福多（Jerry Fodor）那样的学者向前推进？是否可以认为上述哲学家们的工作推进了启蒙思想基本框架的构建？我并不这样认为。我再次声明，此处的关键词是普遍性与持续性。当我提到它们是在启蒙的"永恒基础"上修建一栋新大厦时，我当然不是趋向照搬哲学史中关于基础主义的惯用表达。我的观点更倾向于认可已建立起来的平台（借用杜威的话说）或早已显示出"兑现价值"的平台（借用威廉·詹姆士的话说），即那些可以为建设其他平台提供服务的地方，以及通过这些平台可以继续建造的地方。杜威非常清楚平台与基础之间的区别。

　　另一方面，不得不关注罗蒂，他的游戏式（反讽）后现代主义寻求超越启蒙思想的"基本制约"。这些制约是什么呢？它们当然包含但不局限于线性的思维、对确定性的寻求及后来成为传统的必然进步的观念。罗蒂需要的不仅是这些。在这些制约中，他提出了对协同性的追求及具有美学敏感性的重要洞察力。他从伟大的诗人与小说家那里读到了一种跨文化理解、对话的希望，而跨文化的对话与交往能够酝酿出这种协同性。他写道："我们需要重新解读文学主义，将其视为文化整体的'诗意化'希望，而非'理性化'或'科学化'的启蒙希望。"① 我明白，这并不是他的一些学生所赞同的罗蒂。同时我也明白，这是杜威的许多追随者们所否

---

① 伯恩斯坦：《新荟萃》，第 265 页。并且理查德·罗蒂：《偶然、反讽与团结》，剑桥：剑桥大学出版社 1989 年版，第 52 页（Richard Rorty, Contingency, Irony, Solidarity, Cambridge: Cambridge University Press, 1989）。

认的罗蒂。罗蒂理解的问题，不在于所谓新的美学敏感性。它的问题在于拒绝关注科学中的实验主义。

但是，我认为伯恩斯坦自己在哈贝马斯与罗蒂之间找到了一个最佳位置。事实上，在这个日渐收缩的世界中，我们需要一种共通的、持续的普遍性，我们还需要一种源自伟大叙事的情感支持（但不一定是宏大叙事）。只有当我们尝试在这个连续统一体中，以某种方式去除一极而建立另一极端并使之凌驾其上时，问题才会产生。当他们忽视审美体验所带来的意义时，发现或构造普遍性的企图就会失败。正如马克·约翰逊所说的那样："实用主义的连续性原则断定，抽象思维并不是空洞无物的；相反，抽象思维必须源自我们的感觉运动能力，受制于我们的身体、大脑及环境的本性。"① 当他们忽视文字的、抽象的、客观的、共通的、指示的东西所带来的约束时，就无法建筑一个审美环境。我们已经在各种各样的后结构主义分支中看到了类似的失败。在这种情况下，还没有足够的事例表明如何用文字做事——就像奥斯丁（J. L. Austin）所做的那样，现在展示出的只是如何用文字玩游戏，以及如何用语言游戏玩游戏，而如何用语言游戏玩游戏则能为我们提供一张安全乘坐的魔毯，这张魔毯完全超越于自然科学、社会科学及技术所从事的具体但不纯洁的事业之上。

然而，最重要的是，迪克·伯恩斯坦为我们展示了他们引以为荣的语言转向中的还原论视角——不论他们是否在大西洋东西两岸实践过自己的哲学。他还在精神上触及到某个更为深远的地方——一个介于客观主义与相对主义之间的地方，一个介于哈贝马斯与罗蒂之间的地方，一个充满了跨文化交往发生的地方，一个不仅可以为理论与实践提供空间，还可以为技术性科学的生产提供足够空间的地方。

----

① 马克·约翰逊：《身体的意义》，芝加哥：芝加哥大学出版社 2007 年版，第 179 页（Mark Johnson, The Meaning of the Body, Chicago: The Chicago University Press, 2007）。

杜威教育学中"真实的"概念

拉里·希克曼著　赵星宇译

从哲学上与词源上讲，"概念"（拉丁文 conceptus）是思想孕育的后代。我们知道，以这样或那样的方式将概念作为哲学讨论的焦点，至少可以追溯到苏格拉底、柏拉图所处的古希腊时代。从来自阿拉伯的阿维森那（Avicenna）、阿奎那（Aquinas）所处的中世纪，到笛卡尔和莱布尼茨所处的近代时期，再到 19、20 世纪的逻辑学家（如弗雷格）、实用主义者（如詹姆士和杜威），以及后现代主义者（如德里达和菲力克斯·伽塔利，及至 21 世纪不胜枚举的逻辑学家和认知科学家），他们对概念本质的讨论，与心理学、美学、伦理学、心灵哲学和逻辑学联系到一起。当然，一个令人满意的概念理论，尤其要与教育哲学相关。

大约在 75 年前，杜威写道："关于教学的话题，没有比'真实的'概念的形成方式，更为重要的了。"① 在下面的篇幅中，我将讨论这些"真实的"概念的内容，以及它们在教育中发挥怎样的作用。我相信，杜威关于这些问题的理解，保证了他的工作一直与 21 世纪关于教育之未来的讨论高度相关。

杜威是这样定义"真实的"或逻辑的概念的："它是在一个反思性情境中的要素或状态；它始终是判断的谓词，被用于解释和发展逻辑

---

① 约翰·杜威：《桑塔耶拿的传统理论》，原载《杜威全集》（晚期著作，1925—1953，卷九），乔·安·博伊兹顿主编，卡本戴尔：南伊利诺伊大学出版社 1986 年版，第 24 页（John Dewey，"Santayana's Orthodoxy"，in *The Collected Works of John Dewey: The Later Works*, 1925—1953, vol. 9, ed. Jo Ann Boydston, Carbondale: Southern Illinois University Press, 1986）。

主语或感知材料"①。

关于这一段，我们首先要注意的是，它排除（或消解）了关于概念地位的传统的形而上学/认识论争论。杜威坦白地说，概念是过程中的要素或状态。这是一个意义重大的转变，因为，逻辑学家和逻辑史学家们经常对概念的本体论地位展开争论，却并没有使问题得到真正的解决。而且，他们的争论是以杜威所谓真正的蕴涵为代价的，也就是说，以概念在探究过程的功能性方面为代价。

粗略地审视逻辑的历史——诸如威廉·涅尔（William Kneale）、玛莎·涅尔（Martha Kneale）和 I. M. 波亨斯基（I. M. Bochenski）所做的工作，或是回顾 19 世纪 70 年代肇始至 20 世纪三四十年代兴盛起来的，关于逻辑基础的讨论所揭示出的专门针对概念的形而上学之争的大量文献。比如，从 13 世纪到 16 世纪，有三个主要的经院哲学传统分别受到托马斯（Thomas）、斯各脱（Scotus）和奥卡姆（Ockham）的启发，它们对这些问题进行激烈的论战。而且，也许更有趣的是它们对所谓"第二意图"（second intentions）的、更高层次概念的辩论。（现在清楚的是，晚期的经院哲学家不仅预见到了 19 世纪末 20 世纪初逻辑学家们论战的特征，甚至还预见到了由弗雷格、罗素发展起来的更高阶谓词的处理方法。）

逻辑学家们可能会无休止的争论，概念是抽象实体，还是仅仅指称外在感觉中作为类的事物的名称。但是，如果他们不能在最小程度上达成一致——承认存在着探究的过程，以及这些过程的功能性方面——这的确会是十分奇怪的。

事实上，杜威对讨论概念的本体论地位问题没有多少兴趣。他认为这些讨论遮蔽了真正的问题：那就是功能与互动——这也就是说，我们如何让我们的生活与别人的生活更加有意义。换句话说，他对改进探究的过程更感兴趣。

有人可能会提出反对意见说，杜威的工具主义隐藏着他所暗示的形而上学承诺。但是，这一反对意见并没有公平地对待文本，特别是杜威在

---

① 约翰·杜威：《逻辑理论研究》，原载《杜威全集》（中期著作，1899—1924，卷二）乔·安·博伊兹顿主编，卡本戴尔：南伊利诺伊大学出版社 1976 年版，第 359 页（John Dewy, Studies in Logical Theory, in The Collected Works of John Dewy: The Middle Works, 1899—1924, vol. 2, ed. Jo Ann Boydston, Carbondale: Southern Illinois University Press, 1976）。

1916 年和 1938 年在《逻辑学》（Logic）中对概念的处理。杜威的阐释从探究的过程，以及在这些过程中所发生的东西开始。杜威拒绝主客之分的首要地位，而这种区分却是传统形而上学对概念进行阐释的基础。杜威认为，从这一区分开始，人们就要承诺"哲学的谬误"，也就是说，探究的结果先于探究活动。

但是，如何看待概念是抽象的呢？这是否引入了关于抽象实体的本质问题，并因而涉及形而上学/认识论上的考量呢？在 1938 年的《逻辑学》中，杜威清晰地阐明了他如何避免这个传统的问题。

"除非根据概念在探究行为中所起的作用，来全面和彻底地解释概念的主题问题，概念与存在维度之间的差异会产生一个基本的哲学问题。对于唯一可供选择的解释是，或者把概念仅仅看作实际便利的工具，或者以这样或那样的方式，把它们看作对实际存在的被处理的材料的描述。从功能主义的立场出发，概念性的问题实际上要服务于探究，这个问题并不需要'得到解决'，这个问题根本就不存在。"①

通过从实际探究的过程出发，杜威因此避开了传统的形而上学/认识论上琢磨不定的东西。反思经验的对象和事件的意义，并且力图丰富那些意义，概念既被看作是能够丰富先前经验的辨别，也被看作是丰富未来经验的手段或工具。

杜威这一立场常被引用的章句，见于他在 1916 年哥伦比亚哲学俱乐部中所做的题为"逻辑的对象"的演讲。在那次演讲中，杜威请他的听众，即那些分别认为概念是（a）物理属性的抽象，（b）精神存在，以及（c）"形而上学"实体（也就是一个中间者）的人，超越本体论的讨论。他通过将概念工具化、功能化和自然化，消解了手头这个问题的形而上学方面。杜威说："设想艺术作品和工具会赋予我们需要解答问题的关键的可能性：艺术作品和工具恰好是寻求物理的、心理的和形而上学实体的选项。"而且，"（概念）是为了有效地进入某种类型的行为，而被塑造出来

---

① 约翰·杜威：《逻辑：关于探究的理论》，原载《杜威全集》（晚期著作，1925—1953，卷十二），乔·安·博伊兹顿主编，卡本代尔：南伊利诺伊大学出版社 1986 年版，第 462 页（John Dewy, Logic: The Theory of Inquiry, in The Collected Works of John Dewey: The Later Works, 1925—1953, vol. 12, ed. Jo Ann Boydston, Carbondale: Southern Illinois University Press, 1986）。

的先天的、自然的事物。"①

更具体地说，概念的去本体化——功能化与自然化——如何实现呢？杜威认为，存在着"无效的"概念，也就是说，存在着不真实的概念。从逻辑的观点来看，不能成为真实的概念就是不能被恰当地形成，因而不能在真实的工作中得到更多证明。（杜威确实使用了"无效的"词项来描述一些观念。例如，我们可以参见《价值评价理论》②（Theory of Valuation)）。一些无效的概念已经在简单归纳或列举的基础上形成了。一些则被抽象为"概念的辩证法"（dialectic of concepts）的一部分，它们漂浮着或悬置着，无法被恰当地用于存在的东西上。杜威曾经宣称，这种孤儿似的概念"失去了灵魂"③。至少在这个方面，杜威肯定是属于英国经验主义传统的，他们批评经院哲学的形而上学套路缺乏意义。洛克（John Locke）、爱德华兹（Jonathan Edwards）以及他们中的其他一些人，都批评无效的概念，呼吁使用直接的词汇④（naked words）进行讨论。

杜威在1938年的《逻辑学》中对抽象问题的讨论，进一步支持了他的主张，即，他取消了传统形而上学/认识论关于概念地位的争论。杜威区分了皮尔士所谓的"精确性"（precision）和"实体化的抽象（hypostatic abstraction)"。前者是借助于选择性的辨析所得到的抽象；而在后者中，一个主语的谓词作为以后的谓述的主语而起作用。对于教育者来说，一个新概念的引进和教学，首先是借助于"精确性"而进行抽象。

这种观点在教育实践中意味着，概念必须被建构为学习过程的一部分，而不是仅仅作为来源于外部的现成的东西被给定。它们是"为了有

---

① 约翰·杜威：《逻辑的对象》，原载《杜威全集》（中期著作，1899—1924，卷十），乔·安·博伊兹顿主编，卡本代尔：南伊利诺伊大学出版社1980年版，第92页（John Dewy, Logical Objects, in The Collected Works of John Dewy: The Middle Works, 1899—1924, vol. 10, ed. Jo Ann Boydston, Carbondale: Southern Illinois University Press, 1980)。

② 约翰·杜威：《价值评价理论》，原载《杜威全集》（晚期著作，1925—1953，卷十三），乔·安·博伊兹顿主编，卡本代尔：南伊利诺伊大学出版社1988年版，第230页（John Dewy, Theory of Valuation, in The Collected Works of John Dewy: The Later Works, 1925—1935, vol. 13, ed. Jo Ann Boydston, Carbendale: Southern Illinois University Press, 1988)。

③ 杜威：《逻辑的对象》，第93页。

④ 约翰·洛克：《人类理解论》（卷一，第2册，第11节），亚历山大 C. 弗雷泽主编，纽约：多佛出版社1959年版（John Locke, An Essay Concerning Human Understanding, vol. 1, book 2, chapter 11, ed. Alexander C. Fraser, New York: Dover Publications, 1959)。

效地进入某种类型的行为，而被塑造出来的先天的、自然的事物"①。由于是重塑的或重构的，它们构成了一个不得不通过某种决定的原则而被聚合在一起的属性的体系。从内部来看，这个原则必须控制它自己的事例，以保证它们能保持为一个整合的整体。从外部来看，这个原则要详细规定自己的限定，将其他的一些事情排除在外②。

就这点来说，它让人回想起杜威关于逻辑的概念的定义："它是在一个反思性情境中的要素或状态；它始终是判断的谓词，被用于解释和发展逻辑主题或感知材料"③。名词性的抽象是不足以代替科学的概念的。例如，肯定真实的是，从名词性抽象的角度看，"颜色"概念可能是从几种不同颜色的色块中抽象而来的。这可能是教孩子使用名称的一个恰当方法——"颜色"这个词项在这种情况中是一个通称。

但是，真实的或原始的学习行为涉及的东西，要多于逐渐支配名词性概念（nominal concepts）的使用。它涉及对情境进行科学的理解——在这种情况下，一个关于颜色概念的理解，要超越于简单的归纳的或分类的练习。杜威告诉我们，为了建立一个关于颜色的科学概念，就必须完成一个转换：从我们刚才描述的经验性的练习（在一个盒子中把单个的色块进行名词性的抽象），转换到某种意义上能够提供一个在未来的情境中得以使用的试验性的工具。

比如，如果我们想获得一个科学的关于颜色的概念，它就必须被建构为光波的发现和分析的一部分，它不同的震动频率构成了光谱上不同的颜色④。这是"决定性的原则"（determining principle）。在这种方式下，一团混乱无序的颜色经验，例如一个盒子里红、蓝、黄的色块，成为颜色系统的组成部分。而且，在这个概念可以充当某种未来探究工具的意义上，它是一个真实的或科学的概念。真实的或科学的概念因此指向两个方向，它们表达实验的结果，并且能够被用于进一步的探究。名词性的概念是受到限制的，它们不能充分地发挥作用。

就教育哲学而言，将杜威关于如何构成"科学的"概念的观点，与

①　杜威：《逻辑的对象》，第92页。

②　杜威：《逻辑理论研究》，第345页。

③　同上书，第359页。

④　同上书，第345页。

马古里斯（Margolis）和劳伦斯（Laurence）所谓"经典的"概念的构成加以比较，是很有启发性的。他们这样写道：

"值得停下来看一看的是，关于'概念'的经典的或权威性的结构是多么吸引人。它的大部分吸引力源于它提供了关于概念的获得（acquisition）、范畴化（categorization）和指称判定（reference determination）的方法。在每种情况下，核心的工作都通过同样的成分来完成。概念的获得可以被理解为新的复合概念被创造出来的过程，这个创造工作是通过把概念的定义性成分组合到一起而实现的。概念的范畴化可以被理解为一个心理的过程，在这个过程中，通过检验每一项定义性成分是不是都能应用于目标，而使得复合的概念与目标相匹配。我们已经看到了，概念的指称判定是这些定义性成分（definitional constituents）能否应用于目标的问题。"①

此外，"经典理论通过与一个可以追溯到古代，并对当代的思想继续发挥作用的哲学方法相联系，获得了进一步动力。这就是概念的分析方法。范式的概念分析提供了对概念的定义，这些定义要针对那些潜在的、通过实验而被发现的反例，进行检验。概念的分析被认为是一个专门的先天活动，它被视为哲学的精髓。只要范式的概念分析是适用的和成功的，它们就传递着对经典理论的支持。相反地，如果定义不能被发现，'哲学是什么'这个备受崇敬的观点以及哲学研究如何进行的问题，看起来都会陷入危险。"②

概念的"经典的见解"涉及概念的分析，概念的获得涉及定义性成分的聚集，范畴化涉及定义性成分的匹配，指称判定涉及定义性要素的应用。例如，复合概念"bachelor"，是由推断的定义性成分（如"未婚的"、"男人"和"学士毕业生"，等等）大致组合而来的。接下来，定义性成分要被加以检测，以确定它们中的每一个是否都能应用于目标中的某人。由于一个定义性成分出了问题（如没有获得学士学位，或者某人是一个女学士学位持有者），"学士学位持有者"就因此被剔除了。如果与遭到修正或改进的定义成分相符合，我们称这个命题性的信念为"某

---

① 参阅 http：//plato . stanford . edu/entries/concepts/#OntCon.
② 同上。

人是一个学士学位持有者",也就是说,这个定义性成分是适应于他的。

将概念形成的经典观点翻译为教育的语言就是:一个孩子学习使用"狗"这个概念时,他考察一条狗,可能首次将定义性成分(例如颜色、大小、形状、几条腿、毛发的质感和数量、吃的食物等)组合在一起。①这个孩子可能接下来会分类,去掉不相关的要素(如大小、颜色等),但会记住另一些特性(诸如四条腿、家养的等)。最终,重塑的定义性成分将会用于指涉目标"菲多"或其他的狗。

杜威对概念的形成(或经典观点所说的"概念的获得")做了截然不同的理解。他认为,经典的阐释并没有充分展现实际学习过程的情景。他自己的阐释则强调通过借助于实验的而不是汇编、分类和指称的方法去扩大概念的意义。接着已经讨论过的例子说,杜威认为,儿童从事情的中段开始:无论那个东西是什么,重要的是一只狗的当下意义。就不同种类的行为期望而言,这个意义(相对于最终概念而言,它是初始的)被传递到新的经验中。比如,一个孩子可能会把一匹马叫作"大狗",接下来,老师或其他大人会纠正他。这个孩子关于"狗"的概念因此被修正,但是这个修正不是通过思想实验或先天的概念分析完成的,而是通过对以兴趣和活动为基础的行为的客观回应来完成的。这个范例中的抽象化得到了辨析,其根据就在于对经验的某些部分的关注,和对经验的某些部分的无视。这或多或少的是皮尔士的"精确化"以及杜威认为教育中概念的形成的本质所意味的东西。

杜威因此提出了一个与"经典"概念模型完全不同的模型。它并不是从归纳中获得的东西,而是从几个"现成的"对象(例如几只狗)中提取的共同的意义。他对概念形成的阐释涉及调整:这个调整要通过时间,以对一个观念的行为的反应为基础,这个观念起初是模糊的,但通过实验与试错并进行更加系统的研究,逐渐获得更多的确定性。"通过这些过程,他(她)的观念得到赋形,获得了稳定性与辨析,它由此成为一

---

①　约翰·杜威:《我们如何思考》,原载《杜威全集》(晚期著作,1925—1953,卷八),乔·安·博伊兹顿主编,卡本代尔:南伊利诺伊大学出版社1986年版,第240页(John Dewy, How We Think, in The Collected Works of John Dewy: The Later Works, 1925—1953, vol. 8, ed. Jo Ann Boydston, Carbendale: Southern Illinois University Press, 1986)。

个概念。"①

　　一个真实的或科学的概念是动态的，它永远不会得到完全固定或彻底完成。它是给先前杂乱无章的材料（杜威称之为"存在的动态的连续性"②）赋予秩序。因此，我们对于这些概念的使用必须嵌入一种强烈的可错主义（fallibilism）意识。也就是说，我们要深刻理解以下看问题的方式，变化的环境与新的材料，能够削弱那些我们根深蒂固的、无比珍视的信念。然而，与此同时，我们要注意到一些后现代主义者的可错主义往往忽视了这一点：重要的是在"最终的"逻辑意义上来把握这个术语。就像杜威提出的那样，"最终的"意味着"对于那种情况是'最终的'"。但是，杜威也指出，"离开了人与环境条件之间的张力条件……不存在着能引起对其他什么东西的欲望的机缘。"③ 对所有概念无限的再解释和再描述，本身就是无效的概念。这是因为，概念倾向于将知识标准化，就像习惯使行为标准化一样。有的概念能够持续一生，甚至世代延续下去。

　　一个在学习过程中关于概念形成解释的卓越例证，并不来源于杜威本人的工作，而是来自于物理学家理查德·费曼④。费曼观察一年级学生的科学课程教材，找到了三张图片。第一张图片是一个发条玩具狗，第二张是一个真实的狗的图片，第三张是一辆摩托车的图片。每一张图片都配有相同的文字："是什么让它移动？"然后，费曼找出了教师手册。根据教师手册，老师应该告诉孩子们，正是能量使得玩具狗、真实的狗和摩托车动起来。

　　如果老师就此使用经典的概念获得解释方式，他通过第一次的组合获得定义性成分（如"容量""物理系统""起作用"），接下来对定义性成分进行分类和匹配，最终引入定义性成分，这样，他将引导孩子们去接受"能量"这个概念。对部分孩子来说，最初的活动将会是概念的分析、思

　　① 约翰·杜威：《我们如何思考》，原载《杜威全集》（晚期著作，1925—1953，卷八），乔·安·博伊兹顿主编，卡本代尔：南伊利诺伊大学出版社1986年版，第141页（John Dewy, How We Think, in The Collected Works of John Dewy: The Later Works, 1925—1953, vol. 8, ed. Jo Ann Boydston, Carbendale: Southern Illinois University Press, 1986）。

　　② 杜威：《逻辑理论研究》，第345页。

　　③ 杜威：《价值评价理论》，第231页。

　　④ 理查德·费曼：《发现的乐趣》，坎布里奇：珀尔修斯书社1999年版，第178页（Richard P. Feynman, The Pleasure of Finding Things Out, Cambridge: Perseus Books, 1999）。

想试验，以及当然是必不可少的记忆背诵。

如果教师使用一种"盒子里的方块"的方法，那么，课程将会更加简短：所有这三个例子都会符合对"能量"的名词性定义。我们都会同意，所有这三个东西——玩具狗、真实的狗和摩托车——都依靠"能量"而移动。

然而，诺贝尔奖获得者费曼并不认为教师手册中所提供的答案是一种学习科学的好方法。更确切地说，他也并不认为，这是形成"能量"这个概念的一种好方法。这就像在杜威的例子中，试图通过指向盒子中的彩色色块来教关于色彩的概念一样。"能量"只会因此被认为是一个名词性的概念，它的形成很不恰当，在实际工作中也无所作为。

关于"能量"的真实的概念不可能形成于概念分析的结果。一个关于"能量"的真实概念，是试验性活动的结果，它锐化并不明晰的经验，带来有用的结论。一个关于"能量"的真实概念要能够展现各种不同的功能，例如获取一些我们希望解决的问题的附加数据。它是一把打开储藏之所的门钥匙，在那里人们可以找到新观念和新材料。仅仅要求孩子们死记硬背定义，然后告诉他们这三种情况——玩具狗、真实的狗和摩托车——都符合这些定义，这不可能产生出真实的能量概念。费曼认为，这种形成概念的方法，简直是摧毁孩子学习科学兴趣的绝妙之法。

所以，费曼对概念形成路径的看法与杜威的方法非常相近。玩具狗移动的原因是你转动了它的发条，当你松开曲柄的时候，它就放松了。当发条放松了，它的齿轮就转了，这使得玩具狗的腿移动了，等等。这个实验确实有点不清楚，但它有可能引起孩子们讨论它做功的能力如何存储、测量和传递。新的联系由此产生，概念变得更加清晰明白。就像杜威所说的那样，通过这种过程，孩子们的观念"得到赋形，获得了稳定性与辨析，它由此成为了一个概念"[1]。

费曼和杜威的观点是明确的：最好让孩子们把玩具狗拆开，看看它是如何运作的，而不是记住关于"能量"的定义。把玩具狗拆开，是很好的教科学与学科学的方法。让孩子们为考试而背诵或分析关于"能量"的定义，则不是一个好的方法。

---

① 杜威：《我们如何思考》，第141页。

　　如果归纳概括和概念分析不足以形成关于色彩的科学的概念，那么它也不足以形成关于道德的和政治的概念。考虑到实证主义、科学主义甚至道德虚无主义对杜威的教育理论持续提升的指责，这一点就更为重要了。在杜威看来，对全人类的道德价值观与道德实践资料的收集，以及对其中作为固定意义上的"普遍的"共同成分的抽象，并不能构成道德领域里一个科学的、有用的概念。

　　涉及道德行为的科学概念，以及因而在学习过程中被激活并活跃的概念，一定比枚举的资料（或定义性成分）更为抽象：它们必须具有历史的或遗传性的深度，它们对未来的情境会发挥潜在的工具性作用。它们的形成必须牵涉到过程：凭借这些"过程"，道德上有价值的东西会得到具体的分析，它们会呈现出语境并得到增强，通过在这些语境之内和超越这些语境而得到明确，成为道德上有价值的东西。正如我们所知道的那样，这个见解让杜威与一些人的观点格格不入，那些人把教育简单而主要地看作是"传播知识和价值"。我们在互联网上可以很容易地邂逅这些人。这种见解也让杜威与"自然法"（natural law）理论家的观点不一致。

　　杜威认为真实的概念是可塑的（但不是专断任意的）。这个看法很适用于当前关于道德价值观的争论。正如我所写的那样，其中一个争论涉及美国当前热议的一个问题，那就是同性伴侣家庭中儿童的出现（无论是亲生的、收养的，还是照看寄养的）。它可以看作是一个杜威在关于道德争论的语境中，对科学的概念如何产生这一见解的绝佳例证。根据 2000 年的人口普查，美国有 250000 名儿童被同性家长抚养[1]。现在的情况当然要比十年前复杂得多。正如我写道的，有六个州承认同性婚姻，还有几个州为同性伴侣的结合提供民事条款。但是，2008 年 11 月 4 日，"阿肯色州选民批准，禁止'有效婚姻外同居关系'的人照看寄养或收养儿童"[2]。（有趣的是，要注意这个条款的适用范围——无论是有意还是无意：它也禁止非婚异性伴侣收养或照看寄养儿童。）

　　我的看法是，在大多数情况下，阿肯色州的法令和类似的禁令，要么

---

　　①　丹·萨维奇：《留下同性恋儿童》，载《纽约时报》（2005 年 2 月 17 日，A 版 27）（Dan Savage, "The Gay Child Left Behind", in New York Times, February 17, 2005, A27）。

　　②　参阅维基百科（Wikipedia, http://en.wikipedia.org/wiki/LGBT – adoption. Retrieved 2006 – 14 – 09）

是基于宗教权威，要么是基于刚才讨论的那种归纳概括。在前一种情况下，以宗教为基础的成功的（或合法）的家庭概念，正日渐衰落和僵化，面对已经发生和正在发生变化的社会环境要求，它们被看作是文化实践的决定性准则，但它们既老旧又缺乏变通。在后一种情况下，归纳概括通常会视为循环论证，因而是无力的。因为，决定性原则已经在一种方式中被提前选择好了，它仅仅保证"正确地定义"（也可以理解为"狭小地选择"）的家庭被选为"合法的家庭"这个通用概念的实例。即使我们有能力找出，在这些狭隘地选择了的人口中，培养孩子的方法与同性家庭中抚养孩子做法一样，我们还是无法更加深入地了解这种做法的科学意义。

问题是，在这两种情况下，从宗教权威和归纳概括的论据中，我们可以看到科学的概念形成的失败。一种情况是，好的科学通常因为遵守教会权威而交好运；另一种情况是，我们没有那么多好的科学，我们只是错误应用了通过抽样而获得的信息。首先，我们在恰当辨明那些构成成功的、养育的（或合法的）家庭处境的要素方面，遭到了失败，因为决定性原则的选择，受到了人为的限定。此外，这里还有一个失败是：没能将那些同样成功的非传统的家庭安排，补充到那些狭隘地被选择为成功的传统家庭安排的实例中——在那些非传统的家庭中，孩子也会得到关爱和养育，以促进他们的健康成长。最后，还有一点失败是，人们没有在一个更广泛的概念系统中（例如法律系统中），找出两种类型——传统和非传统类型——中成功的家庭关系的实例。

这种辨别、补充和定位模式，是另一种描述学习过程的方式：辨别（从此开始）一只特定的狗，补充行为的回应，在一个更大的语境中找出精确的概念。

科学的意义因此并不基于神圣的经文或其他为人们所接受的传统的权威性，也不是归纳概括的结果。它是以具有相关资料的实验方法为基础的，与未来经验控制的可能性相联系。杜威争辩说，科学的意义以及对未来经验控制（或理解为学习）的可能性，只能通过历史事实的知识与它们的时间序列中——也就是说，它们的进化发展中——揭示出来。

在上面讨论的例子中，我们需要对同性伴侣成功培育的儿童进行仔细的考量，将这些数据与那些来自传统的、异性伴侣养育儿童的相似数据进行对比，分析经济、法律等方面的相关项。这个结果将会形成关于成功的

（或合法的）家庭的"真实的"概念，它可以成为进一步实验的基础，相应地，它也可以提供法律的或经济方面重塑的基础。一个关于成功的（或合法的）家庭的"真实的"概念，可能在未来经验的成功控制中发挥作用，而其他形式的概念则做不到。

在这种事情上，杜威的观点是明确的："道德斗争和进步的本质在于……社会或个体那部分人，对理想的或更高的普遍秩序有所意识、有所需要，而不是满足于过去。将已经被普遍和永久相信的东西作为道德律的本质内容而加以固守，将会给实际的德性带来巨大阻碍。"①

这并不是说，概念不能规范我们的知识、为它们设立标准。面对不断变化的世界，它们充当着让我们的思维得以稳定的工具。就像我所建议的那样，它们帮助我们对对象和事件进行辨识、对它们进行补充，将之置于更广阔的对象和事件的系统中。

在杜威看来，这种简单的传播标准化知识式的教育，即使在大多数情形下可以简单有效地完成，却不能对原始的教育实践有更多贡献。它让大多数学习者将概念看作是名词性的，而且是远离我们自己经验的。我们认为，学习行为的发生必须借助于归纳和对已知概念的扩展。杜威将之称为"真实的""逻辑的"或"科学的"概念，它因此成为"进一步领悟的可行工具，一个理解其他事情的工具"②。

我所描述的这两个主要立场——涉及名词性概念的立场和杜威所谓"真实的"概念的立场——之间的争论，对教育学有着重大的意义。一方面，我们要进行价值的传递；另一方面，我们要用价值与对它们的重构进行活跃的实验。

我在前面的篇幅中论述了杜威如何描述"真实的"概念，我将它与名词性的概念和分析的概念做出了区分。我认为这种区别对教育学的影响是巨大的，我还举出实例，并试图在其中探索出一些成果。总而言之，我是想强调这一中心观点在杜威教育哲学中的重要意义。

---

① 杜威：《逻辑理论研究》，第 19 页。
② 杜威：《我们如何思维》，第 242 页。

附录1　杜威哲学的复兴及其主要原因探讨

王成兵

一　杜威哲学复兴的一般轨迹及显著标志

一般而言，到 20 世纪 50 年代，约翰·杜威（John Dewey, 1859—1952）这个名字虽然并没有为人们彻底遗忘——杜威经常被各种学者们挂在嘴边，杜威的名字被写入了哲学史并以很高的频率出现在哲学百科全书和教科书中。然而，就实质而言，杜威哲学思想的现实和学术影响的确减弱到了最低点。有的美国实用主义哲学家提出，仅就哲学思想来看，杜威很多最值得注意的思想其实都是 1925 年以后才真正成熟和定型的，可是，让人感到遗憾的是，许多哲学家到了 1925 年之后就已经不再认真地阅读杜威的作品了。他们只是以当时流行的、被歪曲的与"实用主义"或"进步主义"的教育有关的陈词滥调来诠释杜威。到了 20 世纪 40 年代，杜威在人们眼中甚至成了一个讨人喜欢的但是没有多少严肃思想的"老顽童"，"几乎没有人对他的哲学进行严肃的批判性的讨论了"。①

导致上述现象的原因复杂多样，也不是我们在此讨论的对象。不过，当我们浏览一下当前美国的哲学文献，我们并不难发现，近些年来，北美学者有关杜威思想的研究文献明显增多。更准确地说，在过去的 30 年中，杜威哲学再次引起了人们的重视，有的西方学者甚至提出，"杜威和詹姆士是理解我们所处的现代世界最好的向导……经过三十年的超专业主义之

---

① 理查德·伯恩斯坦：《约翰·杜威》，华盛顿广场出版公司 1966 年版，第 167 页（Richard J. Bernstein, *John Dewey*, Washington Square Press, Inc.）。

后，问题在于赋予实用主义以更好的形式"。①

　　参照当代美国哲学发展的轨迹，我们可以看到，杜威哲学的复兴明显地开始于 20 世纪 70 年代。1966 年，美国实用主义哲学家理查德·伯恩斯坦（Richard J. Bernstein）出版了《约翰·杜威》（John Dewey）一书，两年以后，英国语言哲学家艾耶尔（A. J. Ayer）的《实用主义的起源》（The Originals of Pragmatism）问世，这两本著作启动了实用主义哲学的新一轮复兴，自然也促进和加快了杜威哲学的复活。在此后的二三十年中，美国哲学界出现了一大批颇具特色的新实用主义哲学家（尽管他们中的一些人并不欣赏或不乐意承认"新实用主义"这个提法），除了上面提到的理查德·伯恩斯坦之外，还有后来在当代西方哲学界占有很高学术地位的 W·奎因、理查德·罗蒂、C·韦斯特（Cornel West）、H·普特南，等等。经过这一代学者的不懈努力，一幅崭新的图画终于呈现在人们面前："实用主义再次变得流行了。事实上，它变得如此的流行，以至于似乎人人都知道它是什么了。"② 在努力复兴实用主义的进程中，这些哲学家也不约而同地把杜威抬到了很高的地位。美国当今最有影响的实用主义哲学家之一 C·威斯特更为明确地提出，杜威是美国最伟大的实用主义者，与美国思想史上的其他哲学家相比，杜威享有极为特殊的地位："如果爱默生是美国的维科，詹姆士和皮尔士是美国的 J·S·穆勒和康德，那么，杜威就是美国的黑格尔和马克思③。"在其学术活动中始终对杜威推崇有加的罗蒂在解释杜威哲学视界的现代意义时，明确而形象地提出，每当分析哲学走入死胡同时，人们都会发现，杜威正等在那里。④

　　杜威哲学再次受到人们重视的另一个明显的标志是自 20 世纪 70 年代以来杜威著作的整理、出版以及研究杜威的文章和著作的出版。70 年代

---

　　① W·德逊、W·雷任，"美国哲学家罗蒂答记者问"，载《哲学译丛》，1983 年第 4 期，第 81 页。

　　② 罗伯特·郝林格和大卫·迪普：《实用主义：从进步主义到后现代主义》，西港：瑞爵出版社 1995 年版，第 X 页（Robert Hollinger and David Depew, *Pragmatism: From Progressivism to Postmodernism*, Praeger Publishers, Westport, Conn. ）。

　　③ C·韦斯特：《美国人对哲学的回避》，威斯康星大学出版社 1989 年版，第 69 页（Cornel West:, *The American Evasion of Philosophy*, The University of Wisconsin Press）。

　　④ 罗蒂：《实用主义的后果》，明尼阿波利斯：明尼苏达大学出版社 1982 年版，第 viii 页（Richard Rorty, *Consequences of Pragmatism*, Minneapolis: University of Minnesota Press）。

末，美国学者 H·S·沙耶尔在谈论实用主义复兴问题时就曾明确指出，更多的有关杜威哲学的评论著作的出版，是其中一个明显的标志，"对皮尔士、詹姆士和杜威著作的新的批判的版本正在印刷，有关实用主义的各种书籍论文也在迅速增多"①。20 年以后，这个说法得到了更充分的验证。20 世纪 90 年代，美国南伊利诺斯大学出版社完成了多达 37 卷的《杜威文集》（The Collected Works of John Dewey）的出版，并于 1996 年出版了《杜威文集》光盘版。这一项浩大的工程为人们重新深入研究和挖掘杜威丰富的思想内涵提供了可靠的齐全的第一手资料。根据美国有关专家的统计，"自从第一篇评论有关杜威和他的工作的文章以来的八十六年中，共有二千二百多篇文章问世，平均每年有二十五篇，但是从 1973 年元月至 1977 年这四年中，就发表了三百多篇有关杜威的文章，平均每年六十多篇，仅仅数字可能还不足以反映出对杜威的注意力正在增长的全部情况，有关杜威的研究文章的质量和范围也在不断地提高和扩大"②。美国学者巴芭拉·莱维尼编辑和整理的《1886——1995 年间关于杜威的著作》详尽地搜集了北美学术界从 1886 年到 1995 年之间关于杜威的著作和文章。根据笔者对巴芭拉·莱维尼所提供的资料的整理和统计，从 1970 年到 1995 年之间，北美学术界"关于杜威的著作和文章"多达 2200 多篇（部）。③

　　另一个不容忽视的事实是，许多著作和文章力图站在世纪的交叉点上，结合当代社会尤其是美国社会所经历或面临的种种问题，对杜威的思想进行深刻的反思，这其中，既有像《约翰·杜威：时代的反思》《共同体重建：实用主义的社会思想的意义》《实用主义：从进步主义到后现代主义》《约翰·杜威和美国自由主义的高潮》《杜威和美国民主》和《解读杜威：为后现代的一代人所做的解读》等进行整体性、拓展性研究的著作，也包括了就杜威的思想对世界其他地区——如中国、日本、澳大利亚等所产生的影响的总结和反思。从这个意义上说，完全有必要既对杜威

----

① 参见 H·沙耶尔，"评目的和思想——实用主义的意义"，《哲学译丛》，1982 年第 3 期，第 79 页。

② 参见陈友松：《当代西方教育哲学》，教育科学出版社 1982 年版，第 195—196 页。

③ 参见芭芭拉·列文：《1886—1995 年间关于杜威的著作》，南伊利诺斯大学出版社 1996 年版（Barbara Levine：*Works About John Dewey*，1886—1995，Southern Illinois University Press）。

哲学本身进行新的思考，同时又展示杜威思想所具有的现代内涵。

二　逻辑实证主义及其方法自身的困境是杜威哲学复活的外部原因

逻辑实证主义哲学产生于欧洲，第二次世界大战之前在欧洲的影响逐渐达到鼎盛。然而，随着第二次世界大战战火的蔓延，逻辑实证主义哲学失去了在欧洲继续发展所必需的政治、经济、文化和学术环境，于是，当时许多有影响的逻辑实证主义哲学家纷纷来到美国。战后，在美国相对稳定和繁荣的环境中，逻辑实证主义哲学在美国发展很快，影响越来越大，并最终成了哲学课堂中的主角。在这样的情形中，哲学成了一门技术性的学问，伦理学家们不愿意讨论科学哲学的问题，科学哲学家们不想涉足美学和伦理学问题，几乎所有人都认为"分析"，尤其是语言和逻辑的分析是哲学技巧的核心。在哲学家的课堂上，教授们不愿意告诉听众如何教育孩子，应当选择什么样的领导人，现代艺术的精髓是什么，如何理解当代人的宗教情绪。一句话，在这些哲学家的心目中，"哲学的分析"的准则是"价值中立"。这种情绪，与杜威的哲学应当以人类生活作为自己的舞台、哲学家应当是"圣人"的主张和哲学追求相差太远。相比当时流行的哲学派别和话语方式，杜威可以说是已经太老了，思想也过于定型了，因此，他与其说是对这些新的"学院哲学"置之不理，还不如说是对之无可奈何。虽然当时仍然有胡克等弟子在为他鸣不平，这些人坚持认为杜威是美国 20 世纪最伟大的哲学家，但是，人们都能够理解，胡克的哲学从风格上说，与罗素更为接近，胡克之所以对杜威抱有崇敬的心情，是因为杜威信奉自由、民主，是因为杜威在许多政治问题上是他可靠的同盟军。

然而，时光刚刚过了 20 年，杜威哲学又变得风光起来了。也可以说，经过将近 20 年的哲学"专业化"之后，人们越来越不满对现实视而不见的学院哲学，他们不可避免地和自然而然地"怀念"与现实、科学、政治有密切联系的"杜威式"的"非专业化的"大众化哲学。即便在科学哲学领域内，在倾心于对科学的结构分析许多年之后，许多科学哲学家们也认为，杜威对于自然科学中的"社会特性"的强调是正确的和值得吸取的。

三 杜威的社群主义理念是其哲学
再次受到重视的主要原因

第二次世界大战以后,美国努力摆脱大规模的经济萧条,美国政府也似乎慢慢学会了怎样避免重蹈 20 世纪 30 年代经济大萧条的覆辙。就总体而言,美国战后经济发展的状况是良好的,美国各阶层的物质生活水平的提高也是显著的。良好的经济发展势态和比较稳定的收入以及六七十年代的反战浪潮,使得美国社会中充斥着"个人主义"精神。

20 世纪 80 年代后期开始,北美许多学者对于美国社会中个人主义的恶性膨胀、道德的沦丧进行了深刻的批判和反省。从政治和伦理的角度说,对个人主义的这种反思和批判所产生的思想成果之一就是"社群主义"的道德和政治理想在北美的兴起。

"社群主义"并不是严格意义上的学派,它是由许多学者围绕社团这个论题进行讨论所构成的学术群体,它的主要代表人物有 M·桑德尔、M·A·瓦尔策和 C·泰勒等。而且,仅仅就这些学者而言,他们的主张和主要论题也不尽相同。但是,一般而言,"社群主义"坚持,个人仅仅作为社会的成员而存在,单纯的消费上的舒适并不能给人带来真正的满足感,真正的满足只能来自社会给个人的生活所赋予的意义。

在对杜威的哲学遗产进行反思的过程中,许多学者都注意到了杜威的"伟大的共同体"的构想。也可以说,许多学者们就是以杜威的伟大的共同体的理想而把杜威称为"社群主义者"或"社群主义"的"自由主义者"的。

1926 年 1 月,杜威在美国就自己的政治哲学主张和政治理想发表了几次学术演讲。演讲稿后来以《公众及其问题》(The Public And Its Problems)(1927)出版。在这些演讲中,杜威提出要"寻求伟大的共同体"。他明确主张,要努力促使"伟大的社会"(the Great Society)转变成"伟大的共同体"(the Great Community)。简单地说,杜威的这个思想可以做以下几个层面的理解:

第一,杜威强调,虽然作为社会理念的民主和作为政府制度的政治民主具有某些复杂的联系，但是，在当代社会和政治实践中，必须强调民主理念在政府制度中的实现。民主的理念只有影响到人类合作的所有模式——家庭、学校和产业，它才能够得到实现，"除非理念体现在人类关系中，否则，它将仍然是贫瘠和空洞的"。① 如果民主仅仅停留在空洞的理念的地步，那就很有可能出现那种古老的说法：治疗民主疾病的措施是民主。因此，只有在伟大的社会转变为伟大的共同体之后，民主的理念才有可能得到真正实现。

第二，对于一个共同体生活的所有含义的清晰意识构成了民主的理念。杜威认为，政府要为共同体服务。就观念层面而言，民主绝对不能成为其他共同体生活原则的替代者，民主就是共同体生活自身。共同体的理念和理想表现了群体生活的实际步骤，因为它摆脱了个人的局限性并达到发展的极点。因此，无论何时，只要存在着共同的行为，只要这个行为的后果是作为一种善而被所有参与这个行为的个人所欣赏的，那么，这个善的实现对于维持个人的欲望和努力都会产生巨大的影响。而这种行为只能存在于共同体中。因此，只有从作为一种事实的共同体出发并在思想上把握它，我们才能达到一种绝非乌托邦式的民主理念，"只有被理解为一个符合一个共同体的社群的符号和特征的时候，那些传统上被与民主观念联系在一起的概念和术语才能获得真实的和指导性的意义。"②

第三，就个人与团体的各自作用而言，个人具有一种能力责任的份额——这个份额是与其在形成和指导他所从属的团体的行为中的能力相匹配的，也与他所属的团体所支持的价值需要相符合；从群体的角度而言，它要求解放团体的成员所具有的与共同的善和利益相和谐的潜在能力。由于每一个个人都是许多团体的成员，那么，他必须能够有弹性地根据各个团体的共同的善的关系来处理好个人与团体的关系。因此，共同体在某种意义上也涉及到团体与团体之间的关系，或者说，涉及到共同体与共同体之间的关系，"一个好公民会发现他作为一个政治团体成员的行为丰富了他对于家庭生活、行业、科学和艺术社群的参与，而这些参与又丰富了他

---

① LW 2：325.
② LW 2：329.

作为政治团体成员的行为。"①

第四，在上述背景下理解，自由并不是脱离社会约束，也不是终结于涣散或无政府，自由是个人潜能的释放和实现，而这种释放和实现只能发生在与他人的丰富而多样的关系中，"成为个性化自我的力量对于联合做出了突出的贡献，并以它自己的方式享受着联合的成果"。② 平等则是指共同体的单个成员在联合活动的结果中所理应分享的份额。这种分享是平等的，是因为它只是以需要和能力的使用来度量的。因此，所谓平等绝对不能被理解为数学和物理学意义上的等量，而是表示对每一个人的特殊需要的同样的关注，"平等不是一种自然的拥有，而是当它的行为受到作为一个共同体的特征指导的时候所产生的共同体的果实。"③

第五，共同体意识需要培养。杜威认为，一个有独特个性的人要想成为共同体中的真正成员，必须理解、接受和欣赏共同体共有理想、愿望和价值观，了解和分享人们在共同体活动中形成的共同意义。为此，杜威认为，必须充分发挥教育的功能，"我们是天生的与其他人发生联系的有机物，但是，我们不是一个共同体的天生的成员。必须借助于教育的手段使得年轻人融入共同体独特的传统、视野和兴趣中。"④ 教育既包括价值观的教育，也包括知识的教育。本着这样的目的，杜威对于知识、沟通、科学、习惯等问题进行了认真的讨论。

在杜威上述观点发表几十年以后，许多社群主义者不约而同地想到了杜威的有浓厚社群主义色彩的自由主义。他们确信，杜威的自由主义是真正的自由主义，它对于生活的真正内容有一个全方位的、整体的理解。社群主义者 M·瓦尔策提出，一个好的自由的（或是民主的）政府提高了集体合作的可能性，杜威在《公众及其问题》中对于这样的一个政府进行了认真而有用的解释。

社群主义者查尔斯·泰勒（Charles Taylor）的观点也具有浓厚的杜威哲学的色彩。他认为，社群主义不是想许多人所误以为的那样，是反个人主义的，其实，它就像杜威所主张的，个人需要共同体，自由的共同体是

---

① 　LW 2：328.

② 　LW 2：329.

③ 　LW 2：329.

④ 　LW 2：331.

由联合的、有强烈责任意识的个人所构成的。现代的个人需要有弹性的、向前看的、有包容性的共同体，而这样的共同体的存在必须依靠那些在与他人的关系中寻求有意义的存在价值的个人。

另外一位非常活跃的学者 P·塞尔兹尼克（Phlip Selznick）更是明确提出，如果自由主义意味着对于政治自由、社会正义、宪法权力、法制和社会弱势群体的明确承诺的话，那么，当今的社群主义者并不是反自由主义的。如果社群主义者真的在批评某些自由主义的信条，那么，人们也不能得出他们拒绝或者不赞赏自由主义的主要理想和制度的结论。从这个意义上，塞尔兹尼克提出，"我们是或者应当是'社群主义的自由主义者'，或者，如果你们喜欢的话，是自由主义的社群主义者"。他进而提出，杜威就是这样一位社群主义的自由主义者，"我们应当像杜威那样，把自由精神与对社会正义的追求、对有效的共同体的负责任的参与结合起来。"①在《社会正义：一个社群主义者的视角》中，他非常清楚地重申："认真地看待共同体就是对我们所作所为负责任。这就是约翰·杜威的社群主义的自由主义的一个中心论题。②"

四　杜威的语言哲学观对其哲学的复兴起到了积极的促进作用

在杜威哲学复兴的过程中，理查德·伯恩斯坦的《约翰·杜威》和A·J·艾耶尔的《实用主义的起源》这两本书起到了关键的作用。艾耶尔在其著作中强调，杜威和其他实用主义者的思想既是一个"典型的美国式产品"，也"深深地根植于哲学史中"，具有浓烈的西方传统文化的韵味，而且，"实用主义的一个主要特征——它不仅体现在皮尔士那里，而且体现在詹姆士、杜威及其追求者那里——就是，它是一种动态的哲学"。③ 在《约翰·杜威》中，R·伯恩斯坦则用了很大力气把杜威拉回到当时的哲学主流中去。伯恩斯坦竭力证明，杜威的核心观点与当时如日

---

① 阿米特·埃兹奥尼：《社群主义精粹读本》（罗曼＆理投斐尔出版公司1998年版），第3页（Amitai Etzioni：*The Essential Communitarian Reader*，Rowman & Littlefield Publishers，INC.，）。

② 同上，第67—68页。

③ 同上，第15页。

中天的维特根斯坦的后期著作所表达的语言哲学观点没有太大的差别。也就是说，伯恩斯坦通过把杜威与当代哲学界中的英雄——维特根斯坦相提并论，从而成功地挽救了作为哲学家的杜威的声誉，也再次引起了人们对他的浓厚兴趣。①

其实，杜威生前与专业的语言哲学家没有多少学术上的交流，更谈不上有任何思想上和学术上的直接交锋。这一方面是由于杜威有意识地与哲学界当时流行的严格的形式化分析技巧保持距离，另一方面，是由于杜威过于晦涩的文字让许多读者望而生畏。所以，当 A·J·艾耶尔的《语言、逻辑和真理》于 1936 年问世并赢得普遍赞赏的时候，杜威的《逻辑：探究的理论》（1938 年出版）遭到了实际上的冷遇，许多人甚至根本就不知道这是一本有关语言及其意义的哲学著作。有意思的是，人们后来在很大程度上正是通过把杜威的语言哲学见解，与维特根斯坦的后期语言哲学思想的比较并寻找到二者的共同点，从而赋予杜威思想现代意义的。

现代西方学者之所以能够借助于把杜威与维特根斯坦相比较而发现杜威哲学的现代意义，原因首先在于，杜威确实从哲学的高度对语言进行了充分的论述。杜威认为，正如思想是一种活动一样，语言也是一种活动。语言从产生之时起，就与它的使用结下了不解之缘。杜威说：“关于语言的故事就是关于如何利用这些事情的故事；而利用这些事情，既是其他事物所产生的后果，它本身又会产生丰富的后果。”② 由于人类的社会生活是延续性和共同参与的构造意义的活动，在这个活动中就得产生出用于表达思想、统一行为的工具——语言。

应当说，杜威对于语言的交际作用的论述与后期维特根斯坦的“日常语言哲学”有着惊人的相似之处。首先，两人对于传统的形而上学哲学都持有强烈的批判或怀疑态度，也就是说，两人在哲学基调上是一致的或相似的。其次，后期维特根斯坦不满意逻辑实证主义和逻辑原子主义对语言的清晰性的过于理性的追求。他认为，这样的做法是试图为语言事先设定一个“理想的要求”，然后按图索骥，依照这个理想去寻求理想语

---

① 参见阿兰·瑞恩：《杜威和美国自由主义的高潮》（W. W. 诺顿和公司 1995 年版），第 23 页（Alan Ryan John Deweg and the Hign Tide of American）。

② 杜威：《经验与自然》，商务印书馆 1960 年版，第 142—143 页。

言。结果，语言非但没有得到"清晰"，反而遭到"歪曲"。杜威同样也反对对语言的过分形式主义和还原主义的理解，他反对把语言看作一种静态的东西。维特根斯坦和杜威都力图展示出，我们的语言以至于我们的思想是语境开放的并因，必然具有模糊性。语境不仅包括词语和句子，更应当包括构成语境的信念、假定和行为的完全的整体性和复杂性。语言的运用中最为突出的现象就是语言的作用。在谈到语言的运用时，杜威充分注意到了语言在其中起作用的环境。深受达尔文的生物学的影响，杜威认为，人的行动是作为有机体—环境的事情，思维是用来控制环境的工具，反思是对环境的间接反应。而环境对语言的影响则类似于遗传对语言的影响，也就是说，即使人具备了感觉器官，这一先天的条件也不能保证他能说任何语言，因为，"他的活动赖以产生和实施的环境决定了这些。如果他生活于一个哑巴的非社会的环境之中，在那个社会中，人们相互之间并不交谈，仅仅使用起码的、生存所必具的手势，那么，正如同他没有发音器官一样，他也学不会有声语言"①。杜威指出，不同的人种，不同的民族，生活于不同时代、不同家庭和阶层中的人们的语言习惯有很大的差异，在形成这一现象的众多原因中，语言环境起到了极为重要的影响，因为，生活于一定环境之中的人们的语言习惯不能不受到语言环境的影响，"言谈的基本模式、词汇量，都是在日常生活的过程中形成的"。同时，语言与环境的作用是相互的：环境影响语言，语言也影响环境。语言可以激起一种情境，这正是语言影响环境的一个突出表现。在人们适应环境的过程中，借助于语言的力量，使人们随时联想到许多不同的情境。"文字，作为指导行动的手段，可以激起一种情境，在这种情境中我们在一种特别明显的方式之下享有有关的这个事物。"②

　　最后，在语言分析中，杜威和维特根斯坦两人都呈现出明显的反笛卡儿和反主体主义倾向。两人都主张一种看待语言的新方法，即反对在精神与对象之间进行简单的二分法，而是强调语言游戏、语境、生活形式和共同的行为。在杜威看来，语言的最重要的作用，在于语言是人们社会交际

---

①　杜威：《民主主义与教育：教育哲学引论》（1916 年版，第 21 页）（John Dewey, *Democracy and Education: An Introduction to the Philosophy of Education*）。

②　杜威：《经验与自然》，第 247 页。

的工具。杜威指出，无论是经验主义者还是超验主义者，都忽视了语言的社会交际作用。"他们忽视了这个事实，即逻辑的和理性的意蕴的重要性，乃是在战斗、欢乐和工作中社会的交往、伴侣、互助、指导和一致行动所产生的后果。"①

杜威强调，语言是一种关系，参与性是语言的根本性质。他说，语言至少是在两个人之间交相作用的一个方式：一个言者和一个听者；它要预先承认一个组织起来的群体，而这两个人是属于这个群体之内的，而且他们两人是从这个群体中获得他们的语言习惯，所以它是一种关系。"母鸡的活动是自我中心的；人类的活动却是共同参与的。后者把他自己放在这样一个情境的立足点上，即在这个情境中有两方面共同参与。这是语言或记号的本质特点。"② 语言的要点不是"表达"，而是沟通。按照杜威的行为主义的原则，人们的行动是合作进行的，在合作中，往往由于误解或不了解，会产生意见分歧和行为冲突，这就必须运用语言来协调人们的交际关系。由于语言与单纯的信号相比有许多优点，特别是它引起的反应是双方面的，所以，人们只要正确地使用了语言这一交通工具，人们就能够在有许多人参加的活动中协同合作。一句话，语言的核心不是对以前的某些东西的"表达"，更不是对以前的思想的"表达"，它是交际；它是在一种活动中建立合作。在杜威那里，交际是一个很广泛的概念。从广义上说，整个人类的活动、整个人类社会都是一种交际，"社会存在于沟通和交际之中"③。

因此，在充分肯定维特根斯坦与杜威哲学的明显差异的基础上，理查德·伯恩斯坦非常肯定地指出，"除了一般的倾向之外，维特根斯坦和语言分析的基调和重点的许多方面与杜威具有密切的相似性"。④

其实，导致杜威思想复兴的原因非常复杂，我们在此无意也不可能把所有主要的原因都进行细致的研究。然而，仅仅从以上的论述中，我们也可以看出，杜威哲学的复苏并不是凭空发生的。杜威哲学中既有可以重新发芽的有生命力的种子，也有适合它发芽和生长的土壤、营养和水分。在

---

① 杜威：《经验与自然》，第 139 页。
② 同上，第 144 页。
③ 杜威：《民主主义与教育：教育哲学引论》，第 5 页。
④ 理查德·伯恩斯坦：《约翰·杜威》，第 173 页。

一定意义上说，这既不是杜威学说的某个方面的恢复，也不是杜威哲学的全面收复失地。在更准确的意义上，我们可以说，人们恢复的是对"杜威式"哲学风格的兴趣和追求，是对杜威的丰富的哲学精神的当代诠释。回顾杜威哲学复苏的历程，我们认为，这个过程折射了当代西方哲学在美国的发展轨迹，杜威哲学的复苏在某种意义上是美国当代哲学发展的合乎逻辑的结局。我们相信，随着美国哲学在新世纪的演变和发展，杜威这位已经离开人世半个世纪的思想家必将体现出越来越大的现代价值。也可以说，对杜威哲学遗产的现代诠释是我们面临的一个紧迫而重要的课题。

附录 2 在当代学术语境中深化对美国实用主义哲学的研究

——近年来国外学术界实用主义研究动态

王成兵　季雨

　　从时间上说，2009 年是美国实用主义哲学家约翰·杜威 150 岁诞辰，2010 年是威廉·詹姆士辞世 100 周年，2012 年是杜威去世 60 周年。从我们初步掌握的文献看，近年来西方学术界（主要是北美哲学界）实用主义研究工作在人物研究和哲学史分析以及比较研究方面都有了明显进展。总体而言，杜威和罗蒂的政治哲学维度仍是研究热点，而从自然主义角度分析实用主义立场下的认识论、伦理学思路开始变得更加明显。对普特南和詹姆士心灵哲学研究也成为近年来很有启发性的话题，知觉、身心关系问题仍然是主要讨论点。此外，对欧陆哲学和实用主义的关系，尤其是德国古典哲学和实用主义的学术亲缘的探究，仍然是未来一段时间内比较研究路向的热点所在。

一　活跃的国际学术活动搭建了良好对话平台

　　近年来，国外学术界关于实用主义的专门学术活动比较活跃。学术界举办了一些专题研讨会和读书班，其中影响比较大的学术活动有 2007 年 3 月 31 日到 4 月 1 日在美国弗吉尼亚理工大学举办的"第二届大西洋沿岸地区实用主义年会"，2007 年 5 月 23 日到 27 日在意大利卡拉布里亚大学举办的"世界杜威论坛"，2007 年 9 月 26 日到 29 日在罗马尼亚举办的"实用主义哲学：卓越探究"研讨会，2007 年 10 月 26 日到 28 日在加拿大萨斯喀彻温大学举办的"百年实用主义"研讨会，2007 年 11 月 12 日到 15 日在巴西圣保罗天主教大学举办的"第十届国际实用主义会议",2008 年 2 月启动的、时间长达 3 个月的"纽约实用主义论坛",2008 年 4 月 5 日到 6 日召开的"美国大西洋沿岸地区第三次实用主义年会",2008 年 9 月 27 日到 28 日举办的"美国哲学促进会中西部实用主义研究小组"聚会,2008 年 5 月 25 日到 31 日在捷克共和国的马萨里克大学举办的"第五次中欧实用主义论坛",2008 年 6 月 2 日到 4 日在芬兰赫尔辛基大学举办的"北欧国家实用主义大会",2008 年 11 月在巴西天主教大学举办的"第十一次实用主义国际大会",2009 年 5 月 5 日到 7 日在美国南佛罗里达大学召开的"实用主义与战争伦理"研讨会,2009 年 5 月 14 日到 15 日在挪威科技大学召开的"实用主义、科学与自然主义"研讨会,2009 年 6 月 19 日到 20 日由美国东北实用主义协会在纽约"跨国探究中心"召开的"实用主义与科学"研讨会,2009 年 8 月 27 日—29 日在冰岛雷克雅未克召开的"社会中的实用主义与民主"国际研讨会,2009 年 10 月 22 日到 24 日在纽约阿默斯特的"跨国探究中心"召开的国际研讨会,2010 年 2 月 26 到 27 日在圣母大学举办的"人民、力量和实用主义:我们在变化世界中的发展前景"会议,2010 年 5 月 13—15 日在加拿大维尔福理德·劳瑞尔大学举办的"第二十七届定性分析年会:作为概念基础的社会实用主义",2009 年 5 月 19 日到 20 日在芬兰赫尔辛基大学举办的"皮尔士与早期分析哲学"研讨会,2010 年 6 月 24—26 日在德国的汉堡大学举办的"修订实用主义:新千年的威廉·詹姆士"会议,2010 年 9 月 23—25 日,由哈佛大学主办的"威廉·詹姆士和美英对话——实用主义、多元主义和宗教哲学"会议,2010 年 11 月 12—13 日在葡萄牙的考米布拉大学举办的名为"威廉·詹姆士和实用主义"的会议,等等,这些学术会议为推动实用主义哲学研究提供了很好的对话平台。

与此同时,拉丁裔哲学家构筑泛美洲的跨地区性哲学平台的努力取得明显进展。2010 年 2 月 18—20 日,在 Texas A&M University 举办了"第一届实用主义和拉丁世界国际会议"。会议明确表示了实用主义研究对于拉丁裔哲学家的价值:"实用主义提供了工具和资源来帮助拉丁裔人解决当代的社会、伦理和政治问题。"此外,非常值得注意的是,在 12 月 27—30 日举办的全美哲学大会(APA)东部年会上,有专门讨论组进行实用主义和拉丁哲学的比较工作。整体而言,美国的拉丁裔学者正试图以实用主义哲学（尤其是杜威的政治哲学）立场为平台，构建一个泛美洲的哲学对话场域。拉丁裔哲学家已经开办了自己的网络哲学杂志《美洲国家哲学评论》，这无疑会促进实用主义政治哲学和伦理学方面讨论的繁荣。

二　多视角探索丰富了对古典实用主义代表人物的研究

近年来，西方学术界对古典实用主义的研究不断深入，在古典实用主义哲学代表人物研究和古典实用主义与欧洲哲学关系的研究方面，取得了一批值得注意的研究成果。

（一）杜威研究情况：以政治哲学和伦理学为热点

《剑桥指南（杜威卷）》（*The Cambridge Companion to Dewey*）是近年出版的对杜威的权威性研究作品。这本著作将杜威定义为"一位倡导民主的哲学家"，并从形而上学、道德哲学、心灵哲学、政治哲学等多重角度，讨论了杜威认识论、自然主义、探究的逻辑、实践优先性、心灵观等，立体地重现了杜威哲学。本书第一章是杜威哲学历程的总体概括，作者罗伯特·维斯特布鲁克（Robert Westbrook）侧重描画杜威哲学的民主底色。他指出，虽然杜威的代表作《经验与自然》以及其在 20 世纪 20 年代前后发表的大量文章是形而上学气息浓厚的作品，但他在 1919 年的"哲学与民主"一文中从认识论、伦理学和教育观念上讨论民主问题的议程，这对理解杜威而言更为重要。[①] 考察这个立场的原因，或许是因为杜威 1904 年发表的《哲学和美国国家生活》（Philosophy and American National Life）一文中所做的"美国哲学必须诞生于也必须回应对民主的要求"这个论断的影响深远，这也解释了杜威的民主思想和与其相关的现代道德问题始终是研究热点的原因。本书的第三章《杜威的自然主义》（The Naturalism of John Dewey）、第六章《认知科学和杜威的心灵、思想和语言理论》（Cognitive Science and Dewey's Theory of Mind, Thought, and Language）和第十章《杜威和实用主义的宗教自然主义》（Dewey and

---

① Cochran, M. (ed). The Cambridge Companion to Dewey. Cambridge；New York：Cambridge University Press, 2010：13—33.

Pragmatic Religious Naturalism) 与美国近年来兴起从自然主义理路、心灵哲学和宗教哲学角度阐释古典实用主义的整体学术趋势直接相关。第三章、第六章以杜威中期作品《经验与自然》，第十章以杜威的晚期作品《确定性的追求》和《一种共同的信念》为核心文本，讨论了如下问题：杜威的形而上学拒绝将实在看作是对人的深层感觉和期望的反应，并将自然理解为按照人类需求而安排的拒斥拟人化倾向的自然主义；① 它们试图考察以一种非还原并整合了多种自然科学的探究方法在理解心灵及心灵对人而言究竟意味着什么时所起到的作用，② 以及杜威与强调个体信仰者宗教体验的詹姆士之间的差异。③

　　另一本关于杜威的新近研究成果《杜威和伦理生活的习惯》（John Dewey and the Habits of Ethical Life）有别于传统文本阐释的研究策略。它围绕当下问题，比照哈贝马斯关于交往的政治哲学，解读了杜威的教育思想和政治观点，即公民教育必须鼓励公民共同进行一种使其行为去影响更广大世界的方法，公民教育必须考虑相较于自身所在的团体而言更大的"共同体"，并进行一种政治实践上的审美教育，以此铸就道德和智力的关联。作者试图依靠杜威主张的"组织的艺术""领导个体去建立一个关于他们自己和他者的政治状况'地图'，并在这个地图中进行他们的道德与政治探究行动。"④ 作者指出，分权式机构、即时交流手段的广泛传播和便捷的交通支持，使得个体生命受全球事务的影响程度越来越高，即我们当下生活在一个日益"流体化"的社会情境中，而这个事实的另一面就是个体对大事件的影响也在加强。这就使得道德考量不只是康德式自我意志的立法问题，也不能局限于休谟对于人性道德可能的基于同情的思考，而是回归到了古希腊的如何使人过更好生活的古老话题上，而且以一种和罗尔斯的反思平衡有异曲同工之妙的策略，在一种实践立场优先的前

---

① Cochran, M. (ed). The Cambridge Companion to Dewey. Cambridge; New York: Cambridge University Press, 2010: 55.

② Cochran, M. (ed). The Cambridge Companion to Dewey. Cambridge; New York: Cambridge University Press, 2010: 123—144.

③ Cochran, M. (ed). The Cambridge Companion to Dewey. Cambridge; New York: Cambridge University Press, 2010: 211—241.

④ Kosnoski, J. John Dewey and the Habits of Ethical Life: the Aesthetics of Political Organizing in A Liquid World. Lanham, Md.: Lexington Books, 2010: 13.

提下，在群体化的语境里，对人类的道德生活和智力生活进行互动式解读。①

（二）詹姆士研究情况：哲学史研究倾向明显

近年来，对詹姆士本人思想发展史和更深广意义上实用主义哲学发展史视角的关注，成了詹姆士哲学思想研究中突出特色。近年来的詹姆士研究与其说是对詹姆士哲学的单纯阐释，不如说是以詹姆士为个案切入美国实用主义的整体研究，并对美国实用主义自身的思想脉络进行梳理，对研究论题进行评价，对未来前景进行展望。这种倾向在斯图尔（J·J·Stu-hr）主编的论文集《实用主义 100 年：威廉·詹姆士革命性哲学》（100 Years of Pragmatism：William James's Revolutionary Philosophy）中体现得尤为明显。

斯图尔指出，学术界应当从 4 个主要方面去理解詹姆士思想的当代价值：第一，詹姆士自身对其著作的历史重要性的评价，即关注詹姆士对其自身的哲学史定位问题；第二，考察在某个意义上解决了形而上学问题并帮助哲学家取得思想进步方法的实用主义；第三，考察作为真理观的实用主义；第四，探讨作为一种态度、精神、气质的实用主义。② 斯图尔颇有新意地分析了詹姆士真理观中的个体主义和社会因素之间的张力关系，分析了个体主义和认识论上的多样性在其思想中得到融贯的可能性。作者指出，"虽然他是固执且无限制的个体主义者，但是，在他的哲学中有一个强大的社会因素。而我在他的多元主义和关系主义中看到了这种朝向主体间和社会化的动力。他的多元主义建立在这样的前提上：没有事物可以只在其内部或只通过其自身被理解，任何东西都是在与他者的关系中、在一张关系网中被理解的。"③ 这个观点对探讨詹姆士认识论的内部张力，有一定价值。在如何评价实用主义问题上，露丝·安娜·普特南（Ruth An-

---

① 参见 John Dewey and the Habits of Ethical Life ：the Aesthetics of Political Organizing in A Liquid World. Lanham，Md. ：Lexington Books，2010.

② Stuhr，J. J. 100 Years of Pragmatism ：William James's Revolutionary Philosophy. Bloomington，IN：Indiana University Press，2010：2—3.

③ Stuhr，J. J. 100 Years of Pragmatism ：William James's Revolutionary Philosophy. Bloomington，IN ：Indiana University Press，2010：124.

na Putnam) 的观点很有启发性："我相信，作为一种思考的方式，一种看待我们自身、看待我们碰巧生活在其中的物理的和社会的世界、看待哲学的态度，实用主义活下来了，虽然它常常并不被叫作这个名字。而且它将会继续大胆创新地活下去，虽然它可能继续不被叫作这个名字。"① 实用主义深刻地影响了美国百年思想史，它对实在的看法，对形而上学的看法，对真理问题的看法，对宗教和人的伦理生活的看法，对政治生活的看法——这些彼此交错互相支撑的洞见渗透在各种其他的"学派"中，形而上学、分析哲学、心灵哲学、宗教哲学等领域中的自然主义、多元主义、可错论、积极的怀疑主义等倾向都有它的不可抹去的影子——也正是实用主义的生命力仍然旺盛地燃烧着的表现。至于说如何确切地定义詹姆士的哲学或者说实用主义究竟有哪些气质让我们能在现今的哲学角斗场中准确判定其实用主义的性质这个问题，斯图尔至少表明了三个可参照的判定标准：其一，实用主义带有一种向善论的气质；其二，实用主义是一种不可还原的多元论；其三，这种向善、多元的实用主义气质不能还原为信念，但是人们仍然需要信仰。②

如果说，2009 年剑桥大学出版的《威廉·詹姆士论伦理学和信念》(*William James on Ethics and Faith*) 代表了近年来从伦理学和宗教哲学角度解读詹姆士的研究思路，那么，2010 年理查德森 (R·Richardson) 选编的《詹姆士心灵哲学文集》则表明学界对詹姆士心灵哲学的热情仍然存在。在文集的导言中，编者总结了詹姆士心灵哲学和实在论的关键主张，并提供了许多深入探讨的研究线索。编者指出，"根本不存在作为物或实体的知觉，只存在一种功能、一个进程、一条印象之流。"③ 这是理解詹姆士激进的经验主义的关键。

(三) 着力于研究欧陆哲学和美国实用主义之间的学术脉络关系

将实用主义作为一个学派来进行哲学史介绍和阐释，也是近年来的一

---

① Stuhr, J. J. 100 Years of Pragmatism : William James's Revolutionary Philosophy. Bloomington, IN : Indiana University Press, 2010：185.

② Ibid. , 2010：204—205.

③ Richardson, R. The Heart of William James. Cambridge, Mass. ：Harvard University Press, 2010：xv.

条主要研究线索。伯恩斯坦（R·J·Bernstein）于 2010 年出版的《实用主义的转向》（*The Pragmatic Turn*）是这方面重要成果。在作者序中，伯恩斯坦回顾了古典实用主义在皮尔士和詹姆士的共同作用下出场的哲学史背景。伯恩斯坦指出，在美国的后内战时代，詹姆士、皮尔士、杜威参与并推动的在麻州剑桥组建的形而上学俱乐部提供了当时美国哲学的主要语境，然而常常被忽视的另一个来自欧洲大陆的文化背景是，"剑桥并不是当时美国在后内战时期唯一一个哲学活动中心。在 19 世纪，许多影响深远的德国知识分子移民到美国，他们中的一些人成为了知名人物。他们也带来了对德国哲学的兴趣，尤其是对康德和黑格尔的哲学的兴趣。'康德俱乐部'和'黑格尔俱乐部'分别在密苏里和俄亥俄得以成立"①。这也佐证了杜威对当时美国哲学界的一个基本判断：新康德主义和黑格尔主义"在 19 世纪末期的美国是非常重要的。我自己以及与我一起阐释工具主义的同伴们是从成为新康德主义者开始的，同样的，皮尔士的观点是从和康德主义的决裂开始的，而詹姆士是从和英国学派的经验论分道扬镳开始的。"② 这或许表明了从当时的美国学术背景分析实用主义开端的重要性，而更深层的问题是，这个话题背后隐含的关于是美国实用主义和德国观念论之间关系问题。根据伯恩斯坦的论断，1867 年创建的《思辨哲学杂志》（*Journal of Speculative Philosophy*）的早期卷目中包含大量费希特、谢林和黑格尔论著的译作。而且不止是在实用主义之初，黑格尔哲学至少在三个时代非常深刻地影响了美国的哲学灵感和讨论：19 世纪末，20 世纪中叶和当下。③ 结合 2010 年美国哲学年会东部分会关于皮尔士讨论中大量涉及到费希特和谢林的影响之情况，可以说对德国古典哲学与实用主义的学术承袭和批判之关系进行研究，是一个新的研究支点。另外，伯恩斯坦对于实用主义和语言转向关系的讨论也值得重视。他指出，自 1953 年伯格曼（Gustav Bergmann）发表题为"逻辑实证主义、语言和对形而上学的再造"一文以来，"语言转向"这个概念就使语言在哲学思考中占据了主导性地位，这也使得关注经验而非语言的古典实用主义面临一个重大问

---

① Bernstein, R. J. The Pragmatic Turn, Cambridge；Malden, MA：Polity, 2010：6.

② Dewey, J. The Philosophy of John Dewey, ed. J. J. McDermott. IL：University of Chicago Press：52.

③ Bernstein, R. J. The Pragmatic Turn, Cambridge；Malden, MA：Polity, 2010：89.

题。至于这个转向对实用主义的影响问题，作者认为"试着通过古典美国实用主义去发展一个能包含所有意义和对所有经验之使用的理论，注定将是无成果的。但这不是阻挠我们通过古典美国实用主义去恢复仍然富有洞察力且和对经验的反思相关的哲学的理由……那种流行且被牢固确立的在经验和语言转向之间的二分法，正是实用主义该拒斥的"①。这个立场对于讨论语言哲学对实用主义的影响和如何理解实用主义的哲学史意义，很有启发。

如果列出近年来的实用主义研究成果并细心归类的话，不难发现，有关实用主义和当代欧陆哲学关系（或更具体而言，将实用主义哲学家与海德格尔、勒维纳斯、德里达等欧洲代表性哲学家进行比较）的作品并不少见。仅仅在 2010 年出版的著作就有马古李斯（J·Margolis）的《实用主义的优点：20 世纪末的美国和欧洲哲学》（*Pragmatism's Advantage：American and European Philosophy at the End of the Twentieth Century*）、克发格（M·Cfaig）的《列维纳斯和詹姆士：走向实用主义的现象学》（*Levinas and James：Toward A Pragmatic Phenomenology*）等。

虽然这些著作并没有集中讨论实用主义者同某个特定的欧陆哲学家的关系，它们进行比较的对象也相对分散，但是，确定的是，一方面，实用主义在美国本土受到分析哲学影响，但它始终没有放弃人文主义哲学立场，另一方面，实用主义与欧陆哲学尤其是存在主义、后期现象学和后现代主义关系非常紧密。可以说，探讨实用主义和欧陆哲学对相似问题的不同探讨方式，将是实用主义研究的重要工作，这不只是因为对相似的具体问题的讨论所产生的争议性，更重要的是，这些研究工作有利于理解作为互补两极的英美哲学和欧陆哲学在 20 世纪以来试图解决哲学问题时各自面临的问题，以及看清目前看来仍然具有推动性的哲学问题或是立场在新世纪应该以怎样的逻辑继续演化。我们认为，依据现有研究情况并结合哲学家的学术旨趣，最有可能成为未来研究热点的是詹姆士和罗蒂。前者强烈宗教主义倾向和后者对整个现代的彻底反基础主义的批评，使他们成为最容易被选为和欧洲哲学家进行比较的实用主义哲学家。

《实用主义的优点：20 世纪末的美国和欧洲哲学》的作者 J·马古李

---

①　Bernstein, R. J. The Pragmatic Turn, Cambridge；Malden, MA：Polity, 2010：128—129.

斯指出，当代西方哲学的现状就是一个三驾马车：欧陆哲学、分析哲学和实用主义。作者强调，他并不认为我们应该回到古典实用主义的全盛时期或是回到 20 世纪 70 年代的实用主义复兴时期。他力图表明的是，实用主义可以被理解为一种包括达尔文进化论化的康德传统和黑格尔传统的调和，在科学主义的分析哲学和依靠个体先验力量的欧陆哲学之间，实用主义代表着一种中间道路。①

克发格则给他的新作做了这样一个总结：这本书是为任何对现象学和实用主义的相互关系感兴趣的人所写的，它们的关系仍在继续影响伦理学和美学思考。列维纳斯和詹姆士一道描绘出了铸造一种实用主义现象学的潜在可能，这种现象学保留了对意向性、经验的关注，拥抱关于书写和创造性表述的实验形式，并建议一种基于对不断发展的特殊性和多样性的关注的伦理学。② 作者指出了詹姆士和列维纳斯对当代哲学的重要性，即一种对不确定性和模糊性的积极态度。詹姆士哲学内部的这种带有神秘主义性质的多元主义，表明了一个被当代哲学忽视的事实：我们生活在一个追求高度概念化的时代，但是这个时代常常出现新的问题，而在面对新情境时，我们需要不断引入新人性观来表述实在，也需要以新的角度去看待道德和政治。而这些努力和尝试，总是伴随着不确定的结果，它们是以一种解决问题的实验态度出现的。这种对哲学风格的认知，表明了被分析哲学拒斥却被实用主义坚持的人文主义立场，表明了当下哲学研究中必须被坦然接受的现实。

三　在当代学术语境中继续探究新实用主义哲学思想

对新实用主义的研究工作主要体现在两个方面：第一个方面是对古典实用主义与新实用主义的关系以及新实用主义自身差异的研究；第二个方面是对以普特南、罗蒂和布兰顿为代表的新实用主义思想的研究。

在新实用主义与古典实用主义关系方面，有学者以罗蒂和普特南如何

---

① 见 Margolis, J. Pragmatism's Advantage: American and European Philosophy at the End of the Twentieth Century, Calif.: Stanford University Press, 2010.

② Cfaig, M. Levinas and James: Toward A Pragmatic Phenomenology, Bloomington: Indiana University Press, 2010: xviii.

对待古典实用主义的不同态度作为切入点，分析了新实用主义的两个主要路向。他们指出，与实验型科学家和逻辑学家出身的皮尔士和詹姆士不同，对接受了规范分析哲学教育的罗蒂和普特南而言，与其说他们的思想完全植根于古典实用主义研究思路之中，不如说他们从詹姆士、杜威等人的思想中截取了最有启发性的问题和论域，并结合语言转向之后的 20 世纪哲学情境提供的讨论方式，来进行其全新的哲学思考，进而促进其自身哲学立场的演化。有学者提出，新实用主义在吸收古典实用主义养分的同时，也实现了对某些传统实用主义问题的疏远和超越：超越古典实用主义格外关注的"经验"问题，超越皮尔士的真理判定标准，但是，它却保留了实用主义精神中对伦理问题、政治问题的持续关注，保留了同时持有怀疑主义和可错论认识论倾向的努力，保留了从知觉、功能等概念理解身心和实在的学术思路。"新实用主义是不加掩饰的机会主义分子。它将古典实用主义看作刺激其观点产生的资源，尤其是那些与可错论、反基础主义相关的学术资源，特别是，它挑战二元论，挑战不依靠心灵、社会概念的真理观的学术资源，挑战独立于实践的实在概念的学术资源。但是，它不想花时间为这些相关观点进行辩护。"① 新实用主义者运用分析哲学的某些思维方式，越过了古典实用主义内部的许多裂隙与断层，将精力花在他们更为感兴趣的地方。这种理解对我们如何评价遭到分析哲学冲击的实用主义的内在发展逻辑，是非常重要的。

有学者提出，对待古典实用主义哲学家的文本态度的差异，恰恰是罗蒂与普特南对于新实用主义态度的根本差异。这个观点把传统的将罗蒂评价为彻底叛离了分析哲学而普特南仍然在分析哲学语境中进行实用主义思考的看法，移植到了实用主义内部。就是说，罗蒂叛离了古典实用主义的论域，而普特南在以分析哲学方式阐释古典实用主义的意义上讨论了许多遗留问题。具体来说，罗蒂是作为"与传统逆行"的反叛形象出现在实用主义视野中的。"罗蒂想要在全新的问题上引起注意，他想传播新的讨论和思考的方法，而不是去颂扬名为实用主义的方法。"② 在罗蒂于 1989 年发表的代表作《偶然性、讽刺和协同性》（*Contingency，Irony，and Solidarity*）

---

① Malachowski, A. The New Pragmatism, Durham ［England］: Acumen, 2010: 29.

② Malachowski, A. The New Pragmatism, Durham ［England］: Acumen, 201: 34.

中，我们已经很难找到实用主义一词了。虽然有一些论文非常精细化地考察实用主义，但是更多的部分并没有试图勾画出一个独特的实用主义立场。罗蒂通常只是对詹姆士和杜威这样的古典实用主义者进行总体意义上的暗指，而不是对其文本进行严格的解读。这样做的意义在于，这表明我们所谓的"后分析的实用主义"并不是代表着它在分析哲学之后出现或是试图取代分析哲学，而是表明它将自己定位为某种不同于那个主导型的分析哲学传统的独立哲学立场。而古典实用主义者，尤其是詹姆士和杜威，恰恰是花费了太多精力去应对以罗素和摩尔为代表的批评者，而这样的做法导致了实用主义必须在论敌选定的角斗场上使用对手的术语和逻辑去进行哲学思考。不过，罗蒂发现了这个话语主权丧失的问题，并在自己的哲学生涯中避免了它。① 因此，罗蒂和古典实用主义传统看上去是精神上承袭但在论断上疏离的关系，他关注的是自己的而不是别人的论题问题。

有学者指出了普特南和罗蒂思想上的不同之处：普特南大量引用和阐释了古典实用主义的文本，他"成了一个詹姆士和杜威著作的敏锐评论人，他从他们的文本中提取出大量有历史感的洞见来帮助他为一种总体上来说更为开放且实用的哲学路径辩护"②。普特南以睿智、敏锐的方式反驳了 20 世纪上半叶哲学家对古典实用主义的一些具有误解性的批评，这对消除人们对古典实用主义的误读极有帮助。也正是因此，罗蒂和普特南是不同的。罗蒂更多地关注如何将旧有的哲学形式抛在身后，而不是尝试营救那些有价值的部分，这使得与以往的研究观点所表明的一样，罗蒂是作为解构者形象出场的，而普特南是积极的继承者和修正者，对他而言，古典实用主义的许多议题已经不再处于哲学角斗场的中心位置，但是，他仍然乐于将古典实用主义的许多话题看作是承载了哲学继续前进的力量。也正因为如此，较之罗蒂，普特南更可能实现对新实用主义的一个直接有效的辩护，以此来抵抗那些或是将新实用主义看作相对主义者的避难所，或是拒绝直面实在的观点。在讨论普特南在新实用主义阵营中所扮演的角色问题时，马拉楚维斯基（A·Malachowski）从四个角度进行了概况：第一，通过回归到原始文本的方式，挑战了广被采纳的对古典实用主义的不

---

① Malachowski, A. The New Pragmatism, Durham［England］：Acumen, 2010：57—58.
② Ibid. , 2010：62.

当批评，并表明了从很早就已开始的对实用主义的误读倾向；第二，采纳了某些古典实用主义者的观点，例如，采纳了詹姆士遭到中伤的真理观，并指出这种真理观如何经过合理的修正而优越于许多其他更晚近的可选方案；第三，鼓励一种可以追溯到詹姆士著作中的彻底的整体主义，进而支持它在蒯因和戴维森相关论述中展现的说服力；第四，富有洞察力地探究了实用主义如何能帮助解决当下伦理、政治问题，并重新发动了古典实用主义在社会进步方面的议程。① 作者强调，分析哲学家对古典实用主义者研究路向的误解，成为近十余年来研究中习以为常的角度。例如，伯克（Tom Burke）在 1998 年出版的专著《杜威的新逻辑学》（Dewey's New Logic）中就表明，罗素"误解了对杜威而言的一些基础性的概念和区分"②。然而，在马拉楚维斯基的这本新作中，他分析了普特南在《实用主义》（Pragmatism：An Open Question）一书中对罗素误解詹姆士"真"概念的逻辑线索所作的分析，指出罗素是将自己还原化的概念强加给詹姆士。可见，对古典实用主义的批评者的再思考，是当前实用主义研究非常重要的一环，而这一环已经被忽视了许久。

在对新实用主义代表性人物研究方面，国外学术界的研究工作主要围绕以下问题展开：

第一，普特南对哲学与科学关系的再思考及其对自己当前哲学立场的澄清。

普特南自 20 世纪 90 年代开始将学术兴趣从心灵哲学与实在论问题转向实用主义与元伦理学研究，至今仍然活跃在美国哲学舞台。2010 年美国哲学学会东部分会的"普罗米修斯"（Prometheus）论文大奖，就颁发给了他的题为《与实在符合》（*Corresponding with Reality*）的论文。此外，2010 年出版的《自然主义和规范性》（*Naturalism and Normotivity*）一书讨论了近年讨论热烈的规范性问题，思考了哲学应该思考些什么并如何思考，思考了在科学化的自然主义和柏拉图式的超自然主义的论争之间应该如何取舍。

与此相关，普特南发表了题为《科学和哲学》（*Science and Philosophy*）

---

① Malachowski, A. The New Pragmatism, Durham [England]：Acumen, 2010：64.

② Burke, T. Dewey's New Logic, IL：University of Chicago Press，1998：ix.

的论著，来讨论在当下科学化世界图景缺少了重要规范性维度的情形下，我们应当如何去理解、阐释哲学的寓意。

普特南在《科学和哲学》中指出，上帝观念和灵魂的非物质性观念在 20 世纪的衰落导致形而上学的衰落，而科学领域的全面繁荣，又使得科学和哲学之间呈现出了以科学驱逐哲学的紧张状态。普特南认为，逻辑实证主义和后现代主义试图以完全相反的思考逻辑去解决科学和哲学之间的张力问题。1935 年，卡尔纳普著名的《语言的逻辑句法》一书表明了将哲学科学化的意愿，即将传统的充斥着"无意义"语句的形而上学式的哲学改造成"科学的逻辑"，而这种立场所要求的将不可观察的科学术语还原为可观察术语的努力，以及提供分析命题的语法特点的尝试，最终都失败了。与逻辑实证主义试图将哲学变成一种特殊科学的努力不同，后现代主义挽救哲学声望的方式是主张，所有我们认为是对事实的表述都只是一种虚构形式，是有效的虚构形式。"①因此科学并没有它自认为优越于哲学的那种准确性和客观性。普特南认为，这两种途径都没有正确看待哲学本身，这门学科必须具有两幅面孔：一幅是卡维尔（*Stanley Cavell*）在《理性的断言》（*The Claim of Reason*）中表达的哲学的道德化一极，"我需要的是汇聚我的文化标准，以便当我追求和想象我的语言和生活时，可以使它们直面那个标准；同时使我的语言和生活直面我的那种文化语境所能为我提供的想象的生活"②；另一幅是塞拉斯（*Wilfrid Sellars*）在《哲学和人的科学图像》（Philosophy and the Scientific Image of Man）一文中所说的哲学的目标是去理解事物是如何与术语连接在一起的。逻辑实证主义在一个有限的意义上试图去维护哲学的理论化方面而放弃了整个道德方面，而后现代主义试图保护哲学的道德方面而付出了哲学的理论化方面的代价。这两种尝试对哲学都是具有伤害性的，它们要么强调理论化方面，要么看重道德方面，它们不但只是杀死了哲学这门学科，而且也是对人类智力、精神生活的谋杀。③至此，普特南再次强调了他从上世纪 80

---

①　Putnam, H. "Science and Philosophy", Caro, M. D. （ed.）. Naturalism and Normotivity, NY：Columbia University Press, 2010：92.

②　参见 Cavell, S. The Cliam of Reason, Oxford：Oxford University Press, 1979：125.

③　Putnam, H. "Science and Philosophy", Caro, M. D. （ed.）. Naturalism and Normotivity, NY：Columbia University Press, 201：93—94.

年代后期开始就不断重申的论断：必须剔除事实/价值二分法。我们不难理解，对哲学的学科性质做出双重性解读，是普特南作为一个持有人文主义倾向的自然主义式的实用主义者所能提供的最好的解释。也就是说，无论对于科学还是对于哲学，真和规范性这两个维度都是必要且互补的。需要注意的是，关于事实与价值之关系的讨论，在 2010 年研究普特南的文本中也得到了特别的关注，著名的普特南研究者费尔斯多姆（Sami Pihlström）指出，事实与价值的关系问题必须在讨论实在的非还原性的自然主义的意义上完成，而且，他进一步主张，普特南试图打破事实与价值的二元划分。但他只有两种论证逻辑可选：其一，价值在事实中得以显示（这是普特南长久以来支持的观点）；其二，事实与价值是连续的和不可隔断的。这就使得实用主义式的自然主义必须选择连续性原则，而且事实与价值之间的张力不只对实用主义的价值问题是重要的，对于整个自然主义的形而上学而言是重要的。①

　　普特南是一位一直坚持将不断修正、改变自己的观点作为特色的哲学家，也因为如此，普特南研究中最困难的部分在于，我们经常不知道他最近又在思考哪些问题，在支持哪些观点。因此，如何给他当下的哲学观点定位，似乎成了只有普特南自己才能完成的任务。可能也是出于澄清自己目前哲学立场的目的，普特南提出，当前的中心任务是"检视我过去曾支持过的观点，并说明我现在认为它们中的哪些仍然是富有洞见的，哪些是错误的"②。普特南回顾了自由主义式的功能主义、实在论和反实在论的论争、还原论、意义及真理等问题，尤其是分析了麦克道威尔试图抵抗康德哲学传统中的怀疑主义的论证，并指出他的论证与一种自由主义化的功能主义分析方式并不相容。普特南认为他本人所支持的自由主义化的功能主义"在正常情境下，不会将我们的知觉经验或是我们接受的语句看作是形成一个知觉信念的起点。那个起点在我们的头脑之外，形成桌上有个便条的知觉判断过程是一种功能的实践，事实上是一个功能系统的实践，这些功能或被进化所形成，或被我们的文化进程所影响，它把我、对

---

① Pihlstr? m , S. "Toward A Pragmatically Naturalist Metaphysics Of The Fact – Value Entanglement: Emergence or Continuity?", Journal of Philosophical Research Volume 35 （2010）.

② 参见 Putnam, H. "Corresponding with Reality", APA 2010 年获奖论文。

象和我的环境中发生的事联结起来"①。不难看出，普特南重新燃起了对心灵的认知问题的兴趣，而这种对心灵、认知的解释策略，与杜威那种受到进化论影响、强调经验的文化属性的观点有值得重视的相似之处。

第二，对罗蒂的比较性研究的新进展——女性主义和实用主义的可能的对话。

已经去世多年的罗蒂仍然显示出强大的学术影响力。以罗蒂为研究对象的专著和论文集持续出版。《罗蒂的女性主义解释》（Feminist interpretations of Richard Rorty）选辑了包括女性主义哲学家南希·弗雷泽等人对罗蒂的《女性主义和实用主义》（Feminism and Pragmatism）和《女性主义、意识形态和解构：一位实用主义者的见解》（Feminism, Ideology, and Deconstruction: A Pragmatist View）等文章的评析。整本书围绕真理的认识论问题、女性主义的学科定位问题、实在论问题以及实用主义与女性主义的对话的合法性问题等展开讨论。罗蒂后期哲学放弃了对认识论、形而上学问题的研究而转向了文化研究和推动社会政治结构改造的工作，如何看待其自身的学术身份归属问题，始终是评价和理解罗蒂思想的一个难点，而这恰恰和政治化倾向明显的、被主流分析哲学排斥的女性主义在英美哲学界临相似的困境，因此也就不难取得学术共鸣。有趣的是，在处理罗蒂和传统哲学之间的张力问题上，对罗蒂的支持或拒绝则显示了女性主义内部两种不同的学术定位：一些女性主义者通过重新定义哲学学科来舒缓这种张力；然而也有一些女性主义者采取了罗蒂的逻辑，超越了那门学科，将它看作是并认为其将继续作为父权制意识形态的辅助系统。②如果采取了后一种态度，那么如何在学理意义上，给出拒绝进入那种被建构起来的特殊系统的理由？罗蒂和女性主义的策略都可以经由认识论上的个人主义倾向得到解答。罗蒂拒斥现代哲学将心灵看作镜子的隐喻所需要的全部前提和假设和随之而来的认识论方面的推论，他至少以一种隐晦的方式，支持了女性主义对未经检验的当代认识论中认为知识与身份无关这一假设的攻击。从更深层的意义上讲，女性主义者认为，知识在更大程度上是一种

---

① 参见 Putnam, H. " Corresponding with Reality", APA2010 年获奖论文。

② Janack, M. (ed). Feminist Interpretations of Richard Rorty, Pa: Pennsylvania State University Press, 2010: 3.

个人事务，而且我们对知识的最好模型将出自于对个体认知者如何进入到一种经验陈述的设想和检验。这种理解与罗蒂将传统哲学问题看作无用的，思想活动应该趋向于表达"真实世界"中的认识困难，而不是将认知情境进行高度抽象的态度，有着相同的学术期望和论敌。① 然而，在女性主义者南希·弗雷泽看来，这位首个公开试图与女性主义结成联盟的男性哲学家把女性主义看作是带着求婚请求的追求者，他的大量文章都致力于劝说我们最好和他结成联盟而不是选择和他的普遍主义与实在论的敌手一起。② 然而，这个看上去很有吸引力的建议，却可能暗藏着巨大的代价，因为，罗蒂更热衷于将弗雷泽这样的女性主义者归类于非哲学家，他力主把她们看成对人类智力生活而言具有更重要意义的预言家。可问题是，女性主义力图以一种不同于传统哲学的方式进入哲学思考，而不是成为与哲学没有任何关系的社会群体。也是在这个意义上可以说，罗蒂在做的工作是与传统哲学完全一样的事情，只是它们不同于男性主导的西方哲学史，他这次把女性作为偶像崇拜的对象。③ 对于实用主义和女性主义在公共政治文化生活方面的联盟，罗蒂持有一种乐观的态度。然而，女性主义者对于这个问题显然有更为保守的看法。

第三，对布兰顿代表作《使之清晰》（Making It Explicit）的精细化专题讨论。

伴随着布兰顿（Robert Brandom）变得越来越受重视，近年来出现了对布兰顿文本的文集式研究著作。其中主要的有：魏斯（B·Weiss）和王德尔（J·Wander）所编写的《解读布兰顿》（Reading Brandom：On Making It Explicit）。这本书由论文和布兰顿本人完成的回复构成，文章围绕3个主题展开：规范性的实用主义、实用主义和推理主义、推理主义者的语义学。整部书主要从如下方面立体地展现了布兰顿哲学：推理主义、再现说、语言哲学和心灵哲学中的规范性、语用论和中心性、语言的入口

---

① Janack, M. (ed). Feminist Interpretations of Richard Rorty, Pa：Pennsylvania State University Press, 2010：1—17.

② Janack, M. (ed). Feminist Interpretations of Richard Rorty , Pa：Pennsylvania State University Press, 2010：48.

③ Janack, M. (ed). Feminist Interpretations of Richard Rorty , Pa：Pennsylvania State University Press, 2010. ：47—54.

和出口、意义和真理、语义学的紧缩论。魏斯认为，在《使之清晰》一书中，布兰顿将康德、弗雷格和塞拉斯看作他的学术资源，"但是一个形成布兰顿的推理主义的更全面的能量来自实用主义，即尝试去解释人在言说行为中所做的能被语词言说的东西。对内容而言，使实用主义作为一种方法变得与众不同的是：它拒绝承认对内容而言与使用无关的说明性维度。"① 布兰顿对推理主义的推崇和他的唯理论类型的实用主义构成了他学术的两条主要脉络。相比于他所热衷的推理主义这个新话题，他的实用主义和其他实用主义者的版本之差异，却是更吸引人。首先，在自然主义的立场上，布兰顿可以说是实用主义的异类。皮尔士、杜威和普特南都可以被看作是自然主义者，但是"布兰顿拒绝成为一个'自然主义者'，他不想给自然科学的术语给出一个充分的说明。"② 在布兰顿看来，将知识、心灵自然化倾向暗藏着一个内在的逻辑悖论，即用非规范性的配料制作规范性的蛋糕。在这里，布兰顿的立场表明了一个至关重要的问题，即，如果彻底的自然主义立场成为认识论和伦理学问题中的基本前提，那么还原主义的方法必然无可避免，非自然性的规范性几乎不可能成立。这和普特南的《科学和哲学》一文中所讨论的实际上是同一个问题，即哲学如何在强调客观性的自然主义倾向和将人的主观判断的规范性问题在哲学中进行平衡，并且以这个平衡为起点去表述关于心灵、语言、知识问题，促进人类智力生活的思考逻辑和哲学判断。此外，布兰对实用主义的定义是很特别的：控制目前解释的一个基本的形而上学承诺是一种实用主义，一种关于语义学和语用论关系的实用主义。此意义上的实用主义是这样一种观点：语义学上的确定的满足的作用是为了解释意向状态的规范重要性，例如信念和诸如断言的这些语言行为。因此，内容的语义学概念一定要回答正当性的标准问题，而这种标准是由语用论决定的。语用论考察语义确定的意向状态和在语言行为中用以表达这些状态的语句。③ 布兰顿的这种定义显然是值得讨论和研究的。

---

① Weiss, B. and Wanderer, J. (ed). Reading Brandom : on Making It Explicit, Abingdon, Oxon ; New York, 2010 : Routledge : 6

② Weiss, B. and Wanderer, J. (ed). Reading Brandom : on Making It Explicit, Abingdon, Oxon ; New York : Routledge, 2010 : 46.

③ Brandom, R. Making It Explicit, MA : Havard University Press, 1998 : 143.

附录3 扎实的回归和持续的复兴

——近年来国外学术界美国实用主义哲学研究动态

王成兵

近年来，国外学术界对美国实用主义哲学的兴趣不减。本文对近年来国外学术界的实用主义哲学研究现状进行了初步梳理和整理，力图从中体现出国外学术界实用主义哲学研究动向和特点。

一 活跃的学术活动

近年来，国外学术界关于实用主义的专门学术活动比较活跃。这主要表现在学术界举办了一些专题研讨会和读书班，其中影响比较大的学术活动有：2007年3月31日到4月1日在美国弗吉尼亚理工大学举办的"第二届大西洋沿岸地区实用主义年会"，2007年5月23日到27日在意大利卡拉布里亚大学举办的"杜威论坛"，2007年9月26日到29日在罗马尼亚举办的"实用主义哲学：卓越探究"研讨会，2007年10月26日到28日在加拿大萨斯喀彻温大学举办的"百年实用主义"研讨会，2007年11月12日到15日在巴西圣保罗天主教大学举办的"第十届国际实用主义会议"，2008年2月启动的、时间长达3个月的"纽约实用主义论坛"，2008年4月5日到6日召开的"美国大西洋沿岸地区第三次实用主义年会"，2008年9月27日到28日举办的"美国哲学促进会中西部实用主义研究小组"聚会，2008年5月25日到31日在捷克共和国的马萨里克大学举办的"第五次中欧实用主义论坛"，2008年6月2日到4日在芬兰赫尔辛基大学举办的"北欧国家实用主义大会"，2008年11月在巴西天主教大学举办的"第十一次实用主义国际大会"，2009年5月5日到7日在美国南佛罗里达大学召开的"实用主义与战争伦理"研讨会，2009 年 5 月 14 日到 15 日在挪威科技大学召开的"实用主义、科学与自然主义"研讨会，2009 年 6 月 19 日到 20 日由美国东北实用主义协会在纽约"跨国探究中心"召开的"实用主义与科学"研讨会，2009 年 8 月 27 日到 29 日在冰岛雷克雅未克召开的"社会中的实用主义与民主"国际研讨会，2009 年 10 月 22 日到 24 日在纽约阿默斯特的"跨国探究中心"召开的国际研讨会。此外，芬兰赫尔辛基大学于 2009 年 5 月 19 日到 20 日举办的"皮尔士与早期分析哲学"研讨会和美国富布莱特基金会于 2009 年 4 月下旬在中国香港中文大学举办的杜威哲学原著研讨班等也在推动实用主义哲学研究方面起到了积极作用。

　　作为活跃的学术活动的一部分，一些美国实用主义研究机构和专家致力于在全球范围内介绍实用主义思想。其中最值得一提的是设在美国南伊利诺伊大学（Southern Illinois University at Carbondale）的"杜威研究中心"（The Center for Dewey Studies）所进行的卓有成效的研究工作。该中心近年来加强与西班牙、波兰、德国、日本和中国的杜威哲学研究机构的合作，推进世界范围内的实用主义研究。该研究中心主任拉里·希克曼（Larry Hickman）教授在过去几年间利用访问中国、韩国和越南等国家和参加国际学术讨论会的机会向国外同行介绍美国学术界的实用主义研究工作。在 2008 年 7 月 30 日至 8 月 5 日于韩国首尔召开的第 22 届世界哲学大会上，希克曼教授等就实用主义研究问题进行了专题研讨。美国夏威夷大学教授、国际知名汉学家和实用主义研究专家安乐哲（Roger Ames）教授力图将实用主义思想与中国儒家思想进行比较研究，推动儒学与实用主义哲学的对话，其观点在国际学术界产生了较大的反响。

　　2009 年是实用主义哲学家约翰·杜威诞辰 150 周年，各种国际学术会议自然都把对杜威思想和影响的反思和总结作为研讨主题之一。从各种会议情况看，学术界致力于在全球化语境中展现杜威的政治和民主观念。比如，知名实用主义专家理查德·伯恩斯坦（Richard Bernstein）教授在冰岛召开的"社会中的实用主义与民主"国际研讨会上所做的主题发言中提出，民主是杜威思想中最为核心的论题。在长达几十年的学术生涯中，虽然杜威关注的问题非常多，但是，他总是不断返回到民主这个课题中，杜威把对民主的意义和后果的探索作为终生不渝的人生追求。同样，尽管杜威对经验、探究、教育伦理、政治学、宗教和艺术问题做了大量的研究，但是，他总是直接或间接地关注这些论题给实践民主理念带来的巨大影响。也因为如此，在当代自由主义和社群主义的讨论中，人们经常可以找到杜威的身影。

二　特点鲜明的学术研究工作

活跃的学术交流带来了比较丰硕的研究成果。近年来的实用主义研究呈现出以下几个主要特点：

1. 整体研究呈现出研究视角的多样化。

近年来，国外学术界在实用主义整体研究方面的一个明显动向是，研究者们立足当代学术语境，以不同的学术视野对古典实用主义思想进行进一步探究，力图在当代学术潮流的张力中呈现实用主义哲学的学术地位和当代意义。

早在 20 世纪 60 年代，当实用主义开始复新之时，国外的研究者们就明确指出，"维特根斯坦和语言分析的基调和重点的许多方面与杜威具有密切的相似性。"[1] 这个思路至今一直受到学术界的重视。近年来，研究者们更加有意识地讨论实用主义与分析哲学的内在联系。学术界认为，尽管实用主义哲学出现了复苏的征兆，但是，大多数分析哲学著作依然忽视了古典实用主义和当代新实用主义所提供的相关见识。因此，有学者很有启发性地讨论了实用主义与胡塞尔现象学、海德格尔、梅洛·庞蒂以及符号论哲学之间在处理语言哲学问题上的相近或相似态度，尤其注重提供一种方法论模式，以使得美国实用主义的分析哲学资源与各种欧洲哲学传统之间能够卓有成效地整合在一起。[2] 有学者更加具体地提出，实用主义对指称的理解既可以在实用主义哲学家皮尔士和普特南的思想中找到，也可以在维特根斯坦的著作中找到，实用主义关于指称问题的视角给分析哲学提供了一个独特的选择路径。[3]

相似地，有学者明确提出，要调和实用主义与分析哲学的关系，即要研究语言表达与其用法、语用学与语义学之间的内在关系。通过这个探究过程，

---

① Richard J. Bernstein, John Dewey, Washington Square Press, Inc. 1966 年，第 176 页。

② 参见 Robert E. Innis, Pragmatism and the Forms of Sense: Language, Perception, Technics, Pennsylvania State University Press, 2008.

③ 参见 David Boersema, Pragmatism and Reference, MIT Press, 2008.

我们既可以加深理解关于经典分析的经验主义、自然主义和功能主义，也可以进一步把握人工智能、逻辑本性和主客体之间的意向关系。①

在实用主义基本理论研究方面，国外学术界尤其注意对实用主义的形而上学观的研究。这主要表现在，学术界开始从实用主义的角度重新思考形而上学的性质、目标和方法，它不是将形而上学当作传统意义上的第一哲学，而是当作一种对充满人类实践的实在所进行的探究和分类，因此，有学者提出，我们对于实在的分类必须是实际的和符合价值性要求的，形而上学就是通过我们的概念和实践行为赋予实在以我们的经验并与之进行互动的一种结构。围绕这一论题，有学者对实用主义形而上学的超验方法、实用主义宗教学说中的形而上学、形而上学的伦理道德基础等进行了专题研究。我们认为，对实用主义哲学中的形而上学问题的关注，会成为未来实用主义研究中的一个理论研究重点。②

2. 对古典实用主义哲学代表人物进行深度挖掘。

近年来，在对实用主义哲学的当代意义进行整体性研究的同时，学术界对古典实用主义哲学的代表人物，如皮尔士、詹姆士和杜威等，进行了更为细致的研究。

在皮尔士哲学研究方面，国外学术界提出，应当力图从一个崭新的角度讨论皮尔士的符号理论。有学者通过重新评价修辞在皮尔士著作中的独特而重要的地位，阐释了对皮尔士符号学的新理解。有学者提出，符号—修辞的概念经常能够被当作是从日常的交往实践和交往经验中抽象出来的，皮尔士的符号学会导向对于修辞的探究和哲学上的批判。③另一方面，学术界开始高度重视皮尔士思想中的社会哲学成果，这具体表现在学术界力图把皮尔士的探究理论放到社会科学理论的中心位置中加以思考，强调皮尔士的科学理论、共同体理论的实践价值和社会意义。④应当说，

①　参见 Robert Brandom, Between Saying and Doing: Toward An Analytic Pragmatism, Oxford University Press, 2008.

②　参见 Sami Pihlstr? m, Pragmatist Metaphysics: An Essay on the Ethical Grounds of Ontology, London and New York: Continuum, 2009.

③　参见 Mats Bergman, Peirce's Philosophy of Communication: the Rhetorical Underpinnings of the Theory of Signs, London and New York: Continuum, 2009.

④　参见 Margareta Bertilsson, Peirce's Theory of Inquiry and Bbeyond: Towards A Social Reconstruction of Science Theory, Frankfurt am Main: Peter Lang, 2009.

学术界对皮尔士社会政治思想的研究揭示了皮尔士思想的丰富性和多样性。在皮尔士哲学研究方面，国外学术界也注意到皮尔士 100 年前针对当时各种进化论设想提出的宗教思想。有学者提出，皮尔士坚持一种远远超过目的权威论和基督教会权威所想象的宗教观，他给实用主义引入了一种辩证的宗教观，力图整合苏格拉底、耶稣、安色伦、康德以及实用主义的见解，努力在超越的本能和世俗的权威之间保持辩证关系。①

在詹姆士哲学思想研究方面，学术界对詹姆士的伦理和宗教思想进行了新诠释。有学者提出，詹姆士的德性观念与其宗教信念思想具有密切的联系，应当引起学术界的高度重视。学术界对詹姆士的"信仰的意志"或"信仰的权力的学说"、道德理论、为宗教信仰所进行的道德论证等重新进行了评估。②

近年来，关于詹姆士哲学中的实用主义和彻底经验主义之间的一致性问题，已经成为学术界近来关注比较多的论题。有学者提出，"常识"是詹姆士思想中一个极为重要的话题，在"实用主义"系列演讲的第五讲中，詹姆士曾经专门讨论了实用主义与常识的关系问题。在遭到一段较长时间的忽视之后，有必要对詹姆士的常识观重新进行研究，只有从常识观出发，才能真正理解詹姆士思想的内在逻辑性和统一性。③

学术界近来也非常注意从心灵哲学方面展开对詹姆士哲学的研究。有学者提出，不能仅仅局限于把詹姆士的实用主义归为经验主义和联想主义的心灵哲学，应当尝试理解詹姆士的实用主义的人类心灵概念和詹姆士对他心问题的研究路径。有学者提出，要根据康德哲学的相关特质来理解詹姆士的实用主义哲学。在詹姆士看来，心灵其实是一个给我们生活世界规定结构的、活跃的和以目的为指向的组织原则。詹姆士的实用主义和康德的超验哲学的主要区别在于，詹姆士并没将心理学对心灵的探究与哲学对心灵的探究明确区别开来，他将心理学研究中的反省方法同样用于从哲学

---

① Jeffrey H. Sims, " A Fallible Groom in the Religious Thought of C. S. Peirce – A Centenary Re-visitation", Sophia (2008), 47: 91—105.

② 参见 Michael R. Slater, William James on Ethics and Faith, Cambridge: Cambridge University Press, 2009.

③ 参见 Frederick Bauer, William James on Common Sense: the Foundation of All Higher Learning, Bloomington, Ind. : iUniverse, 2009.

的路径对心灵的研究。尽管存在着巨大的差异，然而，人们可以在詹姆士的实用主义和超验主义的传统之间找到重要的联系。因此，研究者们不同意将詹姆士的哲学界定为个人主义，他们对詹姆士的心灵哲学是否实际上把他人还原为我的经验中的某个东西这一点产生疑问。学术界认为，要想恰如其分地理解詹姆士的观点，就不能把詹姆士的他心问题仅仅理解为形而上学或认识论问题，而是首先理解成伦理学问题。尽管人们不能否认詹姆士哲学的某些自我中心特质，然而，我们也应当看到，詹姆士也承认自我必须承担对他者的责任以修正对他者的"本能的盲目"。[①] 另外，研究者们注意在生理学、心理学、哲学和宗教学的复杂背景中研究詹姆士的丰富和复杂的思想。比如，有学者提出，对詹姆士哲学的文本的解读展现出詹姆士哲学的一个中心论题是动态的个人主义，而这种自由主义是詹姆士的自由观、社会观、政府观、心理学、教育学、宗教学、实用主义和形而上学的基础。[②]

在杜威哲学研究方面，近年来的国外学术界继续在全球化语境中考察杜威哲学的世界性影响，充分展现杜威哲学在改变21世纪政治和社会组织方面所能起到的工具性作用。美国"杜威研究中心"组织了来自世界多国的11位专家学者进行合作研究，突出杜威哲学在改变21世纪政治和社会组织方面所起到的工具性作用。学术界通过考察杜威及其哲学在他那个时代所起到的重要作用，预见了杜威思想在我们这个时代所应当具有的世界性影响。[③] 在杜威思想的当代价值研究方面，《实用主义和建构主义之间的杜威》是一项值得重视的研究成果。作为美国"杜威研究中心"与德国"杜威研究中心"的合作研究成果，研究者们从各自的文化传统和哲学语境出发，探究了以杜威为代表的古典实用主义与在当代的各个学科中具有广泛影响的建构主义之间的密切联系。学术界提出，杜威对合作

---

① 参见 Sara Heinamaa and Martina Reuter：Studies in the History of Philosophy of Mind, Volume 8, Springer Netherlands, 2008, 203—233.

② 参见 James O. Pawelski, The Dynamic Individualism of William James, State University of New York Press, 2008.

③ 参见 Larry A. Hickman , Giuseppe Spadafora, John Dewey's Educational Philosophy in International Perspective：A New Democracy for the Twenty—First Century, Carbondale：Southern Illinois University Press, 2009.

理论、交往与文化关系、学习与教育的关系、共同体与民主、探究与方法等问题的讨论，无不体现着他的思想的当代影响和价值。①

在杜威哲学特点的把握方面，国外学术界近年来的研究工作也颇有新意：第一，学者们注意讨论杜威哲学与古希腊哲学的关系。有学者细致讨论了杜威的道德实用主义和亚里士多德的道德思想的内在关系。他们指出，亚里士多德对习惯在性格的形成中的关键作用的强调和亚里士多德对友谊的论证等对杜威的思想产生了一定的影响。② 第二，对杜威的政治哲学思想尤其是民主观念的研究方面取得了明显进展。学者们明确主张，要在 21 世纪的新语境中重新理解杜威的民主观念。有学者提出，要注意在多样性、差异性和包容性的时代背景下来探讨杜威的多元的、商谈的和沟通的民主理论。研究者们尤其注意从那些对后现代和后结构主义思想持更宽容态度的当代欧洲哲学的视野中重新发现和建构杜威的多元民主主义。③ 有学者提出，应当用跨文化视野来探讨杜威的实用主义在当代世界中的意义。沿着这个思路，人们必须严肃思考诸如杜威的实用主义对全球民主的看法、杜威的扎根于美国文化的民主观念与其他文化的关联性、民主能否采取欧美之外的形式等问题。学术界要聚焦于杜威思想的跨文化经历以及杜威哲学与苏格拉底和新儒家的关系，以试图表明杜威的世界性影响。④

3. 继续对当代实用主义的研究。

2007 年，当代实用主义主要代表人物理查·罗蒂因病去世。作为对当代美国哲学和思想文化产生了不可忽视影响的哲学家和具有世界性影响的文化名人，罗蒂的思想及其影响受到了学术界的格外重视。因此，国外学术界近年来对当代实用主义的研究工作在很大程度上是围绕着对当代实用主义哲学家罗蒂的学术和文化地位的反思和总结而展开的。

----

① 参见 Larry A. Hickman, Stefan Neubert, ed. John Dewey Between Pragmatism and Constructivism, New York: Fordham University Press, 2009.

② Nicholas O. Pagan, "Configuring the Moral Self: Aristotle and Dewey", Foundations of Science (2008), 13: 239—250.

③ 参见 Jim Garrison (edit.), Reconstructing Democracy, Recontextualizing Dewey: Pragmatism and Interactive Constructivism in the Twenty—first Century, State University of New York Press, 2008.

④ Sor - Hoon Tan, John Whalen - Bridge (edit.), Democracy as Culture: Deweyan Pragmatism in a Globalizing World, State University of New York Press, 2008.

　　在对罗蒂思想历程和学术生活的研究方面，有学者独具匠心，将罗蒂作为一个研究个案，从知识社会学的角度进行分析和总结。通过对罗蒂在社会学、文化研究和文学等领域中的影响的揭示和总结，学术界力图勾勒出家庭、亲人、制度、性格和知识等因素在罗蒂的思想观念的成长和影响的发挥中所起的作用。①

　　学术界认为，罗蒂早期的心灵哲学和语言哲学与后期的关于社会希望的工作之间存在着巨大的差别。学术界对罗蒂思想的评判褒贬不一，分歧极大。有研究者下力气对罗蒂的核心观点和核心文本进行再解读，对罗蒂思想与欧洲哲学的关系进行新探索，以力图勾勒出一个整体性的、成系统的罗蒂思想的全貌，进而描绘出知识分子在当代生活中应当扮演的角色。②

　　此外，围绕着罗蒂丰富而充满争议的思想的内在逻辑问题，学者们进行了深入的研究。比如，有学者根据与文学和翻译理论相关的伦理问题来思考罗蒂的实用主义翻译理论的有效性和作用，提出在罗蒂那里翻译的意向理论与罗蒂给文学赋予的特质是相容的。这种研究思路将罗蒂的实用主义翻译理论与文学和伦理学问题综合起来讨论，扩大了人们的研究视野，值得关注。③

　　近年来，国外学术界已经比较重视在东西方文化和东西方哲学的对比中展开和推进对罗蒂的思想地位的研究工作。《罗蒂、实用主义和儒家》是其中一项非常引人注目的学术研究成果。本项成果的研究者们从各自的学术立场和文化主张出发，在当代学术语境中对比了罗蒂与儒家思想，力图用儒家思想来解释和重建罗蒂的核心观念。在进行学术讨论的过程中，学者们讨论了诸如人性、道德心理、道德相对论、道德进步、文化传统、道德形而上学和宗教等深层次的问题。本项研究工作起始于罗蒂2004年夏天在中国进行的长达一个月的讲学活动，研究工作持续多年，在罗蒂去世若干年后，本研究成果才正式问世，这个成果既是对作为当代知名哲学家和世界文化名人的罗蒂的纪念，同时也为学术界在中西哲学对话的场景中再

---

①　参见 Neil Gross, Richard Rorty: The Making of An American Philosopher, University of Chicago Press, 2008.

②　参见 Neil Gascoigne, Richard Rorty, Polity, 2008.

③　Kalle Puolakka, "Literature, Ethics, and Richard Rorty's Pragmatist Theory of Interpretation", Philosophia (2008), 36: 29—41.

现和深入评价罗蒂的哲学思想的学术价值提供了一个很好的研究范例。①

4. 注意用实用主义理论去关注现实，注重对实用主义理论研究的应用层面的哲学思考。

近年来，国外学术界比较注意从理论的应用方面去考察实用主义哲学理论的价值。比如，有学者运用实用主义理论去讨论当今世界中的国家、种族和共同体问题，② 有学者专门从实用主义的角度出发去思考宗教问题，力图利用皮尔士和怀特海的工作来建构自身的宗教哲学，提出在实用主义者那里存在着一种关于真理的神学。③

近年来，国外学术界实用主义理论的运用研究方面最引人注意的一项研究工作是对实用主义在国际关系中的作用的思考。冷战结束以后，美国在国际关系领域中享有强大的话语权，美国在国际外交和国际事务中对实用主义策略的运用更加得心应手。2009 年，国外学术界不再停留在对美国实用主义外交和国际事务政策的简单批评，而是运用政治学、社会学和国际关系学的理论研究成果，对美国实用主义在国际关系中的地位和影响力进行全方位的学术研讨。这方面的研究成果集中体现在《国际关系中的实用主义》中。这个论文集把实用主义作为对国际关系进行讨论的基石，分别从实用主义与当代国际关系理论、实用主义与国际社会研究、实用主义与国际关系之中的基本准则以及实用主义在国际关系之中的局限性等角度进行了讨论。在对实用主义理论本身进行反思的基础上，本项研究成果的参与者们还重点讨论了实用主义在当代社会科学研究中的独特的知识生成态度，比较了国际关系理论中的实用主义、建构主义和现实主义的内在关系，提出了实用主义的建构主义构想。该项研究成果还涉及了新实用主义在社会科学研究中的作用，认为新实用主义整合了当代欧洲大陆哲学的思路。学者们还对国际关系中的实用主义策略和态度所面临的障碍进行了讨论。④

---

① 参见 Huang Yong, Rorty, Pragmatism, and Confucianism: With Responses by Richard Rorty, Albany: State University of New York Press, 2009.

② 参见 Chad Kautzer and Eduardo Mendieta, Pragmatism, Nation, and Race: Community in the Age of Empire. Bloomington: Indiana University Press, 2009.

③ 参见 Robert C. Neville, Realism In Religion: A Pragmatist's Perspective. Albany: State University of New York Press, 2009.

④ 参见 Harry Bauer and Elisabetta Brighi (ed). Pragmatism in International Relations. London and New York: Routledge, 2009.

三 简单结论

通过对国外学术界近年来的研究动态的研究，我们可以得出以下几点简单的结论：第一，国外学术界自 20 世纪 70 年代开始的实用主义哲学的复苏工作到 21 世纪以后变得更加明显和具有持续性。而且，对实用主义的兴趣的增加和研究工作的深化已经从北美哲学界逐渐扩大到南美哲学界、欧洲哲学界和亚洲哲学界，实用主义的新的影响力在全球范围内逐渐体现出来。第二，现代性和全球化改变着人们的生活和学术视野，在新的语境和视域中研究实用主义哲学的当代意义似乎成为一个重要的研究方向。第三，中国学者有必要和有理由更多参与到国际学术界的实用主义哲学研究工作中去。众所周知，杜威的哲学、教育和政治思想对中国近现代哲学、文化和政治产生了重要而复杂的影响，从另外一个角度说，美国实用主义哲学之所以能够在 20 世纪二、三十年代产生出世界性的影响，在很大程度上就是因为它在当时的中国找到了一个合适的土壤和一批对实用主义有浓厚兴趣并进行了精深研究的中国学者。在实用主义复兴的过程中，许多西方的实用主义专家也充分注意到在比较哲学的背景中来重新理解实用主义哲学的必要性。2009 年 12 月 19—20 日，美国有关学术机构与北京外国语大学美国研究中心联合主办了"杜威的第二次使命：杜威实用主义哲学与儒家思想的对话"国际学术会议。国际知名杜威研究专家安乐哲教授、拉里·希克曼教授、理查德·舒斯特曼（Richard Shusterman）教授、詹姆士·坎贝尔（James Campbell）教授等均在会上进行了专题发言，来自北京大学、中国人民大学、复旦大学、北京师范大学、浙江大学等国内大学的实用主义研究者参加了会议，中外学者就杜威哲学研究的前沿问题，尤其是杜威哲学在当今世界的国际影响问题进行了认真的讨论，与会者思考了实用主义哲学，尤其是杜威哲学对未来中国哲学的影响，考察了杜威和孔子的儒家思想的比较研究的可能性和路径。可以说，在当今国际学术界的实用主义研究中，中国学者应当而且必须更多、更广泛和更深入地参与，提出更鲜明的学术见解，发出更强烈的学术声音。

编后记

近年来，我一直从事杜威哲学当代意义问题研究。《当代美国学者看杜威》就是我近年来所做工作的阶段性成果。论文的作者都是美国当今知名杜威研究专家。其中，《杜威留给21世纪的遗产》《模仿在杜威定性思维理论中的角色》《代议制民主、参与与民主和社会变革的轨道》《古典实用主义、后现代主义与新实用主义》《介于哈贝马斯与罗蒂之间的伯恩斯坦：一种杜威式的重建》《杜威哲学中的'真实'的概念》等是新收入的论文，其他论文来自我多年前出版的《一位真正的美国哲学家》（中国社会科学出版社2007年版），第一个附录是我以前发表过的一篇学术论文，第二个附录（与北京理工大学季雨博士合作）和第三个附录力图在某种程度上反映最近几年来国外哲学界关于杜威哲学研究动态。

在编辑和出版本文集的过程中，我得到了美国知名杜威研究专家拉里·希克曼（Larry A. Hickman）教授、安乐哲（Roger Ames）教授、詹姆士·坎贝尔（James Campbell）教授、理查德·舒斯特曼（Richard Shusterman）教授等当今美国实用主义研究专家的支持和帮助。

已经去世多年的美国著名哲学家理查德·罗蒂教授曾于2004年7月访问北京师范大学并做了《分析的哲学与叙事的哲学》的演讲。当我于2006年年初把编写《一位真正的美国哲学家》文集的工作进展情况告诉他的时候，他让我把所有拟选用文章的目录寄给他，并答应在阅读那些文章后给文集专门写一个文章或序言。然而，到了6月初，他在电子邮件中告诉我，他恐怕不得不修改自己曾经的承诺，只能写一个短的序言，因为他的健康变得很糟糕。到了9月底，他告诉我，他的健康状况已经不允许他进行写作。为了多少弥补这个遗憾，我与罗蒂教授商量并获得他同意，将他在北京师范大学的演讲稿作为《一位真正的美国哲学家》的代序。

本次编辑出版这个文集时，我把罗蒂教授的演讲稿选为文集正文中的一篇，以此表示我对这位哲人的尊敬和谢意。

在文集编写过程中，我国实用主义哲学研究专家、复旦大学刘放桐教授一直关心和支持我的研究工作，他给文集提供的序言既是对我工作的鼓励和支持，也在其中提出了很多非常重要的观点。香港中文大学教授、《Dao：A Journal of Comparative Philosophy》杂志主编黄勇先生不仅在当年帮助我与罗蒂进行多方面的沟通，而且在我后来的研究工作中，也给我很多重要的支持和指导。北京大学彭锋教授、浙江大学彭国翔教授、北京师范大学陈磊副教授、中央党校李小科教授、南开大学林建武博士等为本文集提供了高质量的译稿。徐先艳、林航、欧阳彬、何涌泉、吴清原、张力文、赵星宇、吴欢等同志也出色地完成了各自承担的翻译工作，为文集的出版提供了直接的帮助。在此，向各位老师和朋友表示衷心的感谢。

从 1983 年在南开大学读硕士生开始，我就对实用主义哲学，尤其是杜威哲学具有浓厚的兴趣。从到北京师范大学任教以来，虽然我也从事过当代认同（identity）问题和后现代主义哲学的研究，但是，我对实用主义的兴趣一直未减。而且，我后来也发现，实用主义哲学、当代认同问题和后现代主义这三个似乎不那么具有直接相关性的话题其实具有某种内在的关联。比如，西方学术语境中认同问题的讨论回避不了对杜威共同体观念和米德的自我观念的讨论，比如，如果我们把认同哲学的代表人物查尔斯·泰勒看成社群主义的主将之一的话，我们也必然要关注杜威在北美社群主义产生和兴盛过程中扮演的重要角色；同样，在对后现代主义哲学进行考察的时候，我们必然会发现，后现代主义的很多哲学主张在古典实用主义那里可以找到经典的表述。比如，杜威将近 100 年前对经验观念的经典阐述以及他对认识论上的旁观者态度的抵制，詹姆士对彻底经验的理解和阐发以及对传统形而上学的批评，这些与后现代主义哲学反对二元对立立场其实不谋而合。也因为如此，西方一些学者在追溯后现代主义哲学思想资源的时候，也把实用主义作为最主要的思想来源加以讨论。我 1986 年 7 月到北京师范大学任教，近 30 年时光转瞬即逝。由于多方面的原因，我计划中的很多研究工作没有完成，在退休之前极为有限的专业工作时间中，我希望集中精力围绕这些论题展开研究和教学工作，也希望各位朋友继续给我指导、支持和帮助。

　　中国社会科学出版社冯春凤老师参与了本文集从选题到成书的全过程，并为本书进行了润色、加工和编辑。本文集获得北京师范大学"中央高校基本科研业务费专项资金"的出版资助，在此一并表示感谢。

　　由于本文集涉及内容广泛，各位作者学术风格差异很大，给文集的翻译工作造成了很大的困难，作为编者和大部分译文的校对者，我接受大家的批评和建议，并把各方面的意见尽可能反映在以后的修订工作中。

王成兵

2015 年 4 月 1 日

于北京师范大学价值与文化研究中心